深圳律师实务丛书

通信标准必要专利诉讼实务探析

刘宇光 著

ANALYSIS OF STANDARD-ESSENTIAL PATENTS LITIGATION PRACTICE IN TELECOMMUNICATIONS

法律出版社
LAW PRESS · CHINA
北京

图书在版编目（CIP）数据

通信标准必要专利诉讼实务探析 / 刘宇光著.
北京：法律出版社，2025. --（深圳律师实务丛书）.
ISBN 978 -7 -5244 -0157 -5

Ⅰ. D923.424

中国国家版本馆 CIP 数据核字第 202584BG92 号

通信标准必要专利诉讼实务探析
TONGXIN BIAOZHUN BIYAO ZHUANLI SUSONG SHIWU TANXI

刘宇光 著

策划编辑 朱轶佳
责任编辑 朱轶佳
装帧设计 鲍龙卉

出版发行 法律出版社
编辑统筹 司法实务出版分社
责任校对 李慧艳
责任印制 胡晓雅
经　　销 新华书店

开本 710 毫米×1000 毫米　1/16
印张 16.25　　**字数** 258 千
版本 2025 年 8 月第 1 版
印次 2025 年 8 月第 1 次印刷
印刷 三河市龙大印装有限公司

地址:北京市丰台区莲花池西里 7 号(100073)
网址:www.lawpress.com.cn
投稿邮箱:info@lawpress.com.cn
举报盗版邮箱:jbwq@lawpress.com.cn

销售电话:010 -83938349
客服电话:010 -83938350
咨询电话:010 -63939796

书号:ISBN 978 -7 -5244 -0157 -5　　**定价**:62.00 元

凡购买本社图书,如有印装错误,我社负责退换。电话:010 -83938349

深圳律师实务丛书
编委会

回归专业　潜心钻研
促进高质量发展

斗转星移，继往开来。深圳市律师协会自 2012 年启动“深圳律师实务丛书”（以下简称丛书）出版工作以来，至今已出版实务专著 48 部，内容涵盖诸多专业领域，全面展现了深圳律师业务的研究成果和实务经验，已成为深圳市律师协会推进行业专业化建设的品牌项目。

鼓励和引导律师著书立说是深圳市律师协会推动律师专业化的一项长期性的重点工作。丛书旨在充分发挥深圳市律师协会的业务指导作用，通过鼓励深圳律师和深圳市律师协会各专业委员会撰写实务专著，可以有效提升律师业务水平，增强律师业务能力，保证律师服务质量，以专业引领和成果共享助推深圳律师行业高质量发展。

本套丛书凝集着深圳律师的心血与经验，展现了深圳律师的专业水平。本套丛书在律师业务的众多领域，汇集了深圳律师的业务成果，总结了深圳律师的执业经验，体现了深圳律师的专业能力，彰显了深圳律师的职业精神。这一本本专著必将成为深圳律师专业化发展史上一颗颗璀璨的明珠，永远镶嵌在深圳律师专业化发展的史册上。

2023 年是全面贯彻落实党的二十大精神的开局之年，深圳律师要深学细悟笃行党的二十大精神，让党的二十大精神在深圳律师行业落地生花，要以习近平法治思想为指引，大兴专业研究之风，切实回归专业，潜心研究，深挖专业和实务问题，以高品质的法律服务保障行业的高质量发展。开展业务和实务研究不能脱离实际，必须密切关注经济社会发展和法治建设，聚焦其中的热点、难点、堵点问题，深入开展有针对性的研究，进而提出应用对策与实践指引，也期待深圳律师能输出更多的法律实务研究成果，并能形成专著与同行共享，这本身也是律师业务领域的一种先行示范。

希望本套丛书成为广大实习人员、执业律师期待、必备的好工具，也希望未来能够出版更多、更好的供律师们学习提高、掌握律师实务知识与技能的好专著！

张　斌

深圳市律师协会会长

2023 年 1 月 9 日

前　言

当今时代，手机，特别是智能手机，不仅是一件必备的通信工具，某种程度上还被看成“人体器官的延伸”，成为人们获取海量信息的“千里眼、顺风耳”以及休闲娱乐的“神器”。都说现在丢手机的人很少了，很大原因恐怕是手机人人在手，须臾不离。无论是工作、学习中的正经时间，还是茶余饭后、游山玩水的闲暇时间，甚至是如厕、睡前醒后的碎片时间，都能看到众多的“低头族”在与手机亲密接触，如此即使是“神偷”怕是也难得片刻入手机会。“手机”作为“移动电话”（Mobile Telephone）或“蜂窝电话”（Cell Phone）的中文俗称，据说是由美国贝尔实验室在 1940 年制造的战地移动电话机发展而来，至 1973 年由美国摩托罗拉公司的工程师发明了世界上第一部商业化手机。不管手机的功能多么千变万化、丰富多彩，它最基本的功能是通话，即实时语音会话。在这一点上，手机和最初的有线电话（座机）并无实质差别，而手机实现了从有线到无线的实时语音通话功能的换代升级。

近年来，以手机移动通信技术为代表的智能终端领域专利诉讼呈高发态势，其中许多都和通信标准必要专利有关。标准必要专利作为实施技术标准而必须使用的专利，其中的法律问题涉及专利法、合同法以及反垄断法领域，由此产生的相关问题也在全球范围的理论界和实务界引发了广泛关注。特别是在“互联互通”的通信领域，由于通信的广泛性、便利性和高效无障碍性要求，技术与标准高度融合，更加体现了其中兼具通信标准和技术标准的必要专利的特殊价值，由此引发的争议或冲突也更加突出。自2013年起，本书作者所在的知识产权团队代理了一起某美国公司向中国法院起诉某国际著名移动通信设备制造商的涉及通信标准必要专利的侵权诉讼案件，一审分别由深圳市中级人民法院和广东省高级人民法院审理，二审目前尚在最高人民法院受理中。笔者于2015年加入该代理团队，其间因案件代理需要，笔者与团队一道为深入研究相关案情，广泛涉猎了有关标准必要专利的理论研究、司法实践和诉讼实务等问题。代理之初，笔者在检索、收集相关信息资料过程中，深感相关业界在这方面的信息资料相对较少，其中针对性强、实务性强的专业著述难得一见，通识性、应用性的读物也不多见。目前，国内外涉及通信标准必要专利的诉讼案件呈逐年上升趋势，我国产业界、学术界以及司法实务界对标准必要专利及其所涉法律问题的关注度都达到了一个全新的高度。可以说，笔者与团队代理该案件的过程，基本见证了我国业界对标准必要专利问题的理论探讨和司法实践从小到大、由浅入深的发展历程。

由于手机使用无线电频道及无线网络实现远距离实时语音通话，使其通话地域范围更广、效率更高。那么，怎样才能让不同地域、不同国家、不同人群之间的手机以及不同手机产品之间都能够无障碍连通并顺利实现通话呢？这就需要遵守统一的“通信协议”。也就是说，要使得手机在通信时能够协同工作，实现信息交换和资源共享，它们之间就必须具有“共同的语言”，交流什么、怎样交流以及何时交流等，都必须遵循某种互相都能接受的规则，这个规则就是通信协议。手机通信协议就是完成手机通信或提供手机通信服务的实体各方所必须遵循的通信技术规则和约定，这些通信协议定义了通信信息单元的使用格式，包括信息单元应该包含的信息与含义、连接方式、信息发送和接收的时序等，从而确保手机无线网络中的数据信息能够顺利连通和传送。在手机通信中，通信协议是用于实现手机与手机之间无线网络连接的统一标准，网络如果没有统一的通信协议，手机之间的信息传递就无法识别。通信协议作为手机通信各方事先约定的通信技术规则，可以简单地理解为各手机之间进行相互对话时所使用的“共同语言”，是手机之间在进行通信时必须遵循的统一通信标准。

通信协议作为用于实现手机与手机之间无线网络连接的统一标准，需要由相关的标准化组织来制定标准并协调标准的实施，如3GPP（3rd Generation Partnership Project，第三代合作伙伴计划）就是成立于1998年12月的与手机通信协议相关的标准化组织。该组织制定了基于GSM/GPRS核心网、全IP核心网，且无线技术涵盖WCDMA、CDMA TDD（包括TD－SCDMA）和EDGE的第三代通信技术规范和标准。这些通信标准的制定和实施涉及大量相关通信技术，其中有些技术方案是已取得专利授权保护的技术方案。而如果其中的某些专利技术是该标准制定和实施所必不可少的技术，那么这些专利技术方案或专利权利要求就被称为"标准必要专利"（Standard Essential Patent，SEP），意即为实施标准而必须使用的专利。标准必要专利主要包括参加标准制定的成员向标准化组织申报明示的标准必要专利，但也包括未参加标准制定的专利被标准化组织事实上采用的标准必要专利。

目前，涉及标准必要专利的诉讼大体分为三类，即标准必要专利侵权之诉、标准必要专利许可费裁判之诉和有关标准必要专利的反垄断之诉。标准必要专利诉讼在侵权判定上，涉及专利权利要求技术特征与相关标准技术方案对应特征进行相同或等同比对的复杂技术问题；在侵权赔偿判定上，涉及FRAND原则（公平、合理、无歧视，即Fair，Reasonable And Non－Discriminatory）的适用，以及可比协议法、市场价值法、最小可售单元法等赔偿计算方法的运用；在侵权责任判定上，对采取"停止侵权"（停止实施标准）禁令救济的考量还会涉及"专利劫持"或"反向劫持"问题，以及在此类案件的国际平行诉讼中"禁诉令""反禁诉令""长臂管辖"涉及的司法主权考量、国际礼让考量等诸多理论和实务问题。

本书较为全面系统地介绍评述了通信标准必要专利重要法律问题及其实务相关问题，结合作者对通信标准必要专利侵权诉讼案件的代理实践，介绍目前国内外对标准必要专利问题的相关法律规制，分析国内外有关通信标准必要专利典型判例，讨论通信标准必要专利侵权和赔偿判定相关实务问题，从律师实务角度介绍、解读、探讨、实证标准必要专利相关法律问题、典型案例以及诉讼实务，并在此基础上归纳总结自己的代理经验体会及其相关探讨思考。本书在体例上分四个板块展开：一是介绍解读标准必要专利的法律规制，包括专利法、合同法、竞争法以及国际知识产权政策等方面的规制；二是介绍解读标准必要专利诉讼实务方面的问题，特别关注其与非标准必要专利实务差异化的分析解读；三是分析探讨标准必要专利理论和实务方面的重点难点问题，并提出自己的独立思考和见解；四是评析国内外标准必要专利司法实践的典型案例，通过案例回应并实证前面三个板块关注述及的相关理论实务重点难点问题。所述四个板块的思路和意旨分布展开于各相关章节中，以求各章节的介绍、解读、分析、探讨的理论与实践相结合。本书可以作为知识产权理论界和实务界专业人士，特别是关注标准必要专利理论实务问题的企业人士、院校研究生、律师、专利代理师等的阅读参考读本。

本书共分八章，第一章至第三章介绍、解读、评析涉及标准必要专利的术语、概念、相关理论及法律问题，包括标准化组织与标准必要专利及其知识产权政策，FRAND 原则，禁令救济、禁诉令、反禁诉令以及知识产权行为保全等理论及实务问题。第四章介绍、解读、评析标准必要专利反垄断相关立法、执法、司法理论实务问题及行政执法典型案例。第五章从律师实务角度解读、分析、探讨通信标准必要专利诉讼实务相关问题，包括标准必要专利与非标准必要专利的诉讼路径差异，侵权认定和损害赔偿判定的要素考量及其诉讼案件实体、程序相关问题等。第六章对未参加标准制定的必要专利损害赔偿问题进行探讨，并提出“在未参加标准制定的必要专利难以适用 FRAND 赔偿责任的情况下，可以适用普通专利侵权损害赔偿”。第七章至第八章分别选介、解读、评析国内、国外有关通信标准必要专利的代表性典型判例，通过典型案例分析以说明、实证、回应前六章引入的标准必要专利特有相关法律问题及其业界重点难点问题，以帮助读者更好地理解全书相关内容。

需要说明的是，本书前六章在介绍、解读、探讨标准必要专利相关理论和实务问题过程中，需要结合相关经典案例加以重点阐述或适用佐证，以求通过理论与实践相结合加深对论理部分的实证和领会，故前六章的相关部分均会不同程度地提及所涉相关经典案例的案情、争议焦点、法院裁判思路等内容。而为了让读者对相关经典案例的全貌有更深入全面的了解，后两章则是集中、全面地整体介绍、解读、评析各国内外有关通信标准必要专利的代表性典型判例个案，故后两章在各经典案例的介绍、解读、评析相关内容上，可能会与前六章作为引证案例的案情等内容出现一些交叉或重合，但各自的角度或侧重点有所不同，希望不致引起读者的重复啰唆之嫌。

本书尝试以通俗、流畅的笔触，力图将复杂、沉闷的专业问题融入读者的时代感和生活经验，以求带给读者轻松、愉悦的阅读体验，同时希望能为关注这一领域的产业界、学术界以及实务界人士和同仁带来以点带面、抛砖引玉的有益借鉴和启发，并欢迎相关专家学者和实务界人士的批评指正。

目　录

第一章 标准必要专利

如果把标准必要专利比作专利中的“战斗机”,其“战斗力”主要体现在两个方面:一是某项专利能够成为制定和实施某个标准必不可少的专利(必要专利),说明该专利的技术含金量、创新度要高于同类普通专利,在某个行业、某种领域或某项产业中取得了一定话语权。二是由于该专利是制定和实施某个标准所必须要使用的专利,而标准的实施又大多带有强制性,如手机通信的国际推荐性标准(不符合该标准的手机无法入网),以及为确保产品质量符合保护消费者人身和财产安全要求的中国“3C”产品认证强制性标准等,这就使得在该标准中的该必要专利往往可以因标准的强制实施而得以“挟标准以令诸侯”,比如坐地起价收取高额专利费,否则就不允许其他人使用其中所涉的该必要专利,而不使用所涉必要专利又无法生产出符合这个强制标准的相关产品,从而使其他人的生产经营或产品竞争力陷于不利境地。下文将详细介绍标准必要专利这个“战斗机”的来龙去脉。

第一节　标准化组织与标准必要专利

一、标准化组织

根据《标准化法》第 2 条的规定,标准是指农业、工业、服务业以及社会事业等领域需要统一的技术要求。标准按照制定的层级可分为国际标准、区域标准、国家标准、地方标准、行业标准和企业标准，而按照标准是否具有约束性可分为强制性标准和推荐性标准。

制定标准、协调标准实施的相关组织即为标准化组织。标准化组织可分为：国际标准化组织、区域标准化组织、行业标准化组织、国家标准化组织。国际标准化组织（International Organization for Standardization，ISO）是世界上最大的非政府性标准化专门机构，成员包括 162 个国家，中国是其成员国之一。该组织设有 163 个技术委员会和 640 个分委员会，中央秘书处设在日内瓦，负责组织协调日常工作，核实发布国际标准。不同于国际上的标准化组织，我国的标准化组织一般为官方管理机构，对标准的制定、实施具有一定的管理监督职能。

在通信领域，为保证不同国家、地区或实体之间能够互联互通，需要按照一定的标准建设相关通信基础设施及制造相关通信终端设备，制定这些标准的组织就是通信标准化组织。例如，国际电信联盟（International Telecommunications Union，ITU）就是这样的国际通信标准化组织，总部设于瑞士日内瓦，拥有包括中国在内的 193 个成员国和 700 多个部门成员及部门准成员和学术成员。ITU 因标准制定工作而享有盛名，它设立了每年 5 月 17 日的“世界电信日”（World Telecommunication Day）。此外，还有 3GPP 和 3GPP2 两个国际通信标准化组织，其中：

3GPP（3rd Generation Partnership Project，第三代合作伙伴计划）是成立于 1998 年 12 月的标准化机构，由项目协调组（PCG）和技术规范组（TSGs）组成。其成员包括不同国家和地区的通信标准化组织，如欧洲的欧洲电信标准化协会（Europe Telecommunication Standard Institute，ETSI）、日本的无线工商业联合会（Association of Radio Industries and Business，ARIB）和电信技术委员会（Telecommunication Technology Committee，TTC）、中国的中国通信标准协会（China Communication Standard Association，CCSA）、韩国的通信技术协会（Telecommunication Technology Association，TTA）、美国的世界无线通讯解决方案联盟（The Alliance for Telecommunications Industry Solutions，ATIS）。TD－SCDMA 和 WCDMA 标准都隶属于 3GPP 组织，由 3GPP

负责其标准的制定。3GPP 致力于 GSM 到 UMTS(WCDMA)到 4G(LTE)的演化,虽然 GSM 到 WCDMA 空中接口差别很大,但是其核心网采用了 GPRS 的框架,因此仍然保持一定的延续性。3GPP 制定了基于 GSM/GPRS 核心网、全 IP 核心网的,其无线技术为 WCDMA、CDMA TDD(包括 TD - SCDMA)和 EDGE 的技术规范。

3GPP2(3rd Generation Partnership Project 2,第三代合作伙伴计划 2)和 3GPP 成立时间一样,都是 1998 年 12 月,成员包括美国的电信产业协会(Telecom Industry Association,TIA)、中国的 CCSA、日本的 ARIB 和 TTC,以及韩国的 TTA。3GPP2 下设四个技术规范工作组,分别是 TSG - A、TSG - C、TSG - S 和 TSG - X,进行技术规范的编写,并向项目指导委员会(SC)报告工作。3GPP2 致力于 ITU 的 IMT - 2000 计划中的(3G)移动电话系统规范在全球的发展,是从 2G 的 CDMA One 或者 IS - 95 发展而来的 CDMA2000 标准体系的标准化机构,它受到拥有多项 CDMA 关键技术专利的高通公司的较多支持。3GPP2 制定基于 ANSI - 41 核心网、全 IP 核心网的,其无线技术为 CDMA2000 的技术规范。与之对应的 3GPP 致力于从 GSM 向 WCDMA(UMTS)过渡,因此两个机构存在一定竞争关系。

上述国际通信标准化组织作为非政府性的标准化专门机构,其职能在于制定各种标准,确保标准实施者实施相关标准,在促进技术创新进步的同时,增强社会整体福利。但标准化组织本身属于居中的地位,只负责日常的标准制定工作,如召集地区性标准化组织成员或相关大企业成员等成员单位参与相关标准的制定或修订,以及标准的编纂、发布和推动实施等相关事宜。其不参与涉及标准的技术或专利的实施许可,也不参与处理标准有关的技术或必要专利等纠纷,纠纷争议一般是通过标准技术或标准必要专利持有者和标准实施者之间的协商或谈判予以解决。尽管相关国际标准化组织制定了知识产权许可政策来管理标准必要专利,但没有规定标准必要专利持有人违反其专利政策的法律责任。因此,相关国际标准化组织的法律地位和法律责任并不明确,目前也没有相关的国际条约、协定或国内立法对此予以规制。

二、标准必要专利

我国现行立法及司法解释对标准必要专利（Standard Essential Patent，SEP）尚未规定统一、正式的定义。2013 年国家标准化管理委员会、国家知识产权局发布的《国家标准涉及专利的管理规定（暂行）》第 4 条规定，国家标准中涉及的专利应当是必要专利，即实施该项标准必不可少的专利。2017 年北京市高级人民法院发布的《专利侵权判定指南（2017）》第 149 条第 3 款规定，标准必要专利是指为实施技术标准而必须使用的专利。2018 年广东省高级人民法院发布的《关于审理标准必要专利纠纷案件的工作指引（试行）》中，对标准必要专利的含义采用了上述北京市高级人民法院专利侵权判定指南中的规定。

上述关于标准必要专利的规定或解释虽不属于立法法上的法律或司法解释的规定，但有助于对"标准必要专利"概念的认识和理解。一般而言，标准必要专利是指前述相关的标准化组织，在其所制定的某些行业或某类产品的国际标准、区域标准、行业标准或国家标准中，全部或部分采用了某些授权专利或专利申请的技术方案，且这些专利技术方案在该标准制定时，在技术上或者商业上没有其他可替代方案，因而实施这些标准时就不可避免地要用到该专利技术方案，故将标准中的这些专利称为"标准必要专利"。因此，标准必要专利是专利标准化的结果，而通信领域的标准必要专利即为在通信领域为使产品符合通信特定技术标准而必须使用的有效专利技术。

关于标准必要专利中的关键词"必要"的含义，根据 ETSI 在其官方网站上公布的《ETSI 知识产权政策》（ANNEX 6：ETSI Intellectual Property Rights Policy）第 15.6 条的规定[1]，适用于知识产权的"必要"是指基于技术（但不是商业）理由，考虑到正常的技术实践和在标准化时通常可获得的技术水平，在不侵犯知识产权的情况下，不可能制造、销售、租赁或以其他方式处置、修理、使用或操作符合标准的设备或方法。为避免疑义，在特殊情况下，

---

[1] 参见《2022 年 11 月 29 - 30 日议事规则——附件 6：ETSI 知识产权政策》，载 ETSI 官网，https://www.etsi.org/images/files/ipr/etsi-ipr-policy.pdf。［引述内容为笔者摘译（下同），且除特别注明外，本书注释中引用网址的最后访问日期均为 2024 年 4 月 15 日］

如果一个标准只能通过技术解决方案来实施，而这些都是侵犯知识产权的，那么所有这些知识产权都应该被认为是“必要的”。也就是说，“必要”知识产权就是已被纳入某项标准，且不利用该知识产权就无法实施该标准的知识产权，在此情况下如未经权利人许可实施该标准就会构成对该技术方案所涉知识产权的侵权，则该知识产权即被视为该标准的“必要知识产权”。

鉴于标准化组织制定的标准可分为行业推荐标准和国家强制标准，故其中的标准必要专利也有推荐标准必要专利和强制标准必要专利之别。前者如所述“3GPP 通信标准”，即由欧洲（ETSI）、日本（ARIB 和 TTC）、中国（CCSA）、韩国（TTA）和美国（ATIS）等国家或地区性标准化组织参与制定的第三代移动通信标准；后者如“3C 标准认证”，即中国强制性产品认证（China Compulsory Certification，CCC），是由中国政府为保护消费者人身安全和国家安全，加强产品质量管理，依照法律法规实施的一种产品合格评定标准和制度。但即使是行业推荐标准，特别是像 3GPP 这样的通信行业推荐国际标准，为确保所生产销售的通信终端产品能够实现全球的互联互通，该标准实际上已经具有了“不可替代性”，即已经从法律上的“推荐性”转变成了事实上的“强制性”，通俗地说就是，不符合该标准的手机事实上是无法上市流通的。这就决定了该标准中的标准必要专利也具有了“必然实施性、强制性和不可替代性”，进而使得标准连同其中的必要专利都带有了一定的公共利益属性。

第二节　标准必要专利的知识产权政策

一、ETSI 的知识产权政策

为妥善处理标准化过程中的知识产权问题，促进标准的研制与实施，同时降低标准化组织自身的法律风险，大多数标准化组织，如 ITU、ETSI、ETF、IEEE、CCSA 等都会制定自己的知识产权政策或专利政策。随着产业环境及经济技术的发展，标准化组织对待专利的态度也在不断改变。早期的标准化组织尽量采用不涉及专利的技术，尽可能避免将专利技术引入标准，以便于标准出台后的实施和推广。后来随着技术的发展，当标准中已经不可避免地会涉及越来越多的专利技术时,标准化组织就不得不调整其专利政策。如今,大多数标准化组织对待专利的态度基本一致,即允许标准中采用专利技术,尊重他人专利权,同时,为了保证标准实施者的利益,要求专利权人作出专利披露及许可声明。考虑到标准实施人因实施标准技术而可能会使用到标准必要专利,而标准必要专利持有人在标准技术上处于强势地位,可能会存在拒绝标准必要专利许可、利用标准必要专利索取高额专利许可费用或者获取明显不合理的收益等风险,大多数标准化组织为了平衡标准必要专利持有人与标准实施人之间的利益,提出了著名的"公平、合理且无歧视"承诺,即 FRAND 许可承诺(Fair,Reasonable And Non - Discriminatory)。

《ETSI 知识产权政策》的正文包括简介、定义、政策目标、知识产权披露、委员会程序、可用许可、ETSI 知识产权信息、不可用许可、ETSI 知识产权所有权、保密、标准文件复制、法律法规、政策决定、违反政策、定义释义共 15 条,另有附件 A 的知识产权许可声明表,包括 A.1 一般知识产权许可声明表、A.2 知识产权信息声明和许可声明表,以及知识产权信息声明附件表和许可声明附件表。其中:

第 4 条项下规定的"知识产权披露"为:

4.1 在不违反下文第 4.2 条的情况下,每一成员应尽其合理努力,特别是在其参与制定标准或技术规范期间,及时向 ETSI 通报必要的知识产权。特别是,提交标准或技术规范的技术建议书的成员应在善意的基础上,提请 ETSI 注意如果该提案获得通过,该成员的哪些知识产权可能是必不可少的知识产权。

4.2 但是,上述第 4.1 条规定的义务,并不意味着对成员有进行知识产权检索的任何义务。

4.3 如果 ETSI 已被及时通知本专利族中的某一成员,则上述第 4.1 条规定的义务将被视为在专利族所有现在和未来成员中的遵守。关于该专利族其他成员的专利信息(如果有)可以自愿提供。

第 6 条项下"许可的可用性"规定为:

6.1 当与特定标准或技术规范有关的必要知识产权引起 ETSI 的注意时,ETSI 总干事应立即要求权利人在三个月内作出不可撤销的书面承诺,表明其准备以公平、合理和非歧视("FRAND")的条款和条件,就该知识产权授予不可撤销的许可，许可的范围至少如下：

——制造，包括按照被许可方自己的设计制造或委托他人制造定制组件和子系统的权利；

——出售、租赁或以其他方式处置所制造的设备；

——修理、使用或操作设备；

——使用方法。

上述承诺可以在寻求许可方同意给予回报的条件下作出。

6.1 之二 转让必要知识产权所有权

根据第 6 条作出的 FRAND 许可承诺应被解释为约束所有利益继受者的负担。考虑到该解释可能不适用于所有法律管辖区，根据政策提交了 FRAND 承诺的任何声明人，在转让受该承诺约束的必要知识产权所有权时，应在相关转让文件中注明适当条款，以确保该承诺对受让方具有约束力，并且受让方在未来发生转让时也将同样应写明适当条款，目的是约束所有利益继受者。无论相关的转让文件中是否载有此类规定，该承诺均应被解释为对利益继受者具有约束力。

6.2 根据第 6.1 条规定，就专利族的特定成员作出的承诺应适用于该专利族中所有现在和未来的必要知识产权，除非在作出承诺时书面明确排除了特定知识产权。此类排除的范围应限于明确规定的知识产权。

6.3 只要知识产权所有人被要求的承诺没有得到同意，委员会主席在适当的情况下，应与 ETSI 秘书处协商，就委员会是否应暂停标准或技术规范相关部分的工作作出判断，直到问题得到解决或提交相关标准或技术规范以供批准。

6.4 应欧盟委员会和 EFTA 针对某一特定标准或技术规范或某一类标准/技术规范的最初要求，ETSI 应以称职和及时的方式安排调查，包括知识产权检索，目的是确定是否存在或可能存在拟议的标准或技术规范，其可能是或可能成为必要的知识产权，以及是否存在或可能存在此类知识产权许可的可能条款和条件。这将取决于欧盟委员会和 EFTA 按照调查开始之前制定的详细计划，并应满足此类调查所需全部合理费用。

6.4 之二 知识产权许可声明表的使用

各成员应使用本 ETSI 知识产权政策附录中的 ETSI 知识产权许可声明

表之一，作出知识产权许可声明。

该附录 A.1 中的“一般知识产权许可声明表”即涉及 FRAND 声明的具体条款内容。鉴于此表对 FRAND 声明的重要性，本书现将此表的英文原文截图附上，同时另将此表中的英文全部译成中文并附于此英文原文截图之后（见表 1－1、表 1－2）。

表 1－1　一般知识产权许可声明表（英文）

Page 52
RULES OF PROCEDURE, 29-30 November 2022

RULES OF PROCEDURE

A.1　GENERAL IPR LICENSING DECLARATION

IPR HOLDER / ORGANISATION ("Declarant")

Legal Name: ______

CONTACT DETAILS FOR LICENSING INFORMATION:

Name and Title: ______
Department: ______
Address: ______

Telephone: ______ Fax: ______
Email: ______ URL: ______

GENERAL IPR LICENSING DECLARATION

In accordance with Clause 6.1 of the ETSI IPR Policy the Declarant and/or its AFFILIATES hereby informs ETSI that **(check one box only)**:

☐ with reference to ETSI STANDARD(S) or TECHNICAL SPECIFICATION(S) No.:
______, or

☐ with reference to ETSI Project(s): ______, or

☐ with reference to all ETSI STANDARDS AND TECHNICAL SPECIFICATIONS

and with reference to **(check one box only)**:

☐ IPR(s) contained within technical contributions made by the Declarant and/or its AFFILIATES, or

☐ any IPRs

the Declarant hereby irrevocably declares that (1) it and its AFFILIATES are prepared to grant irrevocable licenses under its/their IPR(s) on terms and conditions which are in accordance with Clause 6.1 of the ETSI IPR Policy, in respect of the STANDARD(S), TECHNICAL SPECIFICATION(S), or the ETSI Project(s), as identified above, to the extent that the IPR(s) are or become, and remain ESSENTIAL to practice that/those STANDARD(S) or TECHNICAL SPECIFICATION(S) or, as applicable, any STANDARD or TECHNICAL SPECIFICATION resulting from proposals or Work Items within the current scope of the above identified ETSI Project(s), for the field of use of practice of such STANDARD or TECHNICAL SPECIFICATION; and (2) it will comply with Clause 6.1bis of the ETSI IPR Policy with respect to such ESSENTIAL IPR(s).

☐ This irrevocable undertaking is made subject to the condition that those who seek licences agree to reciprocate (check box if applicable).

The construction, validity and performance of this General IPR licensing declaration shall be governed by the laws of France.

Terms in ALL CAPS on this form have the meaning provided in Clause 15 of the ETSI IPR Policy.

SIGNATURE

By signing this General IPR Licensing Declaration form, you represent that you have the authority to bind the Declarant and/or its AFFILIATES to the representations and commitments provided in this form.

Name of authorized person: ______
Title of authorized person: ______
Place, Date: ______
Signature: ______

Please return this form duly signed to: Director-General
ETSI - 650, route des Lucioles - F-06921 Sophia Antipolis Cedex - France / Fax. +33 (0) 4 93 65 47 16

ETSI DIRECTIVES, 12 December 2022

表 1－2 一般知识产权许可声明表(中文翻译)

A.1 一般知识产权许可声明 知识产权持有方/机构(声明方)法定名称: 许可信息联络详情:姓名及职务/部门/地址/电话/传真/电子邮箱/网址: 一般知识产权许可声明 根据 ETSI 知识产权政策第 6.1 条款,声明方及/或其关联方特此通知 ETSI:(请仅勾选一个选项) □ 参见 ETSI 标准或技术规范,编号:或者 □ 参见 ETSI 项目(组),或者 □ 参见所有 ETSI 标准及技术规范,并关联以下声明(请仅勾选一个选项): □ 声明方及/或其关联方所作技术贡献中所含的知识产权,或 □ 任何知识产权 声明方在此不可撤销地声明:(1)声明方及其关联方拟根据上述 ETSI 知识产权政策第 6.1 条的条款和条件,就标准、技术规范或 ETSI 项目授予其知识产权项下不可撤销的许可,前提是知识产权对于实施该标准或技术规范是或成为并保持必要的,或者(如适用):在上述确定的 ETSI 项目当前范围内的提案或工作项目产生的任何标准或技术规范,供该标准或技术规范实施领域使用;(2)就该必要知识产权遵守 ETSI 知识产权政策第 6.1 之二条。 □ 本不可撤销承诺的作出以下列条件为前提:寻求许可的一方同意遵守互惠原则(如适用请勾选)。 本《一般知识产权许可声明》的解释、有效性及履行应受法国法律管辖。 本声明表中所有大写术语的含义以 ETSI 知识产权政策第 15 条所定义为准。 签署:通过签署本《一般知识产权许可声明》,签署人确认其有权代表声明方及/或其关联方,使其受本声明所述陈述与承诺的法律约束。 授权人姓名/职务/签署地点及日期/签名: 请将此表按规定签署后交还至:总干事

由上述可见,《ETSI 知识产权政策》对标准化组织成员规定的涉及标准必要专利的主要义务有两条:一是披露其提交标准的技术建议中可能属于必要知识产权(必要专利)的内容,二是要求标准必要专利所有权人对其专利的许可作出不可撤销的 FRAND 承诺。

二、关于必要知识产权"必要性"的申报与判定

根据上述《ETSI 知识产权政策》可知,成员的"知识产权披露"义务仅限于:在提交"标准"或"技术规范"的技术建议书时,应善意提请 ETSI 注意其建议如被采纳可能就属于必要知识产权。但 ETSI 对其成员所申报、披露的知识产权并不承担进行知识产权检索的任何义务。也就是说,成员所申报的知识产权按照相关标准是否真正属于必要知识产权,ETSI 并不予以审查判定,成员只需申报、披露其相关知识产权及其"必要性"并作出相应的 FRAND 承诺,ETSI 即予以登记、公布。这就导致在 ETSI 所登记、公布的标准必要知识产权中,不可避免地存在着并非真正属于相关标准的必要知识产权。这就需要事后对所申报的必要知识产权的"必要性"进行审查判定,而这种审查判定往往出现在所申报的必要知识产权进入许可谈判以及无效或诉讼程序时,由相关谈判方、专利审查机构、法院或鉴定机构循个案进行。

相关必要知识产权"必要性"审查判定的案例等实务表明,所申报的标准必要知识产权中,存在着大量实际上并不属于标准的必要知识产权的情形。2005 年 6 月,费尔菲尔德资源国际有限公司(Fairfield Resources International, Inc.)向国际无线技术年会提交了题为《3G 蜂窝电话标准与专利》(3G Cellular Standards and Patents)的研究论文[1]。该论文基于《ETSI 知识产权政策》第 15.6 条对标准中的知识产权"必要性"的规定认为,如果为实施标准,必须实施专利的至少一个权利要求的每个元素,则该专利应被视为该标准的"必要专利",并以此为标准对第三代(3G)蜂窝技术标准中所申报的必要专利的"必要性"进行了审查评估。审查评估结果认为,2004 年年初,由标准组织(3GPP 和 3GPP2)发布的 486 个技术规范体现了第三代(3G)蜂窝技术标准。该两个标准组织的公司成员被鼓励鉴别出实施 3G 标准的必要知识产权。费尔菲尔德资源国际有限公司专家组按照上述"必要性"的定义,研究了 7796 项专利和专利申请,它们均被申报为上述两个标准的必要专

[1] 费尔菲尔德资源国际有限公司,位于美国康涅狄格州,全球知名知识产权管理和咨询服务公司,提供标准必要专利分析、现有技术检索等专业咨询服务。该论文原文下载网址:https://cdn.patentlyo.com/media/docs/2009/03/wirelesscom2005.pdf。

利。这些专利分为887个专利族,每族覆盖一项发明。专家组对每族专利中的一项专利进行的初步评估显示,约有21%的申报专利确属必要专利。也就是说,申报为3G蜂窝技术标准的必要专利中,约有79%不属于必要专利,足见其中的"水分"之大。造成知识产权申报的"必要性"与其实际具有的"必要性"之间存在如此之大"水分"的主要原因有二:一是毋庸讳言,鉴于《ETSI知识产权政策》对必要性申报并不进行实质审查的规定,申报单位或标准化组织成员单位中不可避免地存在着对知识产权"必要性"进行"过度申报"的现象。二是标准的制修订过程与所申报知识产权的确权过程均为动态变化过程,一方面,标准在其立项、制定、修订、发布各阶段需要不断调整完善;另一方面,所申报的相关知识产权在其登记注册或申请专利等确权过程中也面临修改补正等要求,因而可能导致定稿版本的标准与初始纳入的申报必要知识产权并不完全一致,即标准与技术方案二者之间最终并不对应或完全重合,这使得所申报的知识产权对于标准而言失去了其相应的"必要性"。

第三节　我国有关标准必要专利的法律规制

我国目前作为上位法的《民法典》,以及作为专门法的《专利法》对标准必要专利问题均未作出相关规定。对标准必要专利相关问题有所涉及的,属于立法的有《标准化法》,属于司法解释的有最高人民法院《关于审理侵犯专利权纠纷案件应用法律若干问题的解释(二)》(以下简称《侵犯专利权纠纷解释(二)》),属于部门规章的有国家标准化管理委员会、国家知识产权局发布的《国家标准涉及专利的管理规定(暂行)》,以及国家市场监督管理总局《关于禁止滥用知识产权排除、限制竞争行为的规定》、国务院反垄断委员会《关于知识产权领域的反垄断指南》等。此外,还有不属于法律法规的司法机关内部工作指南或指引,如北京市高级人民法院《专利侵权判定指南(2017)》、广东省高级人民法院《关于审理标准必要专利纠纷案件的工作指引(试行)》等。这些内部工作指南或指引虽不具有法律法规的普遍约束力,但其所涉标准必要专利相关问题的规定仍具有一定指导性和参考性。对因滥用标准必要专利权排除、限制竞争的垄断行为,亦有《反垄断法》及相关部门规章予以规制。

以下对我国涉及标准必要专利法律规制的相关法律法规、指引指南予以简要梳理和概要介绍。

一、《标准化法》

该法并未直接规定标准必要专利相关问题,而是在规定国家标准相关问题时有所涉及。例如,该法第 2 条规定,标准包括国家标准、行业标准、地方标准和团体标准、企业标准。国家标准分为强制性标准、推荐性标准,行业标准、地方标准是推荐性标准。强制性标准必须执行,国家鼓励采用推荐性标准。据此可知,如果某项专利技术为被纳入国家强制性或推荐性标准的标准必要专利,则该专利的实施因此具有了相应的强制性或必要性。虽然标准化法并未规定前述的 FRAND 原则,但显然也应根据"公平、诚信、公序良俗"的民法一般原则,兼顾标准必要专利权利人与标准实施者的双方利益以及社会公共利益。

此外,该法第 22 条第 2 款规定,禁止利用标准实施妨碍商品、服务自由流通等排除、限制市场竞争的行为。此规定对可能涉及的因滥用标准必要专利权出现的市场垄断行为予以明确否定。

二、国家标准化管理委员会、国家知识产权局《国家标准涉及专利的管理规定(暂行)》

此暂行规定适用于在制修订和实施国家标准过程中对国家标准涉及专利问题的处理,其中第 3 条、第 4 条明确规定,所称专利包括有效的专利和专利申请;国家标准中涉及的专利应当是必要专利,即实施该项标准必不可少的专利。

与前述国际标准的知识产权政策相适应,该暂行规定明确了国家标准中标准必要专利的"披露义务"和"FRAND 声明"。

1. 对专利信息的披露规定

在国家标准制修订的任何阶段，参与标准制修订的组织或者个人应当尽早向全国专业标准化技术委员会或者归口单位披露其拥有和知悉的必要专利，同时提供有关专利信息及相应证明材料，并对所提供证明材料的真实性负责。参与标准制定的组织或者个人未按要求披露其拥有的专利，违反诚实信用原则的，应当承担相应的法律责任。

2. 对专利实施许可中 FRAND 声明的规定

国家标准在制修订过程中涉及专利的，全国专业标准化技术委员会或者归口单位应当及时要求专利权人或者专利申请人作出专利实施许可声明。该声明内容应当由专利权人或者专利申请人在以下三项内容中选择一项：(1)专利权人或者专利申请人同意在公平、合理、无歧视(FRAND 原则)基础上，免费许可任何组织或者个人在实施该国家标准时实施其专利；(2)专利权人或者专利申请人同意在公平、合理、无歧视基础上，收费许可任何组织或者个人在实施该国家标准时实施其专利；(3)专利权人或者专利申请人不同意按照以上两种方式进行专利实施许可。但是，除强制性国家标准外，未获得专利权人或者专利申请人对前述第 1 项或第 2 项作出的专利实施许可声明的，国家标准不得包括基于该专利的条款。

此外，对于强制性国家标准涉及的专利作了特殊规定：强制性国家标准一般不涉及专利；确有必要涉及专利，且专利权人或者专利申请人拒绝作出上述专利实施许可 FRAND 声明的，应当由国家标准化管理委员会、国家知识产权局及相关部门和专利权人或者专利申请人协商专利处置办法。

值得注意的是：该暂行规定对“没有参与国家标准制修订的组织或个人”的标准必要专利规定了鼓励披露和申报的办法，其第 6 条明确规定：“鼓励没有参与国家标准制修订的组织或者个人在标准制修订的任何阶段披露其拥有和知悉的必要专利，同时将有关专利信息及相应证明材料提交给相关全国专业标准化技术委员会或者归口单位，并对所提供证明材料的真实性负责。”

应当说，该暂行规定与前述国际标准化组织的知识产权政策相适应，对标准必要专利涉及的“披露义务”和“FRAND 声明”两个核心问题予以较为明确具体的相应规范。这应该是我国在国内法规层面上首次适用FRAND原则，虽然其作为部门规章的立法层级较低，且仅限于制修订和实施国家标准过程中对国家标准涉及的必要专利相关问题作出相应规定，但为进一步研究解决标准必要专利相关法律规制问题，提供了必要参照和有益启示。

三、最高人民法院《侵犯专利权纠纷解释（二）》

此司法解释在第24条第1款规定："推荐性国家、行业或者地方标准明示所涉必要专利的信息，被诉侵权人以实施该标准无需专利权人许可为由抗辩不侵犯该专利权的，人民法院一般不予支持。"——该规定对推荐性标准实施者试图借"标准公益性"之名抗辩不侵权，进而对标准必要专利权利人进行"反向劫持"的行为予以明确否定。

第2款规定："推荐性国家、行业或者地方标准明示所涉必要专利的信息，专利权人、被诉侵权人协商该专利的实施许可条件时，专利权人故意违反其在标准制定中承诺的公平、合理、无歧视的许可义务，导致无法达成专利实施许可合同，且被诉侵权人在协商中无明显过错的，对于权利人请求停止标准实施行为的主张，人民法院一般不予支持。"——该规定对推荐性标准必要专利权利人试图假"标准通用性"之利拒绝或拖延达成实施许可，并借请求"停止侵权"禁令对标准实施者进行"专利劫持"的行为同样予以明确否定。值得注意的是，这是我国首次从司法解释的层面提及并适用"公平、合理、无歧视"的承诺（FRAND原则）。

第3款规定："本条第二款所称实施许可条件，应当由专利权人、被诉侵权人协商确定。经充分协商，仍无法达成一致的，可以请求人民法院确定。人民法院在确定上述实施许可条件时，应当根据公平、合理、无歧视的原则，综合考虑专利的创新程度及其在标准中的作用、标准所属的技术领域、标准的性质、标准实施的范围和相关的许可条件等因素。"——相对于专利法规定的普通侵权损害赔偿之诉，该规定进一步明确了标准必要专利的损害赔偿之诉，即"确定实施许可条件（许可费）之诉"，概括规定了FRAND原则下标准必要专利实施许可条件判定的考量因素，该考量因素与普通侵权损害赔偿的判定标准有所不同。

需要指出的是，上述司法解释均是针对“标准明示”的必要专利，亦即针对正常情况下参加标准制定并披露专利信息的标准必要专利所作出的规定，未涉及未参加标准制定、未披露专利信息，但已被标准实际使用的必要专利的情形。相比之下，前述《国家标准涉及专利的管理规定（暂行）》中有对“没有参与国家标准制修订的组织或个人”的必要专利予以鼓励披露和申报的规定。

四、北京市高级人民法院《专利侵权判定指南（2017）》

此指南对涉及标准必要专利的侵权诉讼，被诉方在“不停止侵权抗辩”中所涉及的“停止侵权”禁令、实施许可谈判等问题，根据“公平、合理、无歧视”的 FRAND 原则，在前述《侵犯专利权纠纷解释（二）》第 24 条的基础上，进行了进一步的明确和细化，对法院内部涉及标准必要专利诉讼的审判工作具有较强的实操性指导作用。此指南与《侵犯专利权纠纷解释（二）》第 24 条相比，可归纳如下异同点：

1. 在同样不支持专利权人违反 FRAND 原则申请“停止侵权”禁令的同时，将《侵犯专利权纠纷解释（二）》第 24 条第 2 款规定的“推荐性国家、行业或者地方标准明示所涉必要专利”，扩大到“虽非推荐性国家、行业或者地方标准，但属于国际标准化组织或其他标准制定组织制定的标准，且专利权人按照该标准化组织章程明示且做出了公平、合理、无歧视的许可义务承诺的标准必要专利，亦做同样处理”。通俗地理解就是：将原定的“推荐性国家、行业或地方标准必要专利”，扩大到了“国际标准或其他标准的必要专利”。

2. 针对“标准明示”的必要专利，同样未涉及“未参加标准制定、未披露专利信息，但已被标准实际使用的必要专利”的情形。同时增加对“明示判断”的规定：“对明示的判断应依照上述标准制定组织的相关政策规定，结合行业惯例进行”；并增加了对标准必要专利的定义：标准必要专利是指为实施技术标准而必须使用的专利。此定义比前述《国家标准涉及专利的管理规定（暂行）》中“国家标准中涉及的专利应当是必要专利，即实施该项标准必不可少的专利”的规定更加清晰、明确。

3. 进一步明确、细化了专利权人和被诉侵权人在标准必要专利实施许可谈判中，双方遵守 FRAND 原则的义务、责任以及颁发禁令前对各方存在过错的判定。其中规定：

（1）专利权人应履行其 FRAND 承诺下所承担的相关义务，被诉侵权人应以“诚实信用”原则积极协商获得许可。专利权人对其在标准制定中承诺的 FRAND 许可义务的具体内容承担举证责任。

（2）专利权人没有违反 FRAND 义务，被诉侵权人在实施许可协商中也没有明显过错，如被诉侵权人及时向法院提交其所主张的许可费或提供不低于该金额的担保，对于专利权人请求停止标准实施行为（颁发禁令）的主张一般不予支持。

（3）专利权人如有下列情形之一，可认定其故意违反 FRAND 义务：①未以书面形式通知被诉侵权人且未列明侵犯专利权的范围和具体侵权方式；②在被诉侵权人明确表达接受专利许可协商的意愿后，未按商业惯例和交易习惯以书面形式向其提供专利信息或提供具体许可条件；③未向被诉侵权人提出符合商业惯例和交易习惯的答复期限；④在协商实施许可条件过程中，无合理理由而阻碍或中断许可协商；⑤主张明显不合理的条件导致无法达成专利实施许可合同等。

（4）专利权人未履行 FRAND 义务，但被诉侵权人在协商中也存在明显过错的，应在分析双方当事人的过错程度，并判断许可协商中断的承担主要责任一方之后，再确定是否应支持专利权人请求停止标准实施行为的主张。

（5）被诉侵权人有下列行为之一，可认定其在许可协商过程中存在明显过错：①收到专利权人的书面侵权通知后，未在合理时间内积极答复；②收到专利权人的书面许可条件后，未在合理时间内积极回复是否接受专利权人提出的许可条件，或在拒绝接受专利权人提出的许可条件时未提出新的许可条件建议；③无合理理由而阻碍、拖延或拒绝参与许可协商；④在协商实施许可条件过程中主张明显不合理的条件，导致无法达成专利实施许可合同等。

五、广东省高级人民法院《关于审理标准必要专利纠纷案件的工作指引(试行)》

与《侵犯专利权纠纷解释(二)》和北京市高级人民法院《专利侵犯判定指南(2017)》相比,广东省高级人民法院的此试行工作指引是地方司法机关首次专门针对"通信领域标准必要专利"案件审理工作的内部指引,因此其专业性、指导性也更加具有针对性和实操性。

该指引适用于通信领域标准必要专利纠纷案件的审理,其他领域标准必要专利纠纷案件可根据行业特点参照适用。指引主要有四部分内容:关于审理标准必要专利纠纷案件的基本问题、关于停止实施标准必要专利民事责任的问题、关于确定标准必要专利许可使用费的问题和关于审理标准必要专利垄断纠纷案件的问题。其中:

"基本问题"部分阐述了法律确定或国际公认的标准必要专利审理工作基本原则,包括诚实信用原则、FRAND 原则及其准据法适用、利益平衡原则、商业惯例的参照作用以及标准化组织知识产权政策的约束力等;"民事责任问题"部分阐述了关于侵权判定和"颁发禁令"的基本遵循和相应规则,包括标准必要专利的侵权判定路径、禁令颁发原则及审查范围、禁令颁发规则以及专利权人过错判定和实施者过错判定等。这两部分内容基本属于对之前已有的标准必要专利相关法律规制(如国际标准化组织知识产权政策、《侵犯专利权纠纷解释(二)》第 24 条等)的梳理总结和归要重申。

"专利许可使用费问题"部分则对《侵犯专利权纠纷解释(二)》第 24 条第 3 款规定的"确定实施许可条件(许可费)之诉"相关问题,进行了程序和实体方面的明确规定和具体细化。程序性规定包括提起"许可费之诉"的案由及立案条件、裁判的许可地域范围、诉讼的中止等。实体性规定包括:确定许可使用费的方法(如可比许可协议法、专利市场价值法、可比专利池许可信息法等)、许可信息的举证妨碍规制、可比协议和可比专利池的筛选、差异比较与费率调整、"由上至下法"的基本分析路径和考量因素等。"专利垄断问题"部分则阐述了在我国《反垄断法》基本框架下审理标准必要专利垄断纠纷案件的基本方法,包括相关市场的界定、认定市场支配地位的考虑因素、FRAND 声明与滥用市场支配地位行为的关系、禁令与滥用市场支配地位的关系、不公平的过高定价以及搭售等。本书认为,这两部分内容是该工作指引的“亮点”,因为其针对的是目前全球范围内审理标准必要专利纠纷案件所集中体现出来的程序和实体上的相关具体法律规制问题,其中许多还是重点或“热点、难点”问题。广东省作为审理标准必要专利纠纷案件的典型管辖法院之一,出台这样的指引对于相关实务界具有更强的指导意义以及更好的示范作用。当然,该指引同样未涉及“未参加标准制定、未披露专利信息,但已被标准实际使用的必要专利”的情形。

此外,需要特别指出的是,该指引在第 16 条的“裁定范围”中明确规定,标准必要专利权利人或实施者一方请求裁判的有关标准必要专利的许可地域范围超出裁决地法域范围,另一方在诉讼程序中未明确提出异议或其提出的异议经审查不合理的,可就该许可地域范围内的许可使用费作出裁判。该条项下的“说明”进一步指出,本条系对标准必要专利许可使用费率的裁定范围的规定。基于尊重司法主权和国际司法礼让,法院审理标准必要专利许可使用费纠纷确定的许可范围原则上限于裁决地法域范围内。但是,如果权利人和实施者均同意法院就域外或全球范围内的许可确定使用费的,可以作出裁决。另外,如果一方的异议经法院审查认为不合理的,人民法院也可依另一方当事人的请求对该地域范围内的许可使用费作出裁决。这意味着我国法院也可以裁判“全球许可费率”。众所周知,在无线星球公司诉华为公司案[1]中,2017 年英国法院一审在认定标准必要专利权利人无线星球公司违反公平、合理、无歧视的谈判义务的情况下,以及在实施人华为公司仅要求在英国实施 FRAND 许可的情况下,却“主动”为该案裁决全球许可费率,并以如果不接受所裁决的全球许可费率将对华为公司实施英国禁令相威胁,迫使其接受全球许可费率。2020 年该案上诉后英国最高法院维持了原判。该做法在国际社会产生了广泛影响。2021 年我国最高人民法院在对 OPPO 公司等诉夏普株式会社等标准必要专利许可纠纷管理权异议

---

〔1〕 具体案件介绍详见本书第八章第四节。

纠纷案[1]作出的二审终审裁定中，认定深圳市中级人民法院拥有裁决双方发生争议的标准必要专利全球许可条件的管辖权。这是我国最高人民法院首次在诉讼程序判例中明确我国法院拥有裁判标准必要专利全球许可条件案件的管辖权，在我国法院审理标准必要专利纠纷案件的司法实践中具有里程碑式的意义。

六、《反垄断法》

该法在第68条中规定：经营者依照有关知识产权的法律、行政法规规定行使知识产权的行为，不适用本法；但是，经营者滥用知识产权，排除、限制竞争的行为，适用本法。

七、国家市场监管总局《禁止滥用知识产权排除、限制竞争行为规定》

针对上述《反垄断法》第68条规定的"经营者滥用知识产权，排除、限制竞争的行为，适用本法"的情况，国家市场监管总局专门出台了此规定。该规定将经营者违反反垄断法的规定行使知识产权，达成垄断协议，滥用市场支配地位，实施具有或者可能具有排除、限制竞争效果的经营者集中等垄断行为，规定为滥用知识产权行为。包括：经营者之间不得利用行使知识产权的方式，达成反垄断法禁止的垄断协议；具有市场支配地位的经营者不得在行使知识产权的过程中滥用市场支配地位，排除、限制竞争；涉及知识产权的经营者集中达到国务院规定的申报标准的，经营者应当事先向市场监管总局申报，未申报或者申报后获得批准前不得实施集中；经营者不得在行使知识产权的过程中，利用专利联营从事排除、限制竞争的行为；经营者没有正当理由，不得在行使知识产权的过程中，利用标准的制定和实施达成垄断协议等。其中第19条明确规定了与标准必要专利有关的反垄断行为："具有市场支配地位的经营者不得在标准的制定和实施过程中从事下列行为，排除、限制竞争：(一)在参与标准制定过程中，未按照标准制定组织规定及

---

[1] 参见最高人民法院民事裁定书，(2020)最高法知民辖终517号。

时充分披露其权利信息，或者明确放弃其权利，但是在标准涉及该专利后却向标准实施者主张该专利权；（二）在其专利成为标准必要专利后，违反公平、合理、无歧视原则，以不公平的高价许可，没有正当理由拒绝许可、搭售商品或者附加其他不合理的交易条件、实行差别待遇等；（三）在标准必要专利许可过程中，违反公平、合理、无歧视原则，未经善意谈判，请求法院或者其他相关部门作出禁止使用相关知识产权的判决、裁定或者决定等，迫使被许可方接受不公平的高价或者其他不合理的交易条件；（四）市场监管总局认定的其他滥用市场支配地位的行为。本规定所称标准必要专利，是指实施该项标准所必不可少的专利。”

八、国务院反垄断委员会《关于知识产权领域的反垄断指南》

此指南具体细化了知识产权领域反垄断的原则、思路，列出了界定相关市场，分析排除、限制竞争影响的考虑因素，并对滥用知识产权可能出现的排除、限制竞争的知识产权协议、滥用市场支配地位行为、涉及知识产权的经营者集中等情形分章列举指引，为对滥用知识产权行为适用《反垄断法》提供工作指南，以提高反垄断执法工作的透明度。

第二章 FRAND 承诺

FRAND 承诺就是标准必要专利权利人在其专利被纳入标准时，向标准组织作出的将以公平、合理、无歧视条件许可潜在实施人使用其必要专利的承诺。这个承诺对于标准必要专利权利人来说相当于一个“紧箍咒”，因为标准必要专利能成为标准中必不可少的专利，说明它的技术含金量、创新度要高于同类普通专利，而且还可能因标准的强制实施而得以“挟标准以令诸侯”，为了合理界定专利私权与社会公共利益之间的适当平衡，需要给它加上 FRAND 承诺这个“紧箍咒”以对它的行权边界加以必要限定。下文围绕 FRAND 承诺这个“紧箍咒”在标准必要专利许可人与被许可人之间所引发的攻防博弈而展开论述。

第一节　FRAND 承诺的含义

如前所述，根据《ETSI 知识产权政策》的规定，标准化组织成员申报标准必要专利主要有两项义务，一是披露其提交标准的技术建议中可能属于必要专利的内容，二是标准必要专利权利人承诺其愿意按照 FRAND 的条款和条件给予不可撤销的实施许可。因此，承诺给予不可撤销的 FRAND 许可，是所申报的标准必要专利进入相关标准的前提条件。尽管 FRAND 承诺被认为是可以平衡标准必要专利权利人和相关潜在标准实施者之间利益的重要原则，因而被标准化组织所广泛采用，但目前尚没有标准化组织对FRAND承诺或原则的含义予以具体明确。

一般认为，FRAND承诺中的"公平"是指标准必要专利权利人和标准实施者之间在进行许可条件谈判时双方地位的平等，以及在标准必要专利进行许可时不应设定附加条件（如捆绑搭售）等。"合理"主要指许可费的合理，包括专利权人能够获取的许可费是与其专利技术价值相当的许可费，而不包括因标准带来的额外利益等。"无歧视"是指平等对待潜在的标准实施者，但并非要求向各被许可人给予相同的许可费，例如，在交易条件大致相同的情况下，给予某个实施者的许可费远高于其他的实施者则可能被视为歧视性许可等。[1]

目前，对于FRAND承诺的含义及其原则适用，并无权威、规范的法律规定或司法解释，而是散见于国内外相关个案判例中，由审理法官在认定涉案的许可谈判或专利劫持、反向劫持等相关事实过程中，对具体适用FRAND原则加以说理和阐述，具体可参见本书第七章、第八章相关案例分析内容。

第二节　FRAND承诺的法律属性

鉴于标准化组织对FRAND承诺的含义并无明确定义，对FRAND承诺的法律属性或其适用原则亦未曾予以明确，因此对如何看待FRAND承诺的法律属性存在较大分歧。

依据不同的准据法对FRAND承诺法律属性可作不同解释。根据《ETSI知识产权政策》第12条的规定，该政策受法国法律管辖。主审无线星球公司诉华为公司案的比尔斯法官即依据法国法，对非ETSI成员的无线星球公司向ETSI所作的标准必要专利的FRAND承诺的法律属性进行释明。而在

[1] 参见马敏：《Frand原则下标准必要专利许可费的确定》，载《法制与社会》2021年第9期。

华为公司诉 IDC 公司案[1]中,我国法院则依据我国相关法律和司法解释对涉案 FRAND 承诺的法律属性作出独立判断。关于 FRAND 承诺的法律属性目前主要存在五种观点,下文详细展开介绍。

一、第三方受益合同说

该观点主张,一旦专利权人向标准化组织作出 FRAND 承诺,双方之间就成立了以标准实施者为第三方受益人的合同,作为第三方受益人的标准实施者有权要求专利权人按照其 FRAND 承诺的条件签订专利实施许可合同。主审无线星球公司诉华为公司案的比尔斯法官即持此观点。比尔斯法官认为,ETSI 是基于法国法而组建的一家协会,《ETSI 知识产权政策》第 12 条规定其受法国法管辖。法国有关协会的法律规定"协会是一种合同",其未涉及向 ETSI 作出标准必要专利声明的效力。该案中无线星球公司不是 ETSI 成员,但其向 ETSI 作出了标准必要专利的声明,ETSI 在收到该等声明后会将所声明的必要专利纳入 ETSI 的必要知识产权数据库中,而 ETSI 的登记政策明确规定,数据库中知识产权的所有人应在此之前已经作出 FRAND 承诺。因此,一旦专利权人向 ETSI 声明其必要专利,则作为该声明的"对应行为",ETSI 会将其必要专利纳入数据库,而纳入数据库的前提是该专利权人已作出了 FRAND 承诺,根据法国法,这一过程意味着具有约束力的合同将成立,无论声明者是否为 ETSI 成员均是如此。而根据法国法关于"第三方受益合同"的规则,当专利权人声明其专利对于 ETSI 标准而言为必要时,ETSI 要求其作出的 FRAND 承诺是为了使第三方(如潜在被许可方)受益的承诺,因此法国法关于"第三方受益合同"的规则适用于 FRAND 承诺,该承诺可由第三方执行。也就是说,为避免专利劫持情况的出现,实施者有权要求标准必要专利持有人承担 FRAND 义务。

本书对上述观点难以认同。本书认为,虽然 FRAND 承诺涉及标准化组织、专利权人和标准实施者三方主体,但 FRAND 承诺主要是专利权人应知识产权政策要求而向标准化组织作出的单方承诺,承诺内容为:一旦自己所

---

[1] 具体案件介绍详见本书第七章第二节。

披露的专利信息被纳入所属标准的必要专利数据库,则自己愿意与潜在的标准实施者按公平、合理、无歧视的原则签订实施许可合同。但承诺之后,所述纳入必要专利数据库的专利信息最终能否成为有效专利,以及是否真正属于"必要"专利,尚处于不确定状态;而所承诺的按公平、合理、无歧视原则签订实施许可合同,其中"公平、合理、无歧视"的明确含义及其原则内涵同样存在很大不确定性。在此种情况下,无论是专利权人与标准组织之间,还是专利权人与潜在实施者之间,或是专利权人、标准组织、潜在实施者三方之间,均无法成立各方合意的"合同",故不具备合同成立的要件。此外,普通的为第三方利益合同中的第三人作为受益人,一般只享有"受益"的权利,并不为该受益承担义务,受益人也没有就该受益合同的诉讼权利。但实践中因 FRAND 承诺产生的争议主要发生在专利权人与实施者(也就是所说的第三方受益合同中的受益人)之间,而潜在实施者也并非单纯的受益人,其在签订许可协议的过程中同样也要受到"公平、合理、无歧视"的约束。因此,FRAND 承诺构成的这种"第三方受益合同",显然与普通的为第三方利益合同有较大差别。

二、强制缔约义务说

该观点认为,FRAND 承诺"应理解为标准必要专利权利人对标准实施者以及潜在的实施者负有以符合 FRAND 条件许可的义务,该义务与供水、供电、供气等垄断企业所担负的强制缔约义务相似"。[1] 但有学者认为,民法中的强制缔约义务对应的是强制缔约权,该权利属于民法中的狭义形成权。到目前为止,民法中真正意义上的属于狭义形成权的强制缔约权只有先买权中的强制缔约权、出典人回赎权中的强制缔约权、股权转让人对异议股东的强制缔约权、异议股东对欲合并或分立的股份公司的股份回收强制缔约权。无论是原《民法总则》还是《专利法》,均未规定相对于 FRAND 承诺人的潜在实施者的强制缔约权。在缺乏法律规定的情况下,潜在实施者

---

[1] 叶若思、祝建军、陈文全:《标准必要专利使用费纠纷中 FRAND 规则的司法适用——评华为公司诉美国 IDC 公司标准必要专利使用费纠纷案》,载《电子知识产权》2013 年第 4 期。

不享有任何类似狭义形成权的优势地位，不得为 FRAND 承诺人设定承诺义务、缔约义务，否则意味着实施者可将自己的意志强加于 FRAND 承诺人，这将违反平等原则。[1]

三、单方法律行为说

加入标准化组织的专利权人的 FRAND 承诺，法律性质上属于单方法律行为，是基于专利权人一方意思表示即可成立的法律行为。根据标准化组织的知识产权政策，一旦作出 FRAND 承诺公开专利许可声明，专利权人就应当承担公平、合理、无歧视许可其必要专利实施的义务，且该义务应当贯穿于标准必要专利授权许可谈判、签约、履行的整个过程。这种承诺和义务不可撤销，对所有的潜在使用者均具有约束力。[2] 该观点认为 FRAND 承诺的作出，并不需要标准化组织的同意或授权，也不依赖于潜在实施者的意思表示，只需标准必要专利权利人一方作出 FRAND 承诺的意思表示即告成立。因此，FRAND 承诺与订立遗嘱、放弃继承权、撤销委托代理、追认无权代理等民事法律行为一样，都属于单方法律行为。在西电捷通公司诉索尼（中国）公司案[3]中，一审法院即持此观点。法院认为，西电捷通公司确曾作出过“愿意与任何将使用该标准专利权的申请者在合理的无歧视的期限和条件下协商专利授权许可”的声明，但是，公平、合理、无歧视许可声明仅系专利权人作出的承诺，系单方法律行为，该承诺不代表其已经作出了许可，即仅基于涉案公平、合理、无歧视许可声明不能认定双方已达成了专利许可合同。当然，原告承诺其“愿意在合理的无歧视的期限和条件下协商专利授权许可”，在此情形下被告作为涉案专利的潜在被许可方，基于对原告承诺的信赖而实施涉案专利有其合理性基础。但是该合理性基础的前提是双方善意协商，在双方协商未果的情形下，被告实施涉案专利能否绝对排除

---

〔1〕参见李逸竹：《标准必要专利 FRAND 承诺之法律性质辨析》，载《重庆大学学报（社会科学版）》2023 年第 1 期。

〔2〕参见杨君琳、袁晓东：《标准必要专利 FRAND 原则的解释与适用》，载《科技管理研究》2016 年第 2 期。

〔3〕具体案件介绍详见本书第七章第三节。

原告寻求停止侵害救济的权利，仍需要考虑双方在专利许可协商过程中的过错。一审根据对被告索尼公司在谈判过程中的过错认定，向被告发出了停止侵权的禁令。二审法院维持原判，但没有采用FRAND承诺属于单方法律行为的表述。二审法院认为，在谈判、缔约与履约的整个过程中，双方均应诚信协商与履约，基于索尼公司在谈判过程中实施拖延战术等恶意表现，故应认定其承担侵权责任。

但亦有学者认为，FRAND承诺不构成单方法律行为。单方法律行为作为法律行为的一种类型，仅需要一个意思表示就可导致法律关系的变动，而不同于多方法律行为至少需要两个意思表示（如设立合同），此亦单方法律行为与多方法律行为的根本差别所在。例如，抛弃某物所有权的单方法律行为即可直接引起该物物权关系变动的法律效果。但FRAND承诺虽然一经作出便立即对必要专利权利人产生约束力，但并不能对潜在实施者直接产生法律关系变动（如立即成立实施许可合同）的法律效果。因而FRAND承诺本身不是单方法律行为，它仅是一个意思表示，其法律本质是以“公平、合理、无歧视”为条件与标准实施者签订专利许可合同的要约。[1] 此观点即本书下文要展开论述的“要约说”。

四、要约说

该观点通说认为，根据民法要约理论，要约本身并不构成一个独立法律行为，而是一种与承诺结合后可成立一个法律行为（合同）的意思表示。要约具有如下特征：要约必须是特定人所为的意思表示，要约必须向相对人发出，要约必须具有缔结合同的目的，要约的内容必须具体确定。FRAND承诺是一个由标准必要专利权利人作出的意思表示，该承诺的意思表示是向潜在实施者发出的，目的是要与潜在实施者就实施相关标准所涉标准必要专利签订实施许可合同，且需要按“公平、合理、无歧视”的条件签订该许可合同，而实施者一旦同意按“公平、合理、无歧视”条件签订该许可合同，则构成合同法上的承诺。因此，FRAND承诺符合上述要约的法律特征，构成合

〔1〕 参见周宇：《标准必要专利中FRAND承诺的法律性质》，载《电子知识产权》2019年第6期。

同法上的要约。

反对的观点认为,要约的内容必须具体、确定,包含合同的主要条款,而FRAND 承诺语义模糊不清,不符合要约的要求。如果仅凭 FRAND 承诺不确定的内容就成立合同,对于专利权人是不公平的,因为专利实施合同的订立需要确定有关许可条件很多方面的具体内容,包括许可的方式和范围、专利的技术内容、使用费及支付方式、违约赔偿条款等,因此认定 FRAND 承诺的性质为专利权人向标准实施者发出的要约不符合法律规定,也不利于保护双方的权益。[1]

五、要约邀请说

该观点认为,FRAND 承诺满足我国合同法所规定的要约邀请的要件。FRAND 承诺作为标准必要专利持有者以 FRAND 条件许可其专利的意思表示,类似于拍卖公告、招标公告,虽未给出具体的交易价格,但已经表明了交易的意愿,故应属于要约邀请。[2] 要约邀请说是欧洲国家的主流观点。在微软公司诉摩托罗拉公司案[3]中,德国曼海姆地区法院认为 FRAND 承诺并未创设合同,而是专利权人的要约邀请,标准实施者有权根据邀请,向专利权人提出要约请求,FRAND 承诺构成要约请求权的基础。

本书认为此说不妥。根据我国《民法典》第 473 条的规定,要约邀请是希望他人向自己发出要约的表示。拍卖公告、招标公告、招股说明书、债券募集办法、基金招募说明书、商业广告和宣传、寄送的价目表等为要约邀请。第 475 条规定:要约可以撤回,撤回适用《民法典》第 141 条的规定。而第 141 条规定:行为人可以撤回意思表示。撤回意思表示的通知应当在意思表示到达相对人前或者与意思表示同时到达相对人。由此可见,要约在相对人承诺前可以撤回,同理,要约邀请在相对人向自己发出要约前同样可以撤回。但是根据 ETSI 知识产权政策第 6.1 条规定,FRAND 承诺应给予潜在

〔1〕 参见夏子涵:《FRAND 承诺的性质之争》,载《知识经济》2018 年第 23 期。
〔2〕 参见张广良:《标准必要专利 FRAND 规则在我国的适用研究》,载《中国人民大学学报》2019 年第 1 期。
〔3〕 具体案件介绍详见本书第八章第一节。

实施者不可撤销的许可,亦即 FRAND 承诺一经发出是不可撤销的。显然,FRAND 承诺与我国民法上的要约邀请是不吻合的。

上述 FRAND 承诺法律性质在学界和实务界的观点分歧表明,由于 FRAND 承诺是标准化组织为促进先进标准推广、激励专利创新而普遍采用的知识产权政策,而 FRAND 承诺本身又具有不确定性,使得司法实践对其解读不一,学术界对其法律性质也有多种观点,因此对 FRAND 承诺的法律性质不能一概而论,对 FRAND 承诺法律性质的界定,仍需回到具体个案及所适用的法律上来。有学者提出,FRAND 承诺是标准制定组织为专利权人创设的一种普遍性的义务。一方面,标准制定组织通过创设这种义务可以避免自身卷入具体的标准必要专利纠纷;另一方面,这种普遍性的义务能够为标准实施者提起诉讼进入司法解决通道提供一块“跳板”,为标准实施者提供了请求的依据。FRAND 承诺的价值不在于直接确定具体的标准必要专利许可费,而是通过 FRAND 这样模糊的表述使得标准制定组织、专利权人和标准实施者都能够实现利益寄托。当发生纠纷以后,FRAND 承诺能够为纠纷的解决提供原则性的指导,但司法机关无法直接依据 FRAND 原则确定具体的许可费,标准必要专利许可费需要法院在个案中综合考虑各种因素进而将抽象的 FRAND 原则具体化后才能够确定。[1]

本书认为,以上关于 FRAND 承诺法律性质的不同观点,既具有一定合理性,也在不同程度上带有片面性或局限性。实际上,从标准必要专利 FRAND 承诺制度设计的初衷不难看出,公平、合理、无歧视的 FRAND 承诺的法律作用主要体现在平衡标准必要专利持有者与实施者之间的利益冲突,防止专利垄断对市场竞争和技术普及的负面影响。其核心制度功能在于构建标准必要专利许可的框架,确保在标准化技术被广泛采用的同时,专利权人获得合理回报。而实现这一制度的价值取向和目标预期的关键在于双方能否最终达成对标准中的必要专利的实施许可协议,而能否达成许可协议的关键又在于双方能否从诚信出发进行善意谈判。因此,从法律属性看,FRAND 原则应被界定为双边善意谈判义务,即要求专利权人和实施者

---

〔1〕 参见谭袁:《论 FRAND 承诺的性质及其价值》,载《电子知识产权》2017 年第 7 期。

在许可谈判中均承担积极协商的责任。这一义务具有以下特征:一是双向约束性,即专利权人不得滥用市场支配地位索要不合理许可费或拒绝许可,实施者则需诚信参与谈判,不得拖延或规避支付合理对价;二是司法裁判基准,即法院在判定是否颁发禁令救济或确定许可费率时,需要审查双方是否履行善意谈判义务,违反义务方可能承担不利法律后果;三是反垄断规制工具,即通过约束标准必要专利持有者的市场行为,防止其利用标准必要专利实施价格歧视、捆绑销售等垄断行为。

2024 年 11 月 4 日,国家市场监管总局发布《标准必要专利反垄断指引》。为预防和制止滥用标准必要专利的排除、限制竞争行为,该指引对涉及标准必要专利领域的竞争行为作出了一般性指引。其中第 8 条专条规定的“标准必要专利的善意谈判”,明确“标准必要专利善意谈判是履行公平、合理和无歧视原则的具体表现”,要求标准必要专利权人和标准实施方之间就标准必要专利许可的费率、数量、时限、使用范围和地域范围等许可条件开展善意谈判,以达成公平、合理和无歧视的许可条件。同时给出了善意谈判(包括但不限于)的程序和要求:(1)标准必要专利权人应对标准实施方提出明确的许可谈判要约,通常包括标准必要专利清单、合理数量的标准必要专利与标准的对照表、许可费率的计算方法及依据、合理的反馈期限等具体内容;(2)标准实施方在合理期限内对获得许可表达善意意愿,即不存在无正当理由拖延、拒绝许可谈判等情形;(3)标准必要专利权人提出符合其所作出的公平、合理和无歧视承诺的许可条件,主要包括许可费率计算方法及合理性理由、标准必要专利保护期限及转让情况等与许可直接相关的必要信息和实际情况;(4)标准实施方在合理期限内接受许可条件,如不接受,需在合理期限内就许可条件提出符合公平、合理和无歧视原则的方案。在具体个案中,应对谈判的过程和内容进行全面评估。标准必要专利权人和标准实施方均需对其已尽到善意谈判义务进行证明。标准实施方表达善意意愿不影响其在谈判过程中对专利的必要性、有效性等提出异议的权利(参见本书第四章第一节)。

第三节 专利劫持、反向劫持、许可费堆叠

FRAND 承诺的目的是通过建立公平、合理、无歧视的市场许可规则，达到确保技术标准广泛实施的效果，同时保障专利权人在创新上理应获得的激励。一般而言，标准具有通用性和公益性，而专利具有私权性和排他性，这就使得“标准必要专利”必须要在二者之间寻求平衡，既要满足标准必要专利权利人对技术研发投入的合理回报以保障其投入的可持续性，鼓励技术的不断创新进步，又要保证通过标准的实施降低成本提高效率，惠及普罗大众，促进社会发展和文明进步。因此，一方面，要防止标准必要专利权利人假“标准通用性”之名漫天要价，动辄以申请法院的“停止侵权”禁令为要挟，对标准实施者进行“专利劫持”；另一方面，也要防止标准实施者借“标准公益性”之名，拒不缴纳专利使用费或恶意拖延签订专利许可协议，对标准必要专利权利人进行“反向劫持”。而涉及这两方面的标准必要专利纠纷并不鲜见，其中又以通信标准必要专利诉讼纠纷为突出。

一、专利劫持

标准必要专利是专利标准化的结果，而成为标准的必要专利通过标准的不断推广，实施主体的不断累积，成为相关标准的产品或服务市场中不可替代的技术，进而逐渐形成一个与标准必要专利相关的独立市场并可能取得市场支配地位。在这种情况下，标准必要专利权利人就会有较强动机以禁令或诉讼相威胁，来迫使标准实施者接受过高的专利许可费以及不合理的专利许可条件，从而形成“专利劫持”现象。通常情况下，标准实施者为了使自己的产品符合标准，往往已在产品的投资、设计、生产、销售上投入了大量成本，如果遭受“专利劫持”，则标准实施者将面临要么接受高额许可费而使自己的产品丧失市场竞争力，要么付出高昂成本转换标准或退出相关市场损失前期投入的两难境地。因此，标准化组织要求专利权人对标准必要专利的实施许可作出 FRAND 承诺，正是为了限制这种专利劫持行为。

在苹果(日本)公司诉三星公司案[1]中,东京地方裁判所一审认为,三星公司一直没有向苹果(日本)公司提供将本件专利许可给其他公司的许可费率信息,使苹果(日本)公司无法判断三星公司许可给苹果(日本)公司的费率是否符合 FRAND 承诺;三星公司的行为违反了日本民法中"诚实守信原则"的规定,其基于本件专利权的请求损害赔偿行为属于权利滥用。该案上诉审中,日本知识产权高等裁判所虽推翻了一审的部分结论,但维持了一审三星公司请求临时禁令的行为构成权利滥用的判决,驳回了三星公司停止侵权的禁令请求,同时承认标准必要专利权利人三星公司享有请求损害赔偿的权利,但仅限于 FRAND 承诺的范围。该案认定的三星公司请求临时禁令的行为构成权利滥用即属于"专利劫持"。

二、反向劫持

专利反向劫持是标准实施者对专利权人的劫持,指的是标准实施者在标准必要专利的许可条件上故意拖延以致无法与专利权人达成一致,以不得不使用该专利或要求免费强制许可为由,拒绝支付标准必要专利许可费或试图免费使用许可的情况。因为 FRAND 承诺是标准必要专利许可活动中专利权人和标准实施者都应遵守的原则,对双方都有约束力,既能防止专利权人"挟标准之力"索取不合理的高额许可费,也能防止标准实施者无理拒交许可费,以保证专利权人的研发费用得到合理补偿,鼓励专利权人继续创新。因此,标准实施者理应按照"公平、合理、无歧视"的条件向专利权人支付专利许可费,否则将构成"专利反向劫持"。

在西电捷通公司诉索尼(中国)公司案中,一审法院认为,原告涉案专利为标准必要专利,原告已向全国信息技术标准化技术委员会出具《关于两项国家标准可能涉及相关专利权的声明》,承诺其"愿意与任何将使用该标准专利权的申请者在合理的无歧视的期限和条件下协商专利授权许可"。被告作为涉案专利的潜在被许可方,基于对原告承诺的"合理的无歧视的期限和条件"进行专利授权许可的信赖而实施涉案专利,有其合理性基础,但该

[1] 具体案件介绍详见本书第八章第三节。

合理性基础的前提是双方善意协商。在双方协商未果的情形下,被告实施涉案专利能否绝对排除原告寻求停止侵害救济的权利,仍需要考虑双方在专利许可协商过程中的过错。如专利权人有过错而实施人无过错,则对专利权人有关停止侵权的诉讼请求不应被支持,否则可能造成专利权人滥用其标准必要专利权,不利于标准必要专利的推广实施;如专利权人无过错而实施人有过错,则对专利权人有关停止侵权的诉讼请求应予支持,否则可能造成实施人对专利权人的"反向劫持",不利于标准必要专利权的保护。双方均有过错则应基于专利权人和实施人的过错大小平衡双方的利益,决定是否支持专利权人有关停止侵权的诉讼请求。鉴于被告索尼(中国)公司无理拖延至双方无法达成涉案标准必要专利的许可协议,则过错应在被告方,因此其行为构成"反向劫持"。

此案双方当事人自2009年3月至2015年3月就涉案专利许可的问题进行了协商。被告始终坚持"要求原告提供权利要求对照表",直到其2015年3月13日提出终止谈判。其间,原告表示在签署保密协议或者在2009年保密协议的基础上可以将权利要求对照表提供给被告,但被告坚持要求原告提供没有任何保密信息的权利要求对照表。鉴于涉案专利为WAPI技术(具有鉴别与保密功能)的核心专利,且为标准必要专利,涉案标准于2009年左右就已事实上强制实施,原告在与被告协商的过程中解释了WAPI相关技术,提供了专利清单和许可合同文本,在此基础上,被告理应能够判断出其涉案手机中运行的WAPI功能软件是否落入涉案专利的权利要求保护范围,而非一定需要借助于原告提供的权利要求对照表。因此,被告要求原告提交权利要求对照表并非合理。关于原告要求签署保密协议,根据实务中的通常做法,权利要求对照表需要对专利权利要求覆盖的技术特征与被诉侵权产品的技术特征进行比对,并且可能包含专利权人的相关观点和主张,在此情形下,专利权人要求双方签署保密协议的主张具有合理性。因此,原告在同意提供权利要求对照表的基础上要求签署保密协议是合理的。据此,双方当事人迟迟未能进入正式的专利许可谈判程序,过错在专利实施方,即此案被告。由此可见,被告的行为显然是在进行"反向劫持",故法院据此支持了原告要求判令被告停止侵权的诉讼请求。

三、专利许可费堆叠

专利许可费堆叠，是指当标准由许多不同权利人拥有的标准必要专利组成时，如果每件标准必要专利都要收取专利权人主张的许可费，则势必造成许可费之和过高，甚至大大超出在标准产品成本中的合理占比，从而使标准实施者因许可费高昂而无法实施该标准或无法从实施该标准中获得应有商业利益的现象。专利许可费堆叠是多个专利在标准中堆积的结果，如按堆叠的许可费支付标准必要专利许可费显然无法满足 FRAND 原则的公平、合理、无歧视要求。而如果某个标准中的每件标准必要专利都通过司法途径一件一件地去解决，因其太过烦琐复杂也显然不符合司法效率原则。因此有必要通过标准化组织从标准实施的整体角度，对专利许可费堆叠问题按 FRAND 原则进行必要规制。比如对实施某标准的每件产品收取的标准必要专利许可费给出一个总的累积上限费率，或者对某标准中的每一件标准必要专利许可费予以总费率幅度的上、下限限制等。FRAND 承诺即成为从总体上对标准必要专利许可费堆叠问题进行规制的重要手段。

下文以苹果(日本)公司诉三星公司案中为解决许可费堆叠问题，将 FRAND 总许可费率设定为标准对于被诉产品销售额贡献度的 5% 为参照，试举例说明许可费率计算对贡献度及堆叠因素的考量：假定某品牌手机每台售价 200 美元，实施了 A、B 两个技术标准，其中 A 标准含有 10 件必要专利，B 标准含有 20 件必要专利，且推定每件必要专利对各标准的贡献度都相同。现将该两个标准中的 30 件必要专利对每台 200 美元销售额的总许可费率设定为 5%（30 件必要专利的总许可费为 10 美元），其中 A 标准对 200 美元销售额的贡献度是 25%（50 美元），B 标准的贡献度是 75%（150 美元）。则 A 标准中的每件必要专利 FRAND 许可费应计算为：A 标准对该手机销售额 200 美元的贡献度 25% ×1/A 标准所含必要专利总数 10 件 ×5% =0.25 美元/件。同理，B 标准每件必要专利的许可费计算为：B 标准对 200 美元的贡献度 75% ×1/B 标准所含必要专利总数 20 件 ×5% =0.375 美元/件。这样，A 标准的 10 件必要专利合计可得许可费 2.5 美元(0.25 ×10)，B 标准的 20 件必要专利合计可得许可费 7.5 美元(0.375 ×20)，A、B 两个标准 30 件必要专利合计许可费为10美元(2.5+7.5),占每台手机售价的5%(10/200)。这样,上例中许可费的计算就既考虑了专利“贡献度”,也排除了“许可费堆叠”。

第四节 FRAND原则在我国法律体系中的适用

根据最高人民法院《侵犯专利权纠纷解释(二)》第24条第2款的规定,专利权人、被诉侵权人双方在协商专利实施许可条件时,专利权人故意违反FRAND义务导致无法达成许可合同且被诉侵权人在协商中无明显过错的,对于权利人请求停止标准实施行为的主张,法院一般不予支持。该规定强调了专利权人、被诉侵权人双方在协商谈判许可条件时的FRAND义务。北京市高级人民法院《专利侵权判定指南(2017)》第150条则明确规定,在标准必要专利的许可谈判中,谈判双方应本着诚实信用的原则进行许可谈判,作出FRAND承诺的专利权人应履行该声明下所承担的相关义务,请求专利权人以FRAND条件进行许可的被诉侵权人也应以诚实信用的原则积极进行协商以获得许可。该规定明确了双方应本着诚实信用的原则进行FRAND条件下的许可谈判。广东省高级人民法院《关于审理标准必要专利纠纷案件的工作指引(试行)》则对“诚实信用原则”予以专条规定并加以说明:审理标准必要专利纠纷案件,要注意审查标准必要专利权利人和实施者从事与标准必要专利有关的活动时,是否遵循诚实信用原则;本条是关于诚实信用原则的规定,鉴于诚实信用原则对于标准必要专利纠纷的审理具有重要作用,予以专条规定。

我国司法实践中对于FRAND承诺的法律属性,各地法院存在不同认识。在中国首例通信领域标准必要专利诉讼纠纷即华为公司诉IDC公司案中,法院认为,FRAND承诺不宜理解为标准必要专利权利人与标准实施者之间成立合同关系。FRAND原则的核心是对标准必要专利权利人的合理限制,落实公平、合理、无歧视原则应平衡标准必要专利相关当事人之间的利益,既保证专利权人能够从技术创新中获得足够的回报,同时也避免标准必要专利权利人借助标准所形成的强势地位索取高额许可费率或附加不合理条件。在西电捷通公司诉索尼(中国)公司案中,一审法院将 FRAND 声明认定为单方法律行为,理由在于:西电捷通公司确曾作出过“愿意与任何将使用该标准专利权的申请者在合理的无歧视的期限和条件下协商专利授权许可”的声明,即索尼(中国)公司所称的 FRAND 声明。但是,FRAND 声明仅系专利权人作出的承诺,系单方法律行为,该承诺不代表其已经作出了许可,即仅基于涉案 FRAND 许可声明不能认定双方已达成了专利许可合同。上述我国地方法院对 FRAND 原则法律属性存在的分歧,一定程度上“影响了我国司法裁判的公信力与权威性”〔1〕。

2023 年 12 月 12 日,最高人民法院就高清公司诉 OPPO 公司案〔2〕作出二审民事判决。最高人民法院在该案判决中认为,在标准必要专利 FRAND 许可相关司法实务中适用 FRAND 原则,其国内法渊源或准据法应为民事法律体系中的《民法典》,即我国《民法典》的诚信原则属于 FRAND 原则适用的“上位原则”,标准必要专利的权利人遵守其 FRAND 承诺,在我国的法律体系中,就是遵守《民法典》关于诚信原则的体现,该诚信原则在标准必要专利许可谈判中即体现为行业所普遍认可和遵循的 FRAND 原则。标准必要专利作为实施标准必需使用的专利,因其专利权人所作 FRAND 承诺,使得标准实施人或潜在实施人对获得其专利的实施许可产生了合理信赖利益,这种基于实施人对权利人 FRAND 承诺产生的合理信赖,一旦实施人向标准必要专利的权利人请求许可实施该专利,该权利人原则上不得无正当理由拒绝许可,其面临的谈判问题已经主要不是是否愿意许可的问题,而是按照什么条件许可的问题。根据《民法典》的诚信原则,缔约双方均应遵守诚信原则协商订立合同,即双方均有义务按照公平、合理、无歧视的 FRAND 原则所体现的诚信精神进行许可谈判。FRAND 义务既不是对权利人“强制签约”的义务,也不是权利人单方承诺签订许可协议的义务,更不是权利人对实施方“默示实施许可”的义务,而是权利人与实施人双方就达成许可协议

---

〔1〕 蒋华胜:《标准必要专利 FRAND 原则的规范解释与司法裁判研究》,载《法律适用》2023 年第 7 期。

〔2〕 具体案件介绍详见本书第七章第一节。

的诚信谈判义务。因此,FRAND 原则的法律属性应为双边善意谈判义务。本案高清公司诉 OPPO 公司的标准必要专利使用费纠纷,是高清公司与 OPPO 公司在双方拟缔约且应当缔约但最终未能实际缔约的情况下,就双方应当以何种标准的许可费率进行缔约所发生的争议。依据法院地法律即中国的法律进行定性,该类纠纷在性质上为缔约过失责任纠纷。虽然缔约过失责任是以行为人违反法定的先合同义务(依诚信原则而产生的附随义务)为前提,是一种不同于一般合同责任和侵权责任的补充性的民事责任,但《民法典》将缔约过失责任规定于第三编(合同)第二章(合同的订立)中,故在中国现行法律体系中缔约过失责任纠纷在法律定性上为合同纠纷。因此,各方当事人互诉对方的违反 FRAND 义务责任,在法律定性上属于我国民法体系中先合同义务的缔约过失责任。

由此可见,最高人民法院通过高清公司诉 OPPO 公司标准必要专利使用费纠纷案的"释法性"判例,明确了遵守 FRAND 承诺就是遵守民法诚信原则的体现,FRAND 义务体现为双边善意谈判义务,以及违反 FRAND 义务属于缔约过失责任等重要审判观点,成为我国法院后续审理标准必要专利案件所涉 FRAND 原则适用相关问题的标杆性类案指导判例。

第三章

禁令、禁诉令

“禁令”的字面意思就是禁止做某事的命令。“禁令、禁诉令”目前还未作为法律术语直接出现在我国的法律条文中。但是根据我国相关法律规定判决禁止某方诉讼当事人做某事,却是很常见的一种法律责任承担方式。例如,我国专利法规定对构成专利侵权的侵权责任人,法庭可以判令其停止侵权,也就是判决“禁止其继续生产销售侵权产品”。对此,我们也可以说法庭对这个侵权人发出了“禁令”。“禁诉令”通俗的解释就是,同一诉讼主体、同一诉讼标的的案件分别在两个不同国家或地区的法院受理,其中一个法院向一方当事人发出的禁止其在另一个法院申请或执行特定命令的禁令。“禁诉令”多出现在标准必要专利的国际平行诉讼中。那么,禁令、禁诉令为什么可以比作是标准必要专利的“双刃剑”呢?“双刃剑”者,既能杀敌,亦可伤己也。又如,由于标准必要专利是实施标准必须使用的专利,一旦标准必要专利权利人经申请获准颁发停止侵权的禁令,将对被诉侵权人不利,因为禁用标准必要专利就无法生产销售符合标准的产品,其生产经营或产品竞争力就会陷于困境,这时的禁令相当于标准必要专利权利人的“尚方宝剑”。但是如果标准必要专利权利人借此优势漫天要价,违反诚信原则,则构成“专利劫持”,其禁令请求就会被拒绝颁发,甚至具有市场支配地位的标准必要专利权利人因滥用禁令还会被判构成垄断而被处罚,这时的禁令就成了“回旋镖”而伤及自身。此外,道高一尺魔高一丈,为了平衡与反制,有“禁令”就有“反禁令”，有“禁诉令”就有“反禁诉令”。下文将围绕“禁令、禁诉令”这柄“双刃剑”的攻守之势而展开论述。

第一节　禁令救济及其FRAND考量

禁令（injunction）源自英美法系，是指法院签发的要求当事人做某事或某行为或者禁止其做某事或某行为的命令。它是一项衡平法上的救济措施。当普通法对某种损害行为不能提供充分的救济时，便可以禁令来作为补救。它主要用于防止将来某种损害行为的发生，而不是对已发生的损害给予补偿，或者是对不能以金钱来衡量或给予金钱损害赔偿并非恰当的解决方式的损害行为提供救济。[1] 禁令按其颁发的时间阶段可分为诉前禁令、诉中禁令和终局禁令，按其时效可分为临时禁令、初步禁令和永久禁令，按其颁发的机关可分为执法机构颁发的禁令和司法部门颁发的禁令，按其要求的内容是做一定行为还是禁止做一定行为可分为命令性禁令和禁止性禁令。对于法院签发的禁令，如果违反将作为藐视法庭行为而予以处罚。

标准必要专利纠纷除了FRAND许可费这一核心争议外，另一大常见纠纷即是禁令问题。事实上，FRAND许可费的争议与是否对涉案标准必要专利给予停止侵权的禁令往往是相伴而生、一体考量的，并可能由此派生出临时禁令、永久禁令、单方禁令、双方禁令、禁用令、禁诉令等各种不同对象、目的的禁令形式。司法实践中常见的是关于停止侵权的禁令（包括临时禁令和永久禁令），即对侵权行为给予“停止侵权的救济”，此外还有某国法院禁止其在审案件的一方当事人就同案关联事项向他国法院起诉或申请他国法院强制执行同案关联判决事项的禁诉令。前者主要涉及在对“专利劫持”或“反向劫持”的考量中是否支持请求方关于发出或驳回停止侵权的禁令，后者涉及一国法院出于维护在审案件的独立审判或司法主权、国际司法礼让等考量而发出的程序性限制禁令。

---

〔1〕 参见薛波主编：《元照英美法词典》，北京大学出版社2014年版，第696页。

一、停止侵权的禁令救济

我国《民法典》总则编第 179 条以及分编第 1167 条均规定,民事侵权行为应当承担的民事责任形式之一是:停止侵害。侵害专利权、商标权、著作权等知识产权的侵权行为作为一类特殊的民事侵权行为,有关停止侵害的民事责任相关措施分别规定在《专利法》《商标法》《著作权法》等各专门法中。《专利法》第 72 条规定:"专利权人或者利害关系人有证据证明他人正在实施或者即将实施侵犯专利权、妨碍其实现权利的行为,如不及时制止将会使其合法权益受到难以弥补的损害的,可以在起诉前依法向人民法院申请采取财产保全、责令作出一定行为或者禁止作出一定行为的措施。"这就是我国专利法有关"诉前禁令"的规定,其属于判决前的一种"临时禁令"。如果案件经后续审理认定构成专利侵权,则会在判决书中作出"停止侵权"的判项,即不得为生产经营目的制造、使用(对外观专利不含"使用")、许诺销售、销售、进口其专利产品或使用其专利方法以及使用、许诺销售、销售、进口依照该专利方法直接获得的产品。此时的"停止侵权"判决则变成"永久禁令"。

由此可见,我国专利法关于颁发诉前禁令的条件主要有两个:一是他人正在实施或者即将实施侵犯专利权、妨碍权利人实现权利的行为,二是如不及时制止将会使其合法权益受到难以弥补的损害。其中,前一个条件强调的是知识产权正处于被不法侵害的危险境况中,法律的救济不能等到损害造成后才提供,当权利人正遭受损害,甚至这种损害尚未真正开始时,只要有证据能够证明存在这种可能性,就应该提前介入给予法律救济,以及时避免侵害行为及结果的发生。因此,适当提前救济措施对于有效保护权利人合法权益十分必要。后一个条件强调的是正在发生的侵权行为对知识产权造成的损害将难以弥补。例如,低价销售的侵权产品可能很快侵占专利产品的市场份额,严重影响权利人及其被许可人的市场声誉,损害消费者的权益和福祉,甚至"劣币驱良币"导致权利人停业破产、退出市场等。由于知识产权客体不具有物权独占性,这些损害一旦发生后果非常严重,事后再去追究难以恢复、弥补,无济于事,且侵权行为持续的时间越长,对权利人所造成的损害也将越大。因此,需要提前介入才能及时有效地使这种损害停留在"萌芽"状态,将侵权行为予以"冻结",这样,通过禁令救济以及事后的救济才能确保权利人的损失得到充分的补偿,而不至于出现赢了官司却输了利益的情形。从利益的补偿方面来看,禁令救济可以防止损害的进一步扩大,这也是对知识产权所有人利益的最好补偿。[1]

二、标准必要专利禁令救济的 FRAND 考量

上述关于普通专利侵权纠纷中承担停止侵害民事责任的一般规定,同样适用于标准必要专利的禁令救济。只不过标准必要专利作为一种特殊的专利,还需要在 FRAND 原则框架下对禁令的适用加以考量。关于如何看待 FRAND 背景下禁令的适用,大体有支持、反对和平衡的三种观点。支持禁令的观点认为,承担侵权责任的方式包括停止侵害,因此专利侵权案件中适用停止侵害的侵权责任承担方式是一般规则,不适用是例外。除基于国家利益、公共利益考量可以不停止被诉行为外,被诉侵权人构成专利侵权,权利人请求判令其停止侵权行为的,法院应予支持。在西电捷通公司诉索尼(中国)公司案中,一审法院即持此种观点,并判决被告停止实施侵犯原告涉案标准必要专利权的行为("永久禁令")。反对直接发出禁令的观点认为,标准必要专利的 FRAND 承诺表明,专利权人是愿意进行许可,而不是排除许可的,如果动辄颁发禁令,则不仅不利于标准的实施推广,还会助长专利权人的"专利劫持"动机,也无益于消除不合理的许可费堆叠,乃至产生限制竞争、减损消费者福利的负面效果。在苹果公司诉摩托罗拉公司案[2]中,欧盟委员会即持此种观点,并认定摩托罗拉公司请求禁令的行为构成对市场支配地位的滥用,进而产生了排除、限制竞争的反竞争效果。平衡禁令利弊的观点认为,禁令的适用应平衡专利权人和标准实施者双方利益,既不绝对禁止,也不一概准许,既保留必要的禁令威慑,也给予合理的禁令赦免。在微软公司诉摩托罗拉公司案中,摩托罗拉公司致函微软公司要求支付许

---

〔1〕 参见谭袁:《标准必要专利核心争议探究及制度建构》,中国社会科学出版社 2019 年版,第 195 页。

〔2〕 具体案件介绍详见本书第八章第五节。

可费,微软公司于是在美国起诉摩托罗拉公司要求其按 FRAND 条件进行许可,摩托罗拉公司的共同被告则另向德国起诉微软公司侵犯其标准必要专利并请求禁令,而微软公司则又在美国请求临时禁诉令,要求禁止摩托罗拉公司执行其在德国的诉讼中可能取得的任何禁令。美国案的法庭综合考虑了两案的同质性、本案的独立审判、公共利益、国际司法礼让等因素,同时公平权衡双方当事人的利益,比如微软公司因德国案禁令是否可能遭受无法弥补的损害,摩托罗拉公司是否会因德国案禁令而在本案中获得“专利劫持”的不当优势等,最终批准了微软公司的临时禁诉令,即禁止摩托罗拉公司执行其在德国的诉讼中可能获得的相关禁令。

此外,在涉及标准必要专利的国际平行诉讼中,还出现了针对停止侵权禁令的“反禁令”,即就同一诉讼主体、同一诉讼标的的案件,甲国法院已作出停止侵权的禁令判决,但一方当事人又在乙国起诉请求并获准乙国颁发的禁止执行甲国的禁令判决的命令,这就是“反禁令”,也叫“禁执令”,属于“禁诉令”的一种表现形式。如华为公司诉三星(中国)公司案[1],深圳市中级人民法院一审对三星公司作出了“停止侵权”的判决。其间为了反制华为公司,三星公司向美国加利福尼亚州北区法院起诉华为公司,并申请“反禁令(禁执令)”,即要求禁止华为公司申请执行深圳市中级人民法院对华为公司诉三星(中国)公司案的停止侵权判决,而该美国法院支持了三星公司的请求并颁发了这个禁诉令,裁定在该院审理双方争议之前,华为公司不得申请执行其深圳市中级人民法院关于三星公司停止侵犯中国专利的判决。

上述关于标准必要专利禁令的 FRAND 考量,平衡专利权人和标准实施者双方利益适用禁令救济的观点应为主流。在司法实践中,判断是否准予禁令救济,主要考量标准必要专利权利人和标准实施者在 FRAND 许可费谈判过程中是否有过错以及各自过错大小。其中,认定专利权人故意违反 FRAND 许可义务的情形包括以下五种:(1)未以书面形式通知被诉侵权人侵犯专利权,且未列明侵犯专利权的范围和具体侵权方式;(2)在被诉侵权人明确表达接受专利许可协商的意愿后,未按商业惯例和交易习惯以书面

---

〔1〕 具体案件介绍详见本书第七章第四节。

形式向被诉侵权人提供专利信息或提供具体许可条件；（3）未向被诉侵权人提出符合商业惯例和交易习惯的答复期限；（4）在协商实施许可条件过程中，无合理理由而阻碍或中断许可协商；（5）在协商实施许可过程中主张明显不合理的条件，导致无法达成专利实施许可合同等。

同时，认定被诉侵权人在标准必要专利许可协商过程中存在明显过错的情形包括四种：（1）收到专利权人的书面侵权通知后，未在合理时间内积极答复；（2）收到专利权人的书面许可条件后，未在合理时间内积极回复是否接受专利权人提出的许可条件，或在拒绝接受专利权人提出的许可条件时未提出新的许可条件建议；（3）无合理理由而阻碍、拖延或拒绝参与许可协商；（4）在协商实施许可条件过程中主张明显不合理的条件，导致无法达成专利实施许可合同等。

此外，在没有证据证明标准必要专利权利人故意违反公平、合理、无歧视的许可义务，且被诉侵权人在标准必要专利的实施许可协商中也没有明显过错，即双方均无过错的情况下，如果被诉侵权人及时向法院提交其所主张的许可费或提供不低于该金额的担保，则对专利权人请求停止标准实施行为的主张一般不予支持。而在专利权人未履行公平、合理和无歧视的许可谈判义务，但被诉侵权人在协商中也存在明显过错，即双方均有过错的情况下，应在分析双方当事人的过错程度，并判断许可协商中断的主要责任承担方之后，再确定是否应支持专利权人请求停止标准实施行为的主张。[1]

第二节　国际平行诉讼中的禁诉令与反禁诉令

禁诉令制度是英美法系国家解决平行诉讼的一种方法，指一国法院在案件受理后作出裁判前，根据案件一方当事人的申请，针对案件另一方当事人颁发命令，禁止该当事人在他国法院就相同或类似纠纷提起诉讼或禁止该当事人执行他国法院就相同或类似纠纷颁发的禁令。禁诉令制度最早发

〔1〕 参见《专利侵权判定指南（2017）》第152、153条。

端于英国，起初是通过禁诉令制度来解决本国内发生的平行诉讼问题。受英国禁诉令的影响，美国法中亦有禁诉令制度，美国早期的禁诉令制度也是用来解决国内各州法院之间、联邦法院与州法院之间的管辖权冲突，后来美国的禁诉令制度逐渐被运用于解决国际平行诉讼问题。美国法中的禁诉令无成文法的明确规定，主要是经过长期的司法实践通过判例法逐步确立其适用规则。[1]

由于专利权具有地域性，基于无线通信互联互通目的制定的技术标准具有国际性，这就使得无线通信技术标准与专利相结合所产生的标准必要专利兼具地域性与跨国性的特征，各国无线通信企业制造的受标准必要专利覆盖的无线通信产品，也是在全球范围内生产销售的。而为了节约成本、提高效率，标准必要专利权利人与实施人就标准必要专利的许可往往是"一揽子专利包"的许可，即包括权利人所拥有的全球同族标准必要专利，以便涵盖实施人在全球范围内生产销售所涉的通信产品。在这种情况下，当标准必要专利权利人与实施人在谈判中无法达成许可协议而产生冲突时，双方通常会基于各自的诉讼目的和策略选择在不同国家的法院提起诉讼，这就产生了标准必要专利的国际平行诉讼现象，"即不同国家的法院在大致相同的时间内审理双方之间大致相同或类似的标准必要专利纠纷案件"。[2]禁诉令与反禁诉令就出现在这样的国际平行诉讼中，这些发生在不同国家的平行诉讼往往是"互诉"性质的，对抗性很强。例如，甲方当事人在 A 国起诉请求对乙方当事人颁发停止侵权禁令，而乙方则在 B 国提起平行诉讼也请求对甲方颁发停止侵权禁令。此时如甲方请求 A 国法院向乙方发出其不得在 B 国提起平行诉讼的临时禁令，这就是甲方针对乙方的"禁诉令"。而如果乙方请求 B 国法院向甲方发出不得执行其 A 国作出的停止侵权禁令，这就是乙方针对甲方停止侵权禁令的"反禁令（或禁执令）"。如果乙方同时请求 B 国法院命令甲方撤回其在 A 国法院发出的禁诉令，则是乙方针对甲方禁诉令的"反禁诉令"。可见禁诉令或反禁令具有攻击性，而反禁诉令则体现出防御性。其中，虽然这些禁诉令表面上看是针对甲、乙各方当事人发

〔1〕 参见王娟：《关于我国引入禁诉令制度的思考》，载《法学评论》2009 年第 6 期。

〔2〕 祝建军：《标准必要专利禁诉令与反禁诉令颁发的冲突及应对》，载《知识产权》2021 年第 6 期。

出,而非针对 A 国法院、B 国法院发出的,但其实质上影响的是各方当事人对其所在国民事诉讼权利的正当行使,以及各所在国的司法主权与所在法院的案件管辖权和依法裁判权。

2020 年我国"扎堆"出现了几起国内法院发出禁诉令以及由此引发域外法院发出针对性反禁诉令的案件。如本书第七章第五节、第六节要具体介绍的这两起案件。2020 年 8 月,我国华为公司向最高人民法院申请行为保全,请求责令被申请人康文森公司就其在中国的诉讼在最高人民法院的终审判决作出之前,不得申请执行德国杜塞尔多夫地区法院就其在德国的诉讼作出的停止侵权的判决(对康文森公司申请"禁诉令"),且华为公司为该行为保全申请依法提供了担保。最高人民法院依法作出裁定:康文森公司不得在本院就中国诉讼作出终审判决前,申请执行德国杜塞尔多夫地区法院作出的一审停止侵权判决。如违反本裁定,自违反之日起,处每日罚款人民币 100 万元,按日累计。这是我国最高人民法院针对域外当事人首次发出的知识产权案件"禁诉令",对于禁诉令行为保全措施的适用具有标杆性意义。2020 年 12 月,韩国三星公司及其中国关联公司向武汉市中级人民法院提出行为保全申请,请求依法向瑞典爱立信公司及其中国关联公司发出禁诉令,武汉市中级人民法院依法裁定爱立信公司及其中国关联公司不得就案涉事项在其他国家或地区的法院和行政机关提起针对三星公司及其中国关联公司的法律救济程序,包括申请临时禁令、永久禁令或提起许可费诉讼等。此外,2020 年 9 月,武汉市中级人民法院签发禁诉令,裁定美国 IDC 公司及其关联公司立即撤回或中止在印度德里地方法院针对小米公司及其关联公司申请的临时禁令、永久禁令,同时裁定 IDC 公司及其关联公司不得在任何其他国家或地区法院进行案涉事项的诉讼行为,并于同年 12 月驳回了 IDC 公司及其关联公司对上述禁诉令裁定的复议申请。[1] 而面对前述两起中国法院签发的禁诉令,美国得克萨斯州联邦东区地区法院和印度德里高等法院分别采取了针锋相对的举措:前者于 2021 年 1 月(在武汉市中级人民法院签发禁诉令后不到 3 周时间)签发反禁诉令,禁止三星公司在武汉市中

〔1〕 参见湖北省武汉市中级人民法院民事裁定书,(2020)鄂 01 知民初 169 号之一、169 号之二。

级人民法院提起干扰美国法院管辖权的诉讼；后者于2020年10月（约为武汉市中级人民法院签发禁诉令后的两周时间）签发了反禁诉令，禁止小米公司向武汉市中级人民法院申请执行禁诉令。美国和印度的法院的反应如此迅捷和强烈，引发了禁诉令与反禁诉令的混战，而中国禁诉令的司法实践才刚发端就引来了国外司法的激烈对抗以及国内学界的热议，难免让人担心其未来之路，故有学者将2020年称为中国禁诉令与反禁诉令“元年”。[1]

值得注意的是，在日本NPE公司IP Bridge向德国慕尼黑第一地区法院起诉华为公司标准必要专利许可协议纠纷案中，在华为公司并未向中国及其他国家申请禁诉令的情况下，IP Bridge即针对华为公司向德国法院申请颁发临时反禁诉令，禁止华为公司向中国法院对其申请颁发禁诉令。在对IP Bridge举行了单方听证后，德国慕尼黑第一地区法院认为，由于华为公司在中国法院曾申请针对康文森公司的禁诉令，而华为公司曾威胁IP Bridge要在中国申请禁诉令，并且没有作出不寻求禁诉令救济的承诺，因而该德国法院最终同意IP Bridge的请求，向华为公司颁发了“预防型反禁诉令”。[2]可见在标准必要专利的国际平行诉讼中，标准必要专利权利人可在全球范围挑选其认为对其有利的法院作为“优选管辖地”，这也显示出各国法院对标准必要专利全球许可费裁判的司法管辖权之争日趋激烈，而禁诉令与反禁诉令已成为各国法院争夺司法管辖权的有力武器。

一、禁诉令与我国涉外民事诉讼管辖的修法

如前所述，禁诉令出现在国际平行诉讼中，而国际平行诉讼的出现，源自一国对其涉外民事诉讼的管辖权。我国2021年第四次修正的《民事诉讼法》在第四编“涉外民事诉讼程序的特别规定”第272条中规定：“因合同纠纷或者其他财产权益纠纷，对在中华人民共和国领域内没有住所的被告提起的诉讼，如果合同在中华人民共和国领域内签订或者履行，或者诉讼标的物在中华人民共和国领域内，或者被告在中华人民共和国领域内有可供扣

---

〔1〕 参见宋晓：《涉外标准必要专利纠纷禁诉令的司法方法》，载《法学》2021年第11期。

〔2〕 张怀印：《德国标准必要专利诉讼中的反禁诉令制度及其启示》，载《知识产权》2023年第6期。

押的财产,或者被告在中华人民共和国领域内设有代表机构,可以由合同签订地、合同履行地、诉讼标的物所在地、可供扣押财产所在地、侵权行为地或者代表机构住所地人民法院管辖。”也就是说,对在我国境内没有住所的涉外当事人提起合同或其他财产纠纷诉讼,需要有六种涉外管辖的连结点之一,即合同签订地、合同履行地、标的物所在地、财产扣押地、侵权行为地或者机构住所地。但如果我国企业、公民在境外利益受损,而上述六种连结点又均不在我国境内,则我国法院将难以行使管辖权。尽管该法第266条同时规定:“在中华人民共和国领域内进行涉外民事诉讼,适用本编规定。本编没有规定的,适用本法其他有关规定。”也就是说,该法第四编没有规定的,适用民事诉讼法的国内相关规定,比如级别管辖、地域管辖、专属管辖等规定。但总的来看,新修法之前的民事诉讼法涉外民事诉讼的管辖,存在专属管辖规定过窄、协议管辖过于保守、保护性管辖权不足、缺乏平行诉讼协调机制、跨境管辖权冲突难以化解等问题,与新形势下加快推进我国法域外适用法律体系建设的要求尚有一定距离。其中,特别是作为我国民事诉讼的上位法,对国际民商事中的平行诉讼管辖权冲突、禁诉令管辖权争夺等问题尚没有作出具体规定或有效协调机制不足等。

2023年9月1日,全国人大常委会通过了《关于修改〈中华人民共和国民事诉讼法〉的决定》,2023年修订的《民事诉讼法》已于2024年1月1日起施行。本次修法对涉外民事诉讼的修改是“重头戏”,其中在“系统完善涉外民商事案件管辖权规则、妥善确定协调管辖权国际冲突的一般规则”[1]等方面有如下“亮点”。

(一)扩展涉外管辖的纠纷类型

2023年修订的《民事诉讼法》第276条第1款将纠纷类型由原来的“因合同纠纷或者其他财产权益纠纷,对在中华人民共和国领域内没有住所的被告提起的诉讼”,扩大修改为“因涉外民事纠纷,对在中华人民共和国领域

---

〔1〕 参见沈红雨、郭载宇:《〈民事诉讼法〉涉外编修改条款之述评与解读》,载《中国法律评论》2023年第6期。

内没有住所的被告提起除身份关系以外的诉讼”。也就是说，该条不仅适用于“合同纠纷或者其他财产权益纠纷”的管辖，也适用于该两大类纠纷之外（除身份关系以外[1]）的其他纠纷的管辖。同时，该条第 2 款还增加了“除前款规定外，涉外民事纠纷与中华人民共和国存在其他适当联系的，可以由人民法院管辖”的规定。也就是说，除所述合同签订地、合同履行地、诉讼标的物所在地、可供扣押财产所在地、侵权行为地、代表机构住所地的“六种连结点”之外，又增加了“其他适当联系”的“连结点”，由人民法院结合个案具体情况，对六种连结点以外与我国存在其他适当、必要、合理联系的涉外纠纷案件，可以依法行使涉外管辖权，以保护当事人的合法权益，维护我国的主权、安全和发展利益。

（二）增设涉外协议管辖和应诉管辖

2023 年修订的《民事诉讼法》第 277 条规定：“涉外民事纠纷的当事人书面协议选择人民法院管辖的，可以由人民法院管辖。”这里需要注意的是，与第 35 条协议管辖规定相比，第 277 条没有第 35 条的“但不得违反本法对级别管辖和专属管辖的规定”的“但书”内容限制。也就是说，依据第 277 条的规定，只要书面协议选择了人民法院管辖，我国法院就拥有了相应涉外民事纠纷案件的管辖权。至于由哪个具体法院管辖可以不遵守“不违反”“本法对级别管辖和专属管辖的规定”，这已属于我国法院系统内部再分配、调节的事项了，不影响协议管辖的整体效力。增设的应诉管辖规定在第 278 条：“当事人未提出管辖异议，并应诉答辩或者提出反诉的，视为人民法院有管辖权。”

（三）增设涉外知识产权有效性纠纷的专属管辖

2023 年修订的《民事诉讼法》第 279 条第 2 项规定：“下列民事案件，由人民法院专属管辖：……（二）因与在中华人民共和国领域内审查授予的知识产权的有效性有关的纠纷提起的诉讼；”即将与“审查授予的知识产权”的

---

[1] 因 2023 年修订的《民事诉讼法》第 23 条已规定了“对不在国内居住的人提起有关涉外身份关系诉讼”由“原告住所地或经常居住地人民法院管辖”，故此处不能再适用第 276 条第 1 款规定的按被告“六种连结点”管辖。

有效性相关的涉外纠纷增设为专属管辖，以便更为有效地适应知识产权的地域性及其出现的新情况、新要求。“审查授予的知识产权”包括我国相关行政管理部门依法审查后授予的专利权、商标权、植物新品种权、集成电路布图设计专用权等知识产权。但第279条明确我国对与审查授予的知识产权相关的涉外“民事案件”的专属管辖，因而不涉及我国相关行政管理部门依法对“审查授予的知识产权”的有效性作出行政决定，以及对所涉行政决定提起涉外知识产权行政诉讼的管辖问题。

（四）增设协调管辖权国际冲突、减少平行诉讼的规定

一是明确我国对平行诉讼的基本立场。2023年修订的《民事诉讼法》第280条规定：“当事人之间的同一纠纷，一方当事人向外国法院起诉，另一方当事人向人民法院起诉，或者一方当事人既向外国法院起诉，又向人民法院起诉，人民法院依照本法有管辖权的，可以受理。当事人订立排他性管辖协议选择外国法院管辖且不违反本法对专属管辖的规定，不涉及中华人民共和国主权、安全或者社会公共利益的，人民法院可以裁定不予受理；已经受理的，裁定驳回起诉。”也就是说，对于当事人之间的同一纠纷，无论是重复诉讼还是对抗诉讼，依照《民事诉讼法》的规定人民法院有管辖权的即可受理，并不受当事人是否已向外国法院提起诉讼的影响。同时也增加了行使管辖权的限制性适用条件，即当事人之间如订有排他性管辖协议，且在该协议未违反我国法院专属管辖规定，亦不违反我国公共政策而系有效协议的情形下，人民法院应当尊重排他性管辖协议的约定，不行使管辖权，即通过认可排他性管辖协议的效力“自我限缩”管辖权，以保证当事人选择法院的确定性和可预见性，通过协议管辖制度尽量避免各国管辖权的竞合与冲突。

二是首次规定平行诉讼的中止制度。2023年修订的《民事诉讼法》新增第281条规定：“人民法院依据前条规定受理案件后，当事人以外国法院已经先于人民法院受理为由，书面申请人民法院中止诉讼的，人民法院可以裁定中止诉讼，但是存在下列情形之一的除外：（一）当事人协议选择人民法院管辖，或者纠纷属于人民法院专属管辖；（二）由人民法院审理明显更为方便。外国法院未采取必要措施审理案件，或者未在合理期限内审结的，依当

事人的书面申请，人民法院应当恢复诉讼。外国法院作出的发生法律效力的判决、裁定，已经被人民法院全部或者部分承认，当事人对已经获得承认的部分又向人民法院起诉的，裁定不予受理；已经受理的，裁定驳回起诉。”即在人民法院行使管辖权后，可以考虑外国法院受理在先之平行诉讼等因素，裁定中止诉讼，此举充分体现了司法礼让原则。但在收到当事人中止诉讼申请后，我国法院对是否裁定中止诉讼拥有独立司法裁量权，主要考虑外国法院是否受理在先、外国法院的审理进程是否合理、外国法院是否即将作出判决等因素，以便有效避免平行诉讼、节约司法资源、降低当事人诉讼成本等。同时，如果当事人之间存在选择我国法院管辖的协议、纠纷属于我国法院专属管辖或者纠纷与我国具有密切联系等因素，由我国法院审理更加方便的，则不应裁定中止诉讼，而在中止后外国法院未采取必要措施审理案件或者未在合理期限内审结的，则我国法院还应当依据当事人的申请及时恢复诉讼，以避免诉讼进程的不当延误，合理保护当事人的诉讼利益。

三是增设“不方便法院原则”的规定。2023 年修订的《民事诉讼法》第 282 条规定：“人民法院受理的涉外民事案件，被告提出管辖异议，且同时有下列情形的，可以裁定驳回起诉，告知原告向更为方便的外国法院提起诉讼：(一)案件争议的基本事实不是发生在中华人民共和国领域内，人民法院审理案件和当事人参加诉讼均明显不方便；(二)当事人之间不存在选择人民法院管辖的协议；(三)案件不属于人民法院专属管辖；(四)案件不涉及中华人民共和国主权、安全或者社会公共利益；(五)外国法院审理案件更为方便。裁定驳回起诉后，外国法院对纠纷拒绝行使管辖权，或者未采取必要措施审理案件，或者未在合理期限内审结，当事人又向人民法院起诉的，人民法院应当受理。”该条规定即体现了“不方便法院原则”，该原则指在国内法院具有管辖权的情形下，为更好地实现司法正义，可给予适度国际礼让，使当事人可以在更为方便的外国法院提起诉讼，从而避免平行诉讼，以增进司法互信的制度。需要注意的是，该条规定的不方便法院原则的适用需要被告在管辖权异议期内提出管辖异议才能适用，否则人民法院不予支持，也不能主动适用该原则而拒绝行使管辖权。此外，该条第 2 款还规定了相应的补救措施，即如果外国法院对纠纷拒绝行使管辖权或者未采取必要措施审理案件、未在合理期限内审结等，当事人又向人民法院起诉的则应予受理，从而防止当事人因救济无门而致权利受损，进一步完善了不方便法院原则的适用程序。

二、构建我国的反禁诉令制度

（一）构建我国反禁诉令制度的必要性

标准必要专利纠纷经常以国际平行诉讼方式开展，而平行诉讼易引发不同国家间的司法管辖权冲突，并由此引发禁诉令与反禁诉令的程序对抗。近年来欧美法院在标准必要专利纠纷中积极扩张管辖权，加剧了管辖权冲突。由于英美法系国家的法院通常视提起诉讼的时间先后为偶然因素，并不采取先受理原则来解决平行诉讼问题，而是将“不方便法院 + 禁诉令”机制作为处理国际平行诉讼的两大利器，即其认为当向本国提起的涉外诉讼属于“违反诚信、压迫或困扰对方、滥用程序”时，则应以“不方便法院”原则予以制止或不予管辖，而在其认为本国法院管辖“符合司法正义”时，则应以禁诉令阻止外国法院的平行诉讼管辖权。在此情况下，我国企业、公民往往迫于外国法院禁诉令的威慑而选择撤回本国诉讼或迫于压力被动和解，既不利于我国司法管辖权的维护，不利于保护国家、企业和公民的合法权益，也不利于树立我国法律的权威性及提高司法竞争力。[1]

在涉及中国无线通信企业标准必要专利纠纷的国际平行诉讼中，针对英美法系国家动辄颁发禁诉令的做法，中国企业当事人一开始只是被动接受。随着域外标准必要专利权利人特别是非实施实体（NPE）不断提起许可费之诉及其相关平行诉讼，以禁令、禁诉令相要挟索要高价许可费或不合理许可条件，再加上英国法院在无线星球公司诉华为公司案中首开主动裁决全球许可费率并配套适用禁诉令判例的先河，迫使中国无线通信企业不得不改变之前被动应对的做法，也开始采取向中国法院提起标准必要专利全球许可费率之诉以及申请适用禁诉令的做法予以应对，并就此引发了平行

[1] 参见沈红雨：《我国法的域外适用法律体系构建与涉外民商事诉讼管辖权制度的改革——兼论不方便法院原则和禁诉令机制的构建》，载《中国应用法学》2020 年第 5 期。

诉讼中的禁诉令与反禁诉令的交锋和博弈。前文所述2020年中国法院发出的三个禁诉令案,其中针对武汉市中级人民法院发出的两个禁诉令,美国得克萨斯州联邦东区地区法院和印度德里高等法院迅速作出反应,并分别采取了针锋相对的反制举措,引发了来自国际社会正反方面的评议。

目前在我国的法律框架内,并没有与禁诉令、反禁诉令完全相同的制度,我国虽然在立法上建立了民事诉讼程序的行为保全制度,但法院对于该制度的域外适用并无太多案例积累,目前的个别案例仅能反映法院的一些尝试和探索,就此也引发了对我国是否应该建立禁诉令制度以及如何构建合理的禁诉令制度的思考。对此,学界有三种不同的观点。第一种观点认为,我国不应该建立禁诉令制度,理由在于禁诉令主要是英美法系国家在涉外民商事诉讼程序中运用,作为秉承大陆法系传统的我国没必要跟随普通法系国家的步伐;禁诉令存在侵犯他国司法主权的嫌疑,与国际礼让原则不符,即使在普通法系国家当前其态度也是审慎适用;禁诉令启动标准并不明确,其签发所考量的本国利益、国家关系、国际礼让等界限和标准比较抽象和模糊,签发的实际效果也难以保证等。第二种观点认为,我国应该建立禁诉令制度,这一观点近年来在我国学界和实务界占压倒性多数。主要理由包括:日益增加的国际经济纠纷使得平行诉讼大量增加,域外法院通过颁发"禁诉令"来争夺案件管辖权,对此缺乏系统的制度或措施加以应对,这将使我国在这场国际博弈中处于被动地位,从对等原则出发我国应建立禁诉令制度;不同法域所存在的差异是禁诉令必要存在的现实环境,我国也应充分考虑禁诉令对维护司法权威和相应利益的现实价值;我国建立并采用禁诉令有利于解决国际、区域的平行诉讼,实践中禁诉令的发出往往有利于促成双方当事人达成和解;禁诉令已越来越多地为域外所使用,对我国司法、国家利益、社会利益形成阻碍和干扰,如只是消极地拒绝执行域外禁诉令,不能全方位保护我国当事人合法权益,对跨境恶意诉讼的惩罚和威慑力度不足,而防御型禁诉令是一种较为有效的应对方法;禁诉令与禁止重复诉讼、司法管辖权、判决的承认与执行等制度共同构成涉外民事诉讼法体系,一旦我国法院发出禁诉令,国外法院作出的判决自然不能得到我国法院的承认与执行等。[1] 第三种观点认为，我国应该建立反禁诉令制度。此观点也是本书所支持的观点，理由如下：

首先，在建立反禁诉令制度的必要性理由上，与上述第二种建立禁诉令制度的理由相同。当今时代，通信行业特别是移动通信技术产业在很大程度上引领着技术发展的潮流和未来，作为维系全球互联互通的通信标准及标准必要专利具有举足轻重的地位和作用，事关一国发展、安全和战略利益，由此引发的标准必要专利纠纷的司法主导权之争在所难免，产生的标准必要专利国际平行诉讼中禁诉令与反禁诉令的司法管辖权博弈也是势所必然。面对这种大趋势，有必要及时建立具有我国特色的反禁诉令制度，这将对于维护我国司法主权和涉外诉讼管辖权，平等保护当事人正当诉讼利益，树立我国法律权威和提高司法竞争力，具有重要现实意义。

其次，禁诉令具有较强的攻击性，往往会造成国际管辖权冲突，冲击他国司法主权。这也是大陆法系的德国、法国坚决否定禁诉令的根本原因。而反禁诉令的适用不在于进攻，而在于后发制人，主要体现防御性，并且具有反制他国法院的禁诉令攻击，维护本国司法主权和管辖权的价值功能。[2] 我国作为秉承大陆法系传统的成文法国家，一贯主张相互尊重司法主权和管辖权，坚持和重视司法礼让，反对干扰损害他国司法主权和公共政策的“长臂管辖”。因此，采用相对温和、具有自卫性质的反禁诉令制度较为符合我国的国际政策和司法理念。而从前文所述我国法院主动发出的禁诉令迅速引发域外法院针锋相对的反制举措来看，这种“正面硬刚”的效果恐难尽人意，同时也提示我们对禁诉令的适用还是应当持审慎的立场。

此外，反禁诉令制度的价值功能契合我国和谐内敛的传统法律文化。我国传统法律制度主要以解决国内纠纷为主，法官裁判案件遵从法律条文，“主要以处理国内纠纷的规则和经验来处理涉外纠纷，不像英美法系那样先

---

〔1〕 参见李萍：《标准必要专利国际平行诉讼中的禁诉令应对研究》，载郭春镇主编：《厦门大学法律评论》第2卷，厦门大学出版社2023年版。

〔2〕 参见张怀印：《德国标准必要专利诉讼中的反禁诉令制度及其启示》，载《知识产权》2023年第6期。

天具有‘长臂管辖’的特征”[1]。“中国传统法文化注重公平、和谐，以天人合一的广阔视野把握个案公正，以此达成整体的司法秩序的公平和谐。和谐秩序的构建是衡平司法的最终目标。”[2]而构建反禁诉令制度的出发点是抵制和排除域外法院首先发起的禁诉令攻击对我国司法主权和管辖权造成的挑战和干扰，具有自卫的正当性和反制的必要性，蕴含着“不惹事但也不怕事”的纠纷处置智慧。因此，比起主动出击的禁诉令所呈现出来的攻击性态度，反禁诉令更有前提和余地做到有理有力有节，既能实现反制其禁诉令、维护国家司法主权和我国企业海外利益之目的，又不至于引起与别国司法管辖权的过度冲突，还可维护必要的国际礼让。

（二）构建我国反禁诉令制度的可行性

目前，我国法院对禁诉令的适用，是根据《民事诉讼法》第 103 条[3]规定依当事人申请作出行为保全的裁定。2020 年最高人民法院在华为公司诉康文森公司案[4]首次发出的“禁诉令”裁定中明确，华为公司关于禁止康文森公司在本案终审判决作出之前申请执行杜塞尔多夫地区法院判决的申请，性质上属于行为保全申请。也就是说，鉴于禁诉令或反禁诉令在本质上也是责令当事人作出一定行为或者禁止其作出一定行为，因此在新的制度创设之前，是参照民事诉讼法行为保全制度来实现禁诉令和反禁诉令功能的。然而，由于禁诉令或反禁诉令的司法过程分析已远超出我国行为保全制度立法所能容纳的空间，从根本上说，禁诉令或反禁诉令制度必须同时进行公私利益的衡量和比较，而行为保全制度则更多地专注于私人利益的比

---

[1] 祝建军：《标准必要专利禁诉令与反禁诉令颁发的冲突及应对》，载《知识产权》2021 年第 6 期。

[2] 王世友、周少元：《中国古代司法秩序中的衡平原理》，载《中国政法大学学报》2021 年第 3 期。

[3] 《民事诉讼法》第 103 条规定：“人民法院对于可能因当事人一方的行为或者其他原因，使判决难以执行或者造成当事人其他损害的案件，根据对方当事人的申请，可以裁定对其财产进行保全、责令其作出一定行为或者禁止其作出一定行为；当事人没有提出申请的，人民法院在必要时也可以裁定采取保全措施。人民法院采取保全措施，可以责令申请人提供担保，申请人不提供担保的，裁定驳回申请。人民法院接受申请后，对情况紧急的，必须在四十八小时内作出裁定；裁定采取保全措施的，应当立即开始执行。”

[4] 具体案件介绍详见本书第七章第五节。

较和衡量,缺乏对禁诉令或反禁诉令适用应有的公共政策考量的深度和广度,故在我国出台禁诉令或反禁诉令的成文立法或司法解释之前,因其与目前的行为保全制度最相接近,并都富含自由裁量,所以作为权宜之计,禁诉令或反禁诉令裁定暂以行为保全立法为法律依据未为不可,但未来理应重视禁诉令或反禁诉令制度在我国法律体系中的独立发展。[1] 对此,本书有如下"分两步走"的建议:

第一步,先由最高人民法院制定出台关于反禁诉令适用的司法解释,结合目前我国法院已颁发的禁诉令和反禁诉令裁定的司法实践相关情况,明确倡导在相关涉外纠纷国际平行诉讼中(涵盖知识产权纠纷、海事纠纷等平行诉讼),如遇域外法院应当事人申请发出或被威胁发出禁诉令需要进行必要反制的情况,应优先适用反禁诉令,并就适用反禁诉令的"司法方法(包括前提性条件、实质性条件、反思性条件)"[2] 及其适用的对象、范围、程序和法律后果等作出明确规范和具体指引。

第二步,总结第一步关于反禁诉令适用司法解释出台后的司法实践经验,为在条件成熟时最终制定并纳入全国人大代表建议的"知识产权诉讼特别审理法"创造条件。据《中国审判》杂志 2020 年 6 月 18 日网上发布的消息,2020 年全国两会期间,时任最高人民法院副院长、知识产权法庭庭长罗东川提出建议,针对知识产权案件审理的特殊性及当前存在的主要问题,应抓紧制定知识产权诉讼特别审理法,以统一建立符合知识产权案件特点的审理规则,建立衔接民事侵权与行政确权的特别程序,完善技术类知识产权案件审理规则,以及完善涉外知识产权诉讼程序性规则等。[3]

---

〔1〕 参见宋晓:《涉外标准必要专利纠纷禁诉令的司法方法》,载《法学》2021 年第 11 期。

〔2〕 参见宋晓:《涉外标准必要专利纠纷禁诉令的司法方法》,载《法学》2021 年第 11 期。

〔3〕 参见《罗东川代表建议制定知识产权诉讼特别审理法》,载最高人民法院知识产权法庭网,https://ipc.court.gov.cn/zh-cn/news/view-351.html。

第三节　我国知识产权案件行为保全的法律规制

2019 年 1 月 1 日最高人民法院《关于审查知识产权纠纷行为保全案件适用法律若干问题的规定》（以下简称《行为保全规定》）正式生效实施，为《民事诉讼法》对诉中、诉前行为保全的原则性规定提供了更具实操意义的审查指引。此前，最高人民法院先后针对专利侵权纠纷、商标侵权纠纷涉及的诉前禁令问题，颁布了《关于对诉前停止侵犯专利权行为适用法律问题的若干规定》（已失效）和《关于诉前停止侵犯注册商标专用权行为和保全证据适用法律问题的解释》（已失效）（以下统称两个诉前停止侵权司法解释）。《行为保全规定》在此基础上拓展了所覆盖的行为保全申请类型，对知识产权侵权纠纷、不正当竞争纠纷以及时效性较强的热播节目、网络侵权可能涉及的导致侵权行为难以控制等行为的申请保全问题，给出了更为明确和统一的审查标准。下文就《行为保全规定》关于审查知识产权纠纷行为保全案件的要点问题简述如下。

一、属于申请行为保全“情况紧急”的具体情形

根据《民事诉讼法》第 103 条、第 104 条的规定，情况紧急下申请的行为保全，人民法院必须在接受申请后 48 小时内作出裁定。对此，《行为保全规定》第 6 条首先明确了“情况紧急”应当是“不立即采取保全措施即足以损害申请人利益”的情况，同时列举了属于“情况紧急”的下列情形：(1)申请人的商业秘密即将被非法披露；(2)申请人的发表权、隐私权等人身权利即将受到侵害；(3)诉争的知识产权即将被非法处分；(4)申请人的知识产权在展销会等时效性较强的场合正在或者即将受到侵害；(5)时效性较强的热播节目正在或者即将受到侵害；(6)其他需要立即采取行为保全措施的情况。对于非紧急情况的诉中行为保全申请，《民事诉讼法》未明确规定审查期限，但是根据相应立法目的，人民法院也应当及时进行审查并作出裁定，否则将会影响行为保全作为一项程序性救济所本应具备的及时性。

二、审查行为保全申请应当考量的因素及其更具操作性的判断方法或认定标准

首先,规定了审查行为保全申请的综合性考量因素。《行为保全规定》第7条规定,人民法院审查行为保全申请,应当综合考量下列因素:(1)申请人的请求是否具有事实基础和法律依据,包括请求保护的知识产权效力是否稳定;(2)不采取行为保全措施是否会使申请人的合法权益受到难以弥补的损害或者造成案件裁决难以执行等损害;(3)不采取行为保全措施对申请人造成的损害是否超过采取行为保全措施对被申请人造成的损害;(4)采取行为保全措施是否损害社会公共利益;(5)其他应当考量的因素。

对于审查判断申请人请求保护的知识产权效力是否稳定,《行为保全规定》第8条规定了应当综合考量的因素包括:(1)所涉权利的类型或者属性;(2)所涉权利是否经过实质审查;(3)所涉权利是否处于宣告无效或者撤销程序中以及被宣告无效或者撤销的可能性;(4)所涉权利是否存在权属争议;(5)其他可能导致所涉权利效力不稳定的因素。

其次,明确了审查行为保全申请的关键考量因素即"难以弥补的损害"的具体情形。根据《民事诉讼法》(第104条)以及《专利法》(第72条)、《商标法》(第65条)、《著作权法》(第56条)和两个诉前停止侵权司法解释(均为第3条)的规定,权利人或利害关系人对正在实施或即将实施的侵权行为申请诉前保全的关键要件是"如不及时制止将会使其合法权益受到难以弥补的损害"。对此,《行为保全规定》第10条规定,有下列情形之一的应当认定属于"难以弥补的损害":(1)被申请人的行为将会侵害申请人享有的商誉或者发表权、隐私权等人身性质的权利且造成无法挽回的损害;(2)被申请人的行为将会导致侵权行为难以控制且显著增加申请人损害;(3)被申请人的侵害行为将会导致申请人的相关市场份额明显减少;(4)对申请人造成其他难以弥补的损害。

2020年8月28日,我国最高人民法院就华为公司诉康文森公司案作出裁定,我国最高审判机关针对域外当事人首次发出知识产权案件"禁诉令"。此案即是最高人民法院依据我国《民事诉讼法》以及上述《行为保全规定》相

关规定,对知识产权国际平行诉讼适用行为保全的“释法性”裁决,对审查涉及标准必要专利纠纷国际平行诉讼中行为保全考量因素进行了系统分析,阐释了法律适用标准,为此类案件的裁决提供了清晰的类案判例指引。

三、行为保全申请有错误的认定、赔偿管辖以及行为保全措施的解除

根据《民事诉讼法》第 108 条的规定,保全申请有错误的,申请人应当赔偿被申请人因保全所遭受的损失。对此,《行为保全规定》第 16 条规定了属于申请行为保全有错误的具体情形,包括下列情形:(1)申请人在采取行为保全措施后 30 日内不依法提起诉讼或者申请仲裁;(2)行为保全措施因请求保护的知识产权被宣告无效等原因自始不当;(3)申请责令被申请人停止侵害知识产权或者不正当竞争,但生效裁判认定不构成侵权或者不正当竞争;(4)其他属于申请有错误的情形。需要注意的是,与普通民事侵权中适用的过错归责原则不同,《行为保全规定》对申请有错误的认定采取客观归责原则,即按上述所列情形的出现认定申请有错误,而不论申请人是否有过错。《行为保全规定》第 18 条规定了被申请人依据《民事诉讼法》第 108 条规定提起赔偿诉讼,申请人申请诉前行为保全后没有起诉或者当事人约定仲裁的,由采取保全措施的法院管辖;申请人已经起诉的,由受理起诉的法院管辖。

《行为保全规定》第 17 条规定,当事人申请解除行为保全措施,法院收到申请后经审查符合最高人民法院《关于适用〈中华人民共和国民事诉讼法〉的解释》(以下简称《民事诉讼法司法解释》)第 166 条[1]规定的情形的,应当在 5 日内裁定解除;申请人撤回行为保全申请或者申请解除行为保全措施的,不因此免除《民事诉讼法》第 108 条规定的申请有错误的赔偿责任。而《民事诉讼法司法解释》第 166 条规定,裁定采取保全措施后有下列情形之一的,人民法院应当作出解除保全裁定:(1)保全错误的;(2)申请人撤回保全申请的;(3)申请人的起诉或者诉讼请求被生效裁判驳回的;(4)法

---

[1] 《行为保全规定》中适用的是 2015 年《民事诉讼法司法解释》,现行 2022 年修正的《民事诉讼法司法解释》对此规定的条款序号、内容均无修改。

院认为应当解除保全的其他情形。解除以登记方式实施的保全措施的,应当向登记机关发出协助执行通知书。《行为保全规定》第 17 条将行为保全措施解除的规定与《民事诉讼法司法解释》第 166 条关于解除保全(包括财产保全和行为保全)的具体情形的规定衔接起来,其中《民事诉讼法司法解释》规定的应当解除保全的情形之一包括"保全错误的",而"申请有错误"即属保全错误的一种,因此在申请有错误的情况下应当及时解除保全措施。

综上,最高人民法院在总结民事诉讼行为保全制度以及两个诉前停止侵权司法解释审判实践经验的基础上出台的《行为保全规定》,是进一步完善行为保全制度、加大知识产权保护力度所采取的又一重要举措,对于规范知识产权国际平行诉讼中涉及禁诉令、反禁诉令行为保全措施的运用,更好应对平行诉讼引发的与域外法院的管辖权冲突问题,以及促进科技创新、文化繁荣、诚信经营、正当竞争等将发挥重要的积极作用。

第四章 标准必要专利反垄断

普通专利涉及的主要是技术层面的保护方案，往往和垄断一类的"欺行霸市"行为并无关联。但实际上标准必要专利作为一种特殊的专利，如果被滥用，就可能造成排除、限制竞争的垄断效果。这主要是因为专利一旦和标准融合在一起成为标准的"必要专利"，该专利就被"标准化"了。通常情况下，标准具有通用性和公益性，而专利具有私权性和排他性，二者都具有受法律保护的正当性。想要生产符合标准的产品，就会用到其中的必要专利，这时必要专利往往会借标准的通用性之力，为自己划出一块儿"保护地盘"（反垄断法上称之为"相关市场"），"我的地盘我做主"，若想进入得交"地盘费"，否则就无法使用该专利（反垄断法上称之为"滥用市场支配地位"）。标准必要专利真的可以这样"我的地盘我做主"吗？下文将围绕标准必要专利"垄断和反垄断"的交锋对垒而展开论述。

第一节　我国对标准必要专利滥用的反垄断法规制

一、《反垄断法》

2022 年 6 月 24 日，全国人大常委会发布了新修订的《反垄断法》，于

2022 年 8 月 1 日生效实施。该法第 68 条规定:“经营者依照有关知识产权的法律、行政法规规定行使知识产权的行为,不适用本法;但是,经营者滥用知识产权,排除、限制竞争的行为,适用本法。”与 2007 年颁布的《反垄断法》相比,2022 年修订的《反垄断法》首次在立法层面设立了“安全港”规则,其第 18 条第 3 款规定,第 1 款列举了禁止经营者与交易相对人达成的三种垄断协议(纵向垄断协议)的情形,第 2 款、第 3 款则明确规定了“安全港”规则:“对前款第一项和第二项规定的协议,经营者能够证明其不具有排除、限制竞争效果的,不予禁止。经营者能够证明其在相关市场的市场份额低于国务院反垄断执法机构规定的标准,并符合国务院反垄断执法机构规定的其他条件的,不予禁止。”这里的所谓安全港(Safe Harbor)规则是指,如果经营者在相关市场中的市场份额低于某一标准,则其实施某些不在“核心限制”范围内的横向或纵向限制行为时,由于其在相关市场的份额较小,被认为对相关市场竞争造成的影响非常有限,故推定其不具有排除、限制竞争的效果,从而不被认定为反垄断法下的横向垄断协议或纵向垄断协议。需要注意的是,所述 2022 年修订的《反垄断法》规定的“安全港”规则,是规定在第 18 条“禁止经营者与交易相对人达成下列垄断协议”即“纵向垄断协议”项下,这意味着该“安全港”规则仅适用于“纵向垄断协议”,而不适用于第 17 条规定的“禁止具有竞争关系的经营者达成下列垄断协议”项下的“横向垄断协议”。

“安全港”规则对符合特定条件的垄断协议直接推定为不违反《反垄断法》,是考虑到不具有显著市场力量的经营者实施特定类型的协议通常不会具有排除、限制竞争的效果,该推定显然有利于优化反垄断行政执法和司法资源配置、提高执法和司法效率,使执法部门和法院更多关注经营者市场份额较高且反竞争效果更严重的案件,当然有相反证据足以推翻这一推定的除外。此外,“安全港”规则有利于中小企业预先评估去达成、实施相关协议的风险,从而适时调整其经营行为。[1] 综观世界主要国家立法,我国 2022

---

〔1〕 参见刘义军:《反垄断法中的“安全港”规则解读》,载北京知识产权法院网站,https://bjzcfy.bjcourt.gov.cn/article/detail/2022/12/id/7066397.shtml。

年修订的《反垄断法》中引入“安全港”规则符合国际反垄断法发展的最新潮流。在国际上，2014 年欧盟委员会在摩托罗拉公司及三星公司的反垄断调查中确立了标准必要专利领域的禁令“安全港规则”，即如果潜在被许可人愿意遵守 FRAND 原则进行谈判，并在谈判破裂后，接受法院或仲裁机构的裁决，那么标准必要专利权利人就不得向法院请求对潜在被许可人实施禁令。该规则使善意被许可人免受禁令威胁。该禁令“安全港规则”的出发点是为了防止标准必要专利持有人通过标准必要专利领域的禁令来妨碍相关标准市场竞争。与此同时，欧盟委员会也支持标准必要专利持有人通过 FRAND 谈判方式获取合理专利许可回报，以在标准必要专利持有人和实施者之间寻求一个平衡点。总之，标准必要专利领域的禁令“安全港规则”总体上保留了禁令救济措施，同时也严格界定、考量被许可人是否善意以决定是否适用该规则。[1]

二、国家市场监管总局《禁止滥用知识产权排除、限制竞争行为规定》

2015 年 4 月 7 日，原国家工商总局发布《关于禁止滥用知识产权排除、限制竞争行为的规定》。2023 年 6 月 25 日，国家市场监管总局发布《禁止滥用知识产权排除、限制竞争行为规定》，自 2023 年 8 月 1 日起施行，同时废止了原规定。该规定根据 2022 年修订的《反垄断法》制定，共 33 条，分别规定了什么是滥用知识产权排除、限制竞争的垄断行为，反知识产权垄断执法机构，相关市场的界定，利用行使知识产权的方式达成垄断协议，在行使知识产权的过程中滥用市场支配地位、以不公平的高价许可知识产权或者销售包含知识产权的产品、拒绝许可其他经营者以合理条件使用该知识产权、限定交易行为、搭售行为、要求不合理交易条件、对条件相同交易相对人实行差别待遇、利用专利联营排除限制竞争、利用标准制定实施达成垄断协议，以及涉及知识产权的经营者集中，反垄断执法机构对滥用知识产权排除、限

〔1〕 参见仲春：《从比例原则与 FRAND 承诺看标准必要专利禁令的限制》，载搜狐网，https://news.sohu.com/a/660528510_120133310。

制竞争行为进行调查、采取处罚措施等。其中第19条规定，标准必要专利是指实施该项标准所必不可少的专利，并列举了滥用标准必要专利的垄断行为，包括：在参与标准制定过程中未按标准制定组织规定及时充分披露其权利信息或明确放弃其权利，但是在标准涉及该专利后却向标准实施者主张该专利权；在其专利成为标准必要专利后违反公平、合理、无歧视原则，以不公平的高价许可，没有正当理由拒绝许可、搭售商品或者附加其他不合理的交易条件、实行差别待遇等；在标准必要专利许可过程中违反公平、合理、无歧视原则，未经善意谈判请求法院或者其他相关部门作出禁止使用相关知识产权的判决、裁定或者决定等，迫使被许可方接受不公平的高价或者其他不合理的交易条件等。

与2022年修订的《反垄断法》相呼应，该规定进一步明确了知识产权反垄断的“安全港规则”。其中第7条规定：经营者利用行使知识产权的方式，与交易相对人达成《反垄断法》第18条第1款第1项、第2项规定的协议，经营者能够证明其不具有排除、限制竞争效果的，不予禁止。经营者利用行使知识产权的方式，与交易相对人达成协议，经营者能够证明参与协议的经营者在相关市场的市场份额低于市场监管总局规定的标准，并符合市场监管总局规定的其他条件的，不予禁止。具体标准可以参照国务院反垄断委员会《关于知识产权领域的反垄断指南》相关规定。

三、国务院反垄断委员会《关于知识产权领域的反垄断指南》

2017年3月23日，国务院反垄断委员会办公室在国家发改委、商务部、原国家工商总局、知识产权局四家单位结合各自职能和实践经验起草的《关于滥用知识产权的反垄断指南（草案建议稿）》的基础上，会同反垄断委员会专家咨询组研究提出了《关于滥用知识产权的反垄断指南（征求意见稿）》，向社会公开征求意见。2019年1月4日，国务院反垄断委员会正式发布并于同日生效《关于知识产权领域的反垄断指南》（以下简称《知识产权反垄断指南》）。《知识产权反垄断指南》以《反垄断法》的基本条款为依据，设总则，可能排除、限制竞争的知识产权协议，涉及知识产权的滥用市场支配地位行为，涉及知识产权的经营者集中和涉及知识产权的其他情形共五章，在每章中严格细化法律的原则性规定，结合行使知识产权行为的表现形式，对类型化行为进行描述，明确判定其合法与违法的分析思路、考量因素，且对有关问题作指导，不创设权利义务，为经营者合规经营提供指引，同时充分总结我国知识产权领域反垄断法治实践经验，吸收借鉴该领域最新研究成果，着力解决执法实践中的迫切问题，注重与现行行政法规、部门规章和指导性文件的配套衔接，从而形成整体制度框架。

为提高执法效率，给市场主体提供明确预期，《知识产权反垄断指南》在第 13 条专设了“安全港规则”，并具体细化了“安全港规则”的适用条件，即经营者符合下列条件之一的，通常不将其达成的涉及知识产权的协议认定为《反垄断法》规定的相关垄断协议：一是具有竞争关系的经营者在相关市场的市场份额合计不超过 20%；二是经营者与交易相对人在受到涉及知识产权的协议影响的任一相关市场上的市场份额均不超过 30%；三是如果经营者在相关市场的份额难以获得，或者市场份额不能准确反映经营者的市场地位，但在相关市场上除协议各方控制的技术外，存在 4 个或者 4 个以上能够以合理成本得到的由其他经营者独立控制的具有替代关系的技术。同时，规定了兜底性的“但书”排除情形，即但有相反证据证明该协议对市场竞争产生排除、限制影响的除外。

对于标准必要专利，《知识产权反垄断指南》中规定的涉及知识产权的垄断协议、滥用市场支配地位、经营者集中、专利联营等同样适用于标准必要专利可能涉及的垄断行为，此外，还在第 11 条对“标准制定”和第 27 条对“标准必要专利涉及的特殊问题”予以专条规定。其中，第 11 条为分析标准制定可能排除、限制竞争列出了四项具体考量因素：是否没有正当理由排除其他特定经营者，是否没有正当理由排斥特定经营者的相关方案，是否约定不实施其他竞争性标准，以及对行使标准中所包含的知识产权是否有必要、合理的约束机制。第 27 条在明确“标准必要专利是指实施某项标准必不可少的专利”之后，分别就认定拥有标准必要专利的经营者是否具有市场支配地位的考量因素，以及拥有市场支配地位的标准必要专利权利人请求发出禁令的考量因素，给出具体指引。对标准必要专利是否具有市场支配地位的考量因素包括：标准的市场价值、应用范围和程度；是否存在具有替代关系的标准或者技术,包括使用具有替代关系标准或者技术的可能性和转换成本;行业对相关标准的依赖程度;相关标准的演进情况与兼容性;纳入标准的相关技术被替换的可能性等五项。对是否给予标准必要专利权利人所请求的禁令的考量因素包括:谈判双方在谈判过程中的行为表现及其体现出的真实意愿;相关标准必要专利所负担的有关承诺;谈判双方在谈判过程中所提出的许可条件;请求法院或者相关部门作出或者颁发禁止使用相关知识产权的判决、裁定或者决定对许可谈判的影响;请求法院或者相关部门作出或者颁发禁止使用相关知识产权的判决、裁定或者决定对下游市场竞争和消费者利益的影响等五项。

四、最高人民法院《关于审理垄断民事纠纷案件适用法律若干问题的解释》

2024 年 6 月 24 日,最高人民法院《关于审理垄断民事纠纷案件适用法律若干问题的解释》公布,自 2024 年 7 月 1 日起施行。该解释根据《民法典》《反垄断法》《民事诉讼法》等法律规定制定,同时废止了最高人民法院《关于审理因垄断行为引发的民事纠纷案件应用法律若干问题的规定》(法释〔2020〕19 号)。

《关于审理垄断民事纠纷案件适用法律若干问题的解释》包括程序规定、相关市场界定、垄断协议、滥用市场支配地位、民事责任、附则六个部分共 51 条,比《关于审理因垄断行为引发的民事纠纷案件应用法律若干问题的规定》的 16 条规定相比,大幅增加了 35 条。新解释的重要修改主要包括:

首先,在程序规定部分,明确了对第一审垄断民事纠纷案件的管辖,由知识产权法院和最高人民法院指定的中级人民法院管辖(第 4 条),以及原告依据《反垄断法》对在中国境内没有住所的被告提起民事诉讼,主张被告在中国境外的垄断行为对境内市场竞争产生排除、限制影响的,根据《民事诉讼法》第 276 条的规定确定管辖法院(第 6 条),并增设了“公益诉讼”的规定,即经营者实施垄断行为损害社会公共利益,设区的市级以上人民检察院依法提起民事公益诉讼的,适用与公益诉讼有关的法律和司法解释的规定,但本解释另有规定的除外(第 12 条)等。

其次，在相关市场界定部分，增加了对互联网平台的规定，即分析界定互联网平台（以下简称平台）所涉相关商品市场时，结合被诉垄断行为的特点、产生或者可能产生排除、限制竞争效果的具体情况、平台的类型等因素，一般可以根据该平台与被诉垄断行为最相关一边的商品界定相关商品市场，也可以根据被诉垄断行为所涉及的多边商品分别界定多个相关商品市场，必要时也可以根据特定平台整体界定相关商品市场。特定平台存在跨边网络效应，并给该平台经营者施加了足够的竞争约束的，可以根据该平台整体界定相关商品市场，也可以根据跨边网络效应所涉及的多边商品分别界定多个相关商品市场，并考虑各个相关商品市场之间的相互关系和影响（第 16 条第 2 款）。

最后，在垄断协议部分，增加了对利用数据、算法、技术等手段进行垄断的规制，规定经营者利用数据、算法、技术等手段进行意思联络、信息交流或者传递，或者利用数据、算法、技术、平台规则等手段实现行为一致性，达成、实施被诉垄断协议的，法院可以依照《反垄断法》第 17 条的规定审查认定。经营者利用数据、算法、技术、平台规则等手段实现限定或者自动化设定转售商品价格等，达成、实施被诉垄断协议的，法院可以依照《反垄断法》第 18 条的规定审查认定（第 24 条）。

特别是在滥用市场支配地位部分，明确规定了对滥用知识产权市场支配地位的认定，即法院依照《反垄断法》第 23 条的规定认定被诉滥用知识产权的经营者的市场支配地位，可以重点考虑下列因素：（1）相关市场内特定知识产权客体的可替代性、替代性客体的数量及转向替代性客体的成本；（2）利用该特定知识产权所提供的商品的可替代性及该商品的市场份额；（3）交易相对人对拥有该特定知识产权的经营者的制衡能力；（4）相关市场的创新和技术变化情况；（5）其他需要考虑的与知识产权行使相关的因素。经营者主张不能仅根据其拥有知识产权而推定具有市场支配地位的，法院应予支持（第 33 条）等。

五、《专利法》

2020 年 10 月 17 日，全国人大常委会发布《关于修改〈中华人民共和国专利法〉的决定》,对《专利法》进行了第四次修正。在之前的2008年对《专利法》的第三次修正中,在第六章“专利实施的强制许可”项下,增加了对专利垄断行为的规制,即对专利权人行使专利权的行为被依法认定为垄断行为的,为消除或者减少该行为对竞争产生的不利影响,可以给予实施强制许可。而在此次的第四次修正中,则在“总则”中明确规定:申请专利和行使专利权应当遵循诚实信用原则,不得滥用专利权损害公共利益或者他人合法权益;滥用专利权,排除或者限制竞争,构成垄断行为的,依照《反垄断法》处理。

此外,在新增设的第六章“专利实施的特别许可”中,除继续保留上述第三次修正中关于对专利垄断的“强制实施许可”外,还创设了包括标准必要专利在内的专利“开放实施许可”制度:即专利权人自愿以书面方式向国务院专利行政部门声明愿意许可任何单位或者个人实施其专利,并明确许可使用费支付方式、标准的,由国务院专利行政部门予以公告,实行开放许可;任何单位或者个人有意愿实施开放许可的专利的,以书面方式通知专利权人,并依照公告的许可使用费支付方式、标准支付许可使用费后,即获得专利实施许可。

在《专利法》第四次修法过程中,2015年公布的《专利法修正草案》(送审稿)曾将FRAND原则纳入修法建议尝试,并将其解释为标准必要专利的默示许可制度,即如专利权人履行披露义务并作出FRAND承诺则视为对其标准必要专利实施的默示许可,但最终通过的《专利法》第四次修正并未采纳这一修法建议。而2016年发布实施的最高人民法院《侵犯专利权纠纷解释(二)》(已失效)第24条则明确规定:推荐性国家、行业或者地方标准明示所涉必要专利的信息,被诉侵权人以实施该标准无须专利权人许可为由抗辩不侵犯该专利权的,法院一般不予支持。该规定显然已明确否定了根据FRAND原则可以对标准必要专利实施给予默示许可的观点及做法。[1]

---

〔1〕 参见蒋华胜:《标准必要专利FRAND原则的规范解释与司法裁判研究》,载《法律适用》2023年第7期。

六、国家市场监管总局《标准必要专利反垄断指引》

为预防和制止滥用标准必要专利排除、限制竞争的行为，保护市场公平竞争，鼓励创新，提高经济运行效率，维护消费者利益和社会公共利益，国家市场监管总局于2024年11月4日正式发布了《标准必要专利反垄断指引》。从体例上看此指引分为总则，涉及标准必要专利的信息披露、许可承诺和善意谈判，涉及标准必要专利的垄断协议，涉及标准必要专利的滥用市场支配地位行为，涉及标准必要专利的经营者集中以及附则六个部分。下文对指引中的相关问题予以简要解读。

（一）强调信息披露和公平、合理、无歧视承诺对标准必要专利反垄断的适用

对此，该指引规定参与标准制修订的经营者应按照标准制定组织规定，在标准制修订的任何阶段需及时充分披露其拥有和知悉的必要专利，同时提供相应证明材料；没有参与标准制修订的经营者可以按照标准制定组织规定，在标准制修订的任何阶段披露其拥有和知悉的必要专利，同时提供相应证明材料。在具体个案中，经营者未按照标准制定组织规定及时充分披露专利信息，或者已明确放弃专利权但向标准实施方主张专利权的情形，是认定其行为在相关市场中是否会对市场竞争产生排除、限制影响的重要考虑因素。

同时指出，公平、合理和无歧视原则，是标准必要专利权人与标准实施方进行标准必要专利许可谈判需遵循的重要原则，被境内外标准制定组织所公认并广泛采用，成为知识产权政策的重要内容。按照标准制定组织规定，参与标准制修订的专利权人或者专利申请人需明确作出专利实施许可声明，同意在公平、合理和无歧视原则基础上，免费或者收费许可其他经营者在实施该标准时使用其专利。对于已经基于公平、合理和无歧视原则作出许可承诺的专利，标准必要专利权人转让该专利时，需事先告知受让人该专利实施许可承诺的内容，并保证受让人同意受该专利实施许可承诺的约束，即标准必要专利许可承诺对受让人具有同等效力。在具体个案中，标准

必要专利权人或者其受让人是否违反公平、合理和无歧视承诺，是认定构成以不公平的高价许可，没有正当理由拒绝许可、搭售、附加其他不合理的交易条件或者实行差别待遇等具体垄断行为的重要考虑因素。

（二）明确标准必要专利善意谈判是履行公平、合理、无歧视原则的具体表现

关于公平、合理、无歧视承诺的法律性质，理论界和实务界一直存在较大分歧，几种不同的观点主要包括：第三方受益合同说、强制缔约义务说、单方法律行为说、要约说、要约邀请说等（详见本书第二章）。那么 FRAND 承诺的法律作用或制度功能到底是什么？而实现其法律作用或制度功能的关键因素又有哪些？实际上从标准必要专利 FRAND 承诺制度设计的初衷不难看出，促进标准的实施者和标准必要专利的权利人双方之间的各取所需、避免互害，进而有利社会、造福大众，是这一制度的价值取向和目标预期，而实现这一良好愿望的关键在于双方能否最终达成对标准中的必要专利的实施许可协议，而能否达成许可协议的关键又在于双方能否从诚信原则出发进行善意谈判。由此看来，FRAND 承诺的制度设计就是为了促使和保证双方按照公平、合理、无歧视原则进行许可协议的善意谈判，避免非诚信的恶意拖延、阻碍许可谈判，避免“劫持或反向劫持”。也就是说，FRAND 承诺的法律作用或制度功能就是保障专利权人与实施者均能履行双边善意谈判义务，从而实现标准必要专利许可法律制度的目的。对此，该指引开宗明义地直接指出，“标准必要专利善意谈判是履行公平、合理和无歧视原则的具体表现”，将“善意谈判”明示为遵守 FRAND 承诺的行为表现和履行 FRAND 承诺的具体要素，不失为该指引的一大亮点。

而对标准必要专利权人和标准实施方之间如何就标准必要专利许可的费率、数量、时限、使用范围和地域范围等许可条件开展善意谈判，以达成公平、合理和无歧视的许可条件，该指引又就善意谈判的程序和要求，从标准必要专利权利人和标准实施者的角度分别给出了进一步指引。标准必要专利权人应对标准实施方提出明确的许可谈判要约，通常包括标准必要专利清单、合理数量的标准必要专利与标准的对照表、许可费率的计算方法及依

据、合理的反馈期限等具体内容；而标准实施方在合理期限内应对获得许可表达善意意愿，即不存在无正当理由拖延、拒绝许可谈判等情形。标准必要专利权人提出符合其所作出的公平、合理和无歧视承诺的许可条件，主要包括许可费率计算方法及合理性理由、标准必要专利保护期限及转让情况等与许可直接相关的必要信息和实际情况；而标准实施方则应在合理期限内接受许可条件，如不接受，需在合理期限内就许可条件提出符合公平、合理和无歧视原则的方案。其中，标准必要专利权人和标准实施方均需对其已尽到善意谈判义务进行证明，而标准实施方表达善意意愿不影响其在谈判过程中对专利的必要性、有效性等提出异议的权利。

（三）细化界定标准必要专利垄断行为的路径

该指引根据《反垄断法》、国务院反垄断委员会《关于相关市场界定的指南》和国家市场监管总局《禁止滥用知识产权排除、限制竞争行为规定》所确定的一般原则，同时考虑标准必要专利的特点，对界定涉及标准必要专利的相关市场的商品市场和地域市场、认定市场支配地位以及滥用市场支配地位行为等给出指引。界定涉及标准必要专利的相关商品市场可采用替代性分析的方法。在具体个案中，涉及标准必要专利的相关商品市场主要是技术市场和实施标准所涉及的产品和服务市场。其中，技术市场可以从不同标准之间、不同标准必要专利之间、标准必要专利与非标准必要专利之间以及标准必要专利与非专利技术之间等是否存在紧密替代关系进行需求替代分析。必要时，可以同时从标准和标准必要专利的供给等方面进行供给替代分析。界定涉及标准必要专利的相关地域市场同样可采用替代性分析的方法。当涉及标准必要专利的许可覆盖多个国家和地区时，在个案中界定相关地域市场，需综合考虑不同国家和地区在标准实施、专利权保护等方面的地域性特征等因素。认定或者推定经营者具有市场支配地位需结合标准必要专利的特点，具体考虑的因素包括以下几个方面：(1)标准必要专利权人在相关市场的市场份额，以及相关市场的竞争状况。通常情况下，在标准本身并无替代标准时，标准必要专利权人在其持有的标准必要专利许可市场中，占有全部的市场份额，但是有证据足以推翻的除外。(2)标准必要专利权人控制相关市场的能力。主要包括标准必要专利权人决定许可费率、许可方式等许可条件的能力，阻碍、影响其他经营者进入相关市场的能力，以及标准实施方制约标准必要专利权人的客观条件和实际能力等。(3)下游市场对标准必要专利的依赖程度。主要包括对应标准的演进情况、可替代性和转换成本等。(4)其他专利权人进入许可市场的难易程度。主要包括标准必要专利技术被替换的可能性等。(5)标准必要专利权人的财力和技术条件等与认定市场支配地位有关的其他因素。认定涉及标准必要专利的滥用市场支配地位的行为的重要考虑因素包括：以不公平的高价许可标准必要专利，无正当理由拒绝许可标准必要专利，涉及标准必要专利的搭售，涉及标准必要专利的附加其他不合理的交易条件，涉及标准必要专利的差别待遇，以及涉及标准必要专利的滥用救济措施等。

第二节　标准必要专利垄断行为的界定

标准必要专利垄断行为，是指滥用标准必要专利权造成排除或限制竞争效果的行为。滥用标准必要专利权行为，作为滥用知识产权行为的一种表现形式，不一定都构成垄断行为。一般而言，滥用知识产权行为可能会受到三个方面的法律规制：一是行为人违反相关知识产权专门法而受到知识产权专门法规制，如滥用商标权、著作权分别受《商标法》《著作权法》规制；二是行为人违反诚实信用原则，利用知识产权进行不正当竞争，直接损害竞争对手合法权益，应受《反不正当竞争法》规制；三是行为人滥用知识产权排除、限制竞争，受到《反垄断法》规制，该滥用标准必要专利权行为即构成知识产权垄断行为。以上三种行为均存在对标准必要专利权的滥用，因此并非所有滥用标准必要专利权的行为都构成垄断行为而适用反垄断法，只有滥用行为构成了排除或限制竞争的行为才适用反垄断法。

之所以需要对滥用标准必要专利权的行为进行反垄断法规制，主要是由标准必要专利的特性决定的。一方面因为专利权是一种民事私权，具有法定性、独占性及排他性，本身就带有一定“垄断”性。另一方面标准必要专利又是“标准”中的“必要专利”，而标准具有通用性、公益性，这就使得其中的必要专利因被“标准化”而具有必然实施性、强制性和不可替代性，进而使得标准连同其中的必要专利都带有了一定的公共利益属性。作为标准的实施人若要提供符合标准的相关产品，就需要获得标准必要专利权人的实施许可，因为其必要专利具有不可替代性，而这种不可替代性又更加增强了其“垄断”属性，甚至使得标准中的“每个标准必要专利都会构成一个单独的相关技术市场”[1]，而在标准必要专利权利人在其许可的相关技术市场上又占有绝对多数份额的情况下，其就具有了阻碍或影响其他经营者进入该相关市场的能力。此外，标准必要专利实施许可又与标准本身的社会公共利益密切相关，标准必要专利权利人如在标准的制定和实施中不正当行使其专利权或滥用专利权，势必会产生限制或者排除竞争的效果，削减消费者福祉或损害社会公共利益，构成垄断行为，因而需要对滥用标准必要专利权的行为进行反垄断法规制。

从《反垄断法》的角度看，对标准必要专利垄断行为的界定需要界定相关市场、认定市场支配地位以及认定滥用市场支配地位三个步骤，同时应考虑标准必要专利的特殊性。

一、相关市场的界定

界定相关市场是认定是否构成标准必要专利垄断行为的第一步。根据国务院反垄断委员会《关于相关市场界定的指南》的规定，相关市场是指经营者在一定时期内就特定商品或者服务(以下统称商品)进行竞争的商品范围和地域范围。在反垄断执法实践中，通常需要界定相关商品市场和相关地域市场。在界定标准必要专利案件的相关市场时，与其他垄断案件中相关市场的界定相比，需要注意标准必要专利的技术市场和跨区域性的界定，这主要是由标准必要专利及其授权许可市场的特殊性决定的。因为标准必要专利涉及技术贸易、许可协议等相关技术市场的界定，而标准必要专利特别是互联互通的无线通信标准必要专利因具有跨国性而需要界定相关地域

---

〔1〕 王晓晔:《标准必要专利反垄断诉讼问题研究》,载《中国法学》2015 年第 6 期。

市场。

在反垄断执法实践中，相关市场范围的大小主要取决于商品（地域）的可替代程度，因此可替代性是界定相关市场的关键因素，需要分别从需求和供给两方面对商品或服务市场的可替代性进行分析。在相关产品市场上，标准必要专利无论是在需求还是供给方面都具有不可替代性，因为标准必要专利具有强制性和必然实施性的特点。在相关地域市场上，标准必要专利权利的授权、行使和转让都具有地域性，而无线通信产品的跨国性也会对相关地域产品的竞争产生排除、限制竞争的影响。

实践中，国家发改委和法院在高通公司案、华为公司诉 IDC 公司案等案件中对标准必要专利许可相关市场界定的处理意见基本一致。在华为公司诉 IDC 公司案中，法院认为无线通信技术标准的每一个标准必要专利许可均具有不可替代性，是独立的相关产品市场。而由于无线通信技术标准具有跨国性，因而 IDC 公司的行为会对华为公司产生影响，相关地域市场包括中国。[1] 在高通公司案中，国家发改委认为，无线通信标准的每项专利许可均是一个单独的相关产品市场，因而该案的相关产品市场为这些专利许可的集合。而因为专利授权、使用和保护均具有地域性，当事人可将持有的不同国家和地区的专利进行组合许可，因而相关地域市场为当事人持有的这些国家或者地区的集合。[2]

二、市场支配地位的认定

根据《反垄断法》的规定，市场支配地位是指经营者在相关市场内具有能够控制商品价格、数量或者其他交易条件，或者能够阻碍、影响其他经营者进入相关市场能力的市场地位。市场支配地位是判断经营者是否存在垄断行为的关键因素之一，认定经营者是否具有市场支配地位的主要考量因素是《反垄断法》第 23 条规定的一般因素，包括经营者在相关市场的市场份额以及相关市场竞争状况，经营者的财力、技术条件及其控制销售市场或原

〔1〕 参见广东省高级人民法院民事判决书，(2013)粤高法民三终字第 306 号。
〔2〕 参见国家发展和改革委员会行政处罚决定书，发改办价监处罚〔2015〕1 号。

材料采购市场的能力，其他经营者对该经营者在交易上的依赖程度及其进入相关市场的难易程度等。同时《反垄断法》第 24 条规定了认定该地位的推定因素（可推定具有市场支配地位的情形），包括 1 个经营者在相关市场的市场份额达到 1/2 的，2 个经营者在相关市场的市场份额合计达到 2/3 的，以及 3 个经营者在相关市场的市场份额合计达到 3/4，对于前述 2 个经营者或 3 个经营者其中有经营者市场份额不足 1/10 的，不应推定该经营者具有市场支配地位，而对被推定具有市场支配地位的经营者，有证据证明其不具有市场支配地位的，也不应认定其具有市场支配地位。

就标准必要专利的市场支配地位认定而言，专利持有者不一定因为拥有专利而当然具有市场支配地位，专利技术与标准的结合也不一定必然会给专利持有者带来市场支配地位，但专利的标准化却增加了专利持有者拥有市场支配地位的可能性。在众多关于标准必要专利许可的相关问题上，专利持有者为了追求更高的经济收益有可能会共同组建一个专利许可组织，如专利池联盟，从而以该组织或联盟名义对外部相关市场实施者进行许可。因此在考查标准必要专利许可人是否拥有市场优势力量或具有市场支配地位时，如果标准必要专利持有者属于某个专利许可组织，则应以该组织作为目标考查其是否具有市场支配地位，而不应该对该组织的各个参与者分别考查。

在华为公司诉 IDC 公司案中，法院认为基于 3G 标准必要专利的唯一性和不可替代性，IDC 公司在其拥有的每一个标准必要专利许可市场均拥有完全的市场份额，因而具有在相关市场内阻碍或影响其他经营者进入相关市场的能力。另外，由于 IDC 公司不进行任何实质性生产，仅以专利许可作为其经营模式，华为公司无法通过标准必要专利交叉许可来制约对方，IDC 公司在与华为公司进行 3G 标准必要专利许可谈判时，具有控制华为公司使用其 3G 标准必要专利的许可费用及其他交易条件的能力，因此，IDC 公司在相关市场中具有市场支配地位。而在高通公司案中，国家发改委认定高通公司在其无线通信标准必要专利组合许可市场中占有 100% 的市场份额，不存在市场竞争。潜在被许可人与高通公司达成标准必要专利组合许可协议是其唯一选择，高通公司具有制约潜在被许可人的客观条件和实际能力，因此其对高通公司的标准必要专利组合具有高度依赖，高通公司在相关市场具有支配性的市场力量。[1]

三、滥用市场支配地位的认定

一个拥有市场支配地位的经营者只有滥用了其市场支配地位才构成垄断。实践中，认定滥用市场支配地位是标准必要专利反垄断案件的处理难点，需要结合标准必要专利的特点，依据反垄断法规定进行分析判定。《反垄断法》第22条规定的具有市场支配地位的经营者滥用市场支配地位的行为表现主要体现在两个方面：一是不公平的交易价格，包括以不公平的高价销售商品或者以不公平的低价购买商品；二是没有正当理由的不当交易行为，包括以低于成本的价格销售商品、拒绝与交易相对人进行交易、限定交易相对人只能与其进行交易或者只能与其指定的经营者进行交易、搭售商品或者在交易时附加其他不合理的交易条件、对条件相同的交易相对人在交易价格等交易条件上实行差别待遇。此外，还包括利用数据和算法、技术以及平台规则等从事前述滥用市场支配地位的行为等。2023年3月，国家市场监管总局在其发布的《禁止滥用市场支配地位行为规定》中，对上述《反垄断法》关于滥用市场支配地位的两方面行为表现中的认定“不公平高价或不公平低价”和“没有正当理由”的具体考量因素给出了明确和细化的规定。

此外，2023年6月，国家市场监管总局发布的《禁止滥用知识产权排除、限制竞争行为规定》进一步对滥用知识产权排除、限制竞争的行为予以明确，即该行为指经营者违反反垄断法的规定行使知识产权，达成垄断协议，滥用市场支配地位，实施具有或者可能具有排除、限制竞争效果的经营者集中等垄断行为。其中对具有市场支配地位的经营者利用标准必要专利进行的相关垄断行为予以明文禁止，包括：不得在参与标准制定过程中，未按照标准制定组织规定及时充分披露其权利信息，或者明确放弃其权利，但是在标准涉及该专利后却向标准实施者主张该专利权；不得在其专利成为标准

---

〔1〕 参见祝建军：《标准必要专利滥用市场支配地位的反垄断法规制》，载《人民司法》2020年第13期。

必要专利后,违反公平、合理、无歧视原则,以不公平的高价许可,没有正当理由拒绝许可、搭售商品或者附加其他不合理的交易条件、实行差别待遇等;不得在标准必要专利许可过程中,违反公平、合理、无歧视原则,未经善意谈判,请求法院或者其他相关部门作出禁止使用相关知识产权的判决、裁定或者决定等,迫使被许可方接受不公平的高价或者其他不合理的交易条件等。

在华为公司诉 IDC 公司案中,法院认为,将被告授权给苹果、三星等公司的专利许可条件,与被告向原告发出的要约条件进行比较,无论是以一次性支付专利许可使用费为标准,还是以专利许可使用费率为标准,被告拟授权给原告使用的专利的许可费远远高于苹果、三星等公司。被告还强迫原告给予其所有专利的免费许可,使之可以获得额外的利益,这表明被告存在过高定价和歧视性定价的行为。由于原告在与被告的谈判中一直处于善意状态,被告在美国提起诉讼的目的,在于逼迫原告接受过高专利许可交易条件,这在性质上不属于拒绝交易行为,而属于逼迫原告接受过高专利许可交易条件之手段行为。被告利用其必要专利授权许可市场条件下的支配地位,将必要专利与非必要专利搭售,属于滥用市场支配地位的行为。[1]

四、滥用禁令救济措施的反垄断规制

禁令救济措施,是指标准必要专利权利人请求法院或者相关部门作出禁止使用相关专利权的判决、裁定或者决定。通常情况下,标准必要专利权利人有权依法请求法院或者相关部门作出禁止使用相关专利权的判决、裁定或者决定。但是如果标准必要专利权利人滥用上述救济措施要求标准实施方接受其不公平的高价或者其他不合理的交易条件,排除、限制竞争,则其行为会被认定为滥用其市场支配地位的垄断行为。

依据国务院反垄断委员会《关于知识产权领域的反垄断指南》规定,认定拥有市场支配地位的标准必要专利权利人是否滥用禁令救济措施,具体

---

〔1〕 参见叶若思、祝建军、陈文全:《标准必要专利权人滥用市场支配地位构成垄断的认定:评华为公司诉美国 IDC 公司垄断纠纷案》,载《电子知识产权》2013 年第 3 期。

分析、考虑的因素包括:谈判双方在谈判过程中的行为表现及其体现出的真实意愿,相关标准必要专利所负担的有关承诺,谈判双方在谈判过程中所提出的许可条件,请求禁令救济措施对许可谈判的影响以及对下游市场竞争和消费者利益的影响等。此外,前文已述及《标准必要专利反垄断指引》中将"善意谈判"明示为遵守 FRAND 承诺的行为表现和履行 FRAND 承诺的具体要素,因此,考量拥有市场支配地位的标准必要专利权利人是否滥用禁令救济措施,还应分析、考虑许可双方进行《标准必要专利反垄断指引》所指引的"善意谈判"的具体情况。

第三节　我国标准必要专利反垄断行政执法典型案例

一、高通公司反垄断行政执法案

高通公司是一家美国的无线电通信技术研发公司,在无线通信技术创新发展领域占据重要地位。高通公司拥有的 CDMA、WCDMA 和 LTE 无线通信标准必要专利及 CDMA、WCDMA 和 LTE 无线通信终端基带芯片,涉及世界上所有电信设备和消费电子设备的品牌。2013 年 11 月,国家发改委在接到国内外相关企业举报后,依据我国反垄断法开始对高通公司滥用市场支配地位实施排除、限制竞争的垄断行为进行立案调查,并于 2015 年 2 月 9 日依法作出行政处罚决定。反垄断调查围绕相关市场界定、市场支配地位认定和滥用市场支配地位行为认定三个方面展开。

(一)通过替代性分析界定产品市场和地域市场

针对 CDMA、WCDMA 和 LTE 无线通信标准必要专利,国家发改委调查认为,就无线通信标准而言,已广泛应用的不同无线通信技术标准之间不存在现实可行的替代关系,本案调查涉及的 CDMA、WCDMA 和 LTE 技术标准当前均不存在现实可行的替代性标准。就无线通信标准必要专利而言,由于其是实现特定无线通信技术标准必须要实施的专利,无线通信终端制造商生产销售符合相关技术标准的产品必须获得无线标准必要专利许可。从需求替代角度分析,无线通信终端制造商生产特定的无线通信终端,纳入相关技术标准的每一项无线标准必要专利都不可或缺,都是必须要实施的技术专利,任何一项无线标准必要专利的缺失,都会导致无线通信终端不能完全符合相关技术标准,不能满足市场需求。从供给替代角度分析,每一项无线标准必要专利都具有唯一性,在被相关无线通信技术标准采纳并发布和实施后,不存在实际的或者潜在的替代性供给。因此,每一项无线标准必要专利许可均单独构成一个独立的相关产品市场,同时由于高通公司将持有的无线标准必要专利进行组合许可,相关产品市场则为高通公司持有的各项无线标准必要专利许可单独构成的相关产品市场的集合。此外,由于专利授权、使用和保护均具有地域性,单独构成一个独立相关产品市场的每一项无线标准必要专利的地域市场均为一个特定的国家或者地区,而高通公司将持有的不同国家和地区的无线标准必要专利进行组合许可,无线标准必要专利许可的相关地域市场则为其持有的各项无线标准必要专利的国家或者地区市场的集合。

针对 CDMA、WCDMA 和 LTE 无线通信终端基带芯片,国家发改委认为,基带芯片是实现无线通信终端通信功能的重要部件。由于不同无线通信技术标准依托不同的无线标准必要专利,符合不同技术标准的基带芯片在特性、功能等方面均不相同。从需求替代角度分析,无线通信终端制造商生产用于特定无线通信网络的产品,必须采用支持实施相应技术标准的基带芯片,不会因为一种基带芯片价格等因素的变化,寻求采购实施其他技术标准的基带芯片。从供给替代角度分析,基带芯片的研发和生产具有较强的技术性,其他经营者进入该市场存在较强的壁垒。生产商生产符合不同技术标准的基带芯片依托不同的技术和平台,不会根据不同基带芯片的需求量、价格等的变化进行快速转产,不同的基带芯片供应之间不具有强替代性。因此,符合不同技术标准的基带芯片彼此不可替代。此外,基带芯片在运输、销售、使用和进出口等方面均不存在明显的地域障碍。基带芯片生产商在全球范围内销售基带芯片,并通常与其他基带芯片生产商进行全球性竞争。无线通信终端制造商会基于功能、价格、质量、品牌等因素,在全球范围内选择采购不同的基带芯片。因此，本案中 CDMA 基带芯片、WCDMA 基带芯片和 LTE 基带芯片的相关地域市场均为全球市场。

（二）分析认定具有市场支配地位

认定高通公司在 CDMA、WCDMA 和 LTE 无线标准必要专利许可市场具有市场支配地位的主要事实和理由包括：（1）高通公司在相关市场占有 100%的市场份额；（2）其具有控制无线标准必要专利许可市场的能力；（3）无线通信终端制造商对其无线标准必要专利组合许可高度依赖；（4）其他经营者进入相关市场难度较大。在本案调查过程中，高通公司未提出证据证明当事人在无线标准必要专利许可市场不具有市场支配地位。依据上述因素认定高通公司在无线标准必要专利许可市场具有市场支配地位。

认定高通公司在 CDMA、WCDMA 和 LTE 无线通信终端基带芯片市场具有市场支配地位的主要事实和理由包括：（1）高通公司在相关市场的市场份额均超过 1/2；（2）其具有控制相关基带芯片市场的能力；（3）主要无线通信终端制造商对其基带芯片高度依赖；（4）基带芯片市场进入门槛高、难度大。调查中高通公司亦未提出证据证明其在 CDMA 基带芯片市场、LTE 基带芯片市场不具有市场支配地位，而其提出的证据不能证明其在 WCDMA 基带芯片市场不具有市场支配地位。据此认定高通公司在 CDMA、WCDMA 和 LTE 基带芯片市场均具有市场支配地位。

（三）分析认定滥用市场支配地位行为

高通公司滥用无线标准必要专利许可市场支配地位的行为主要包括：（1）对过期无线标准必要专利收取许可费；（2）要求被许可人将专利进行免费反向许可；（3）以超出其持有的无线标准必要专利覆盖范围的整机批发净售价作为计费基础显失公平；（4）没有正当理由搭售非无线标准必要专利许可。

滥用基带芯片市场支配地位的行为主要包括：在基带芯片销售中附加不得挑战专利许可协议的不合理条件。

(四)作出行政处罚决定

国家发改委认为,高通公司的专利许可要约中包含了过期专利收费、要求被许可人进行专利免费反向许可、没有正当理由搭售非无线标准必要专利许可等不合理条件,利用在基带芯片市场的支配地位,以不供应基带芯片相要挟,强迫潜在被许可人签订包含不合理条件的专利许可协议,该行为不具有合理性。同时,其利用其在基带芯片市场的支配地位,要求潜在被许可人签订包含不合理条件的许可协议,限制被许可人就专利许可协议提出争议和提起诉讼的权利,将不接受其不合理专利许可条件的潜在或者实际的被许可人排挤出市场,没有正当理由。高通公司上述滥用无线标准必要专利许可市场和基带芯片市场支配地位的行为均属违反中国反垄断法的排除、限制市场竞争行为,据此国家发改委作出行政处罚决定:一是责令停止滥用市场支配地位的违法行为。包括:向其无线标准必要专利的被许可人提供专利清单,不得对过期专利收取许可费;不得要求被许可人将持有的非无线标准必要专利反向许可以及不得强迫被许可人将持有的相关专利向其反向许可而不支付合理的对价;对于为在中国境内使用而销售的无线通信终端,不得在坚持较高许可费率的同时,以整机批发净售价作为计算其无线标准必要专利许可费的基础;不得在进行无线标准必要专利许可时,没有正当理由搭售非无线标准必要专利许可;不得在销售基带芯片过程中以潜在被许可人接受过期专利收费、专利免费反向许可、搭售非无线标准必要专利许可等不合理条件为前提,以及不得将不挑战专利许可协议作为其供应基带芯片的条件等。高通公司在中国境外授权无线标准必要专利的许可行为,对中国境内市场竞争不具有显著排除、限制影响的,不适用以上决定。二是鉴于高通公司滥用市场支配地位行为的性质严重,程度较深,持续时间较长,决定对其处以2013年度在中国境内销售额8%的罚款,计60.88亿元。

本案作为国家发改委查处的滥用标准必要专利市场支配地位的第一大案,其行政执法效果具有里程碑意义。首先,罚款60.88亿元人民币的行政处罚数额创造了当时中国反垄断罚款最高纪录,也改写了中国反垄断行政执法的历史。其次,行政处罚决定所作出的责令高通公司停止滥用市场支配地位违法行为的上述具体整改措施，更是在全球范围内率先改变了高通公司实行 20 余年，通行全球的专利收费模式。如整改措施中要求高通公司在进行无线标准必要专利许可时，应当向被许可人提供专利清单，不得对过期专利收取许可费。这一措施打破了高通公司多年来的专利许可“暗箱操作”模式，通过“专利清单”既能明确被许可的具体权利内容，体现知情权和公平原则，又可以避免为过期专利不明不白额外付费。最后，中国作为相关高科技电子产品消费的超大规模市场，关注相关跨国高科技企业可能出现的滥用市场支配地位垄断行为已日益成为国家反垄断执法机关的执法重点，中国也因此成为国际反垄断执法新的前沿阵地，而与这些想竭力利用标准必要专利赚取高产业附加值的跨国企业的执法对垒，其过程和结果既会对反垄断执法实践产生重要影响，也将深刻影响无线通信技术和无线通信终端设备的产业格局。

据报道，对上述行政处罚决定所作出的责令高通公司“对为在中国境内使用而销售的无线通信终端不得在坚持较高许可费率的同时，以整机批发净售价作为计算其无线标准必要专利许可费基础”的整改措施，高通公司承诺“按整机批发净售价的 65% 收取专利许可费”。高通公司在行政处罚决定书送达后 3 天内就缴齐了所有罚款，并宣布不寻求上诉等其他救济方法。处罚决定的下达和执行甚至还给高通公司带来了“利好”，因为近 15 个月的反垄断调查增加了高通公司经营中的不确定性风险，决定书的下达以及高通公司的迅速回应消除了这种不确定性，使得高通公司股价在行政处罚决定书发出的星期一盘后交易时段大幅上涨了近 3 个百分点。[1] 由此可见，本案合法严格、高效有力的反垄断行政执法，破除了跨国企业的垄断壁垒，对于保护产业链创新能力，增进消费者福祉，维护公平有序的市场竞争格局具有开拓性意义，收到了良好的市场效果和社会效果。

二、IDC 公司价格垄断行政执法案

美国 IDC 公司是一家非专利实施主体公司（Non - Practicing Entities,

---

〔1〕 参见李煜：《标准必要专利滥用的反垄断法规制研究》，南京大学出版社 2018 年版，第 152 页。

NPE),在2G、3G、4G和IEEE802领域中拥有大量无线通信标准必要专利,是欧洲电信标准化协会(ETSI)成员。2013年5月,国家发改委接到举报,该举报反映美国IDC公司违背公平、合理、无歧视的原则,涉嫌滥用其在无线通信标准必要专利市场的支配地位,对我国通信设备制造企业收取歧视性的高价专利许可费,损害了我国相关企业的合法权益,排除、限制了市场竞争。同年6月,国家发改委原价格监督检查与反垄断局依法启动了对IDC公司涉嫌价格垄断行为的调查,核实举报反映的有关事实;对有关企业进行调查,掌握IDC公司涉嫌滥用市场支配地位的相关证据等。IDC公司相关负责人于2013年7月、2014年1月两次到国家发改委接受调查询问。

经调查查明,IDC公司专门从事无线通信技术专利许可业务,以专利许可费作为公司主要收入,其所持有的部分专利技术成为无线通信技术的标准必要专利,无线通信设备制造商在生产无线通信产品时,为使产品符合国际标准并能够进入相应地区市场,必须实施IDC公司的相关专利。由于标准必要专利具有不可替代性和排他性,IDC公司在无线通信标准必要专利许可市场具有市场支配地位。在案件调查过程中,IDC公司未就认定其在相关市场具有市场支配地位提出抗辩。IDC公司在与我国无线通信设备制造企业的专利许可谈判中,一直坚持高于国外其他公司数倍的许可费,并通过在美国提起侵犯知识产权诉讼等方式,试图强迫我国相关企业接受歧视性的高价专利许可费,涉嫌违反我国《反垄断法》的规定。

IDC公司价格垄断行政执法案发生在华为公司诉IDC公司案的审理过程中。2008年9月至2012年8月,IDC公司先后四次给华为公司发送书面授权要约。IDC公司明确表示,对任何一个具体要约条款的拒绝意味着对整个要约的拒绝。为了迫使华为公司接受其要约授权条件,2011年7月和9月,IDC公司分别向美国国际贸易委员会和美国联邦地方法院——特拉华州法院投诉和起诉,控告华为公司的通信产品侵犯其专利权,要求颁发禁令,禁止华为公司产品出口至美国境内以及销售。为此,华为公司于2011年12月向深圳市中级人民法院对IDC公司提起了确定标准必要专利许可费率之诉和反垄断之诉。

（一）IDC公司的中止调查申请及其整改措施承诺

在反垄断调查期间，IDC公司积极配合国家发改委的调查工作，并采取积极行动消除其涉嫌垄断行为对我国相关企业的损害。2013年12月，IDC公司在与华为公司的专利许可谈判中，主动放弃了一直坚持的歧视性高价许可费诉求，停止了在美国提起的针对华为公司的相关诉讼，取消了华为公司将持有的相关专利免费向其许可的要求，不再将非标准必要专利与标准必要专利捆绑进行许可，双方就专利许可达成了和解协议，结束了长达5年的持续谈判和纠纷诉讼。在调查询问中，IDC公司明确表示将参照华为公司的许可条件与我国其他企业开展专利许可谈判。2014年2月26日，IDC公司向国家发改委提交了关于中止国家发改委反垄断调查的申请，承诺采取具体措施消除涉嫌价格垄断行为的后果，并将积极履行承诺。概括起来，IDC公司提出的承诺措施主要包括以下五个方面的内容：

一是对我国无线通信设备制造企业进行专利许可遵守公平、合理、无歧视的原则，不再收取歧视性的高价专利许可费；二是在许可谈判中不再将2G、3G、4G无线通信非标准必要专利与标准必要专利进行捆绑许可，充分尊重我国无线通信设备制造企业的选择权；三是不再要求我国无线通信设备制造企业将有关专利向其进行免费反许可；四是在对我国企业提起专利侵权诉讼前，可选择仲裁方式解决许可费率和其他条款争议，不再直接通过诉讼方式迫使我国企业接受其不合理的许可条件；五是针对与华为公司和中兴公司的许可谈判，提出具体的承诺措施，包括遵守我国法院最终判决的许可费率、就仲裁条款进行协商、撤销有关投诉和诉讼等。[1]

（二）案件中止调查的理由和法律依据

在研究分析该案的处理过程中，国家发改委对IDC公司提出的承诺措施的针对性、有效性和可行性进行充分研究和论证后认为：一是IDC公司提

〔1〕 参见国家发改委原价监局反垄断调查二处：《国家发展改革委对美国IDC公司依法中止反垄断调查》，载《中国价格监管与反垄断》2014年第7期。

出的承诺措施回应了在调查中发现的其涉嫌滥用市场支配地位的行为，包括收取歧视性的专利许可费、要求被许可人向其进行免费反许可、将标准必要专利与非标准必要专利进行捆绑许可以及通过直接提起诉讼的方式迫使善意的被许可人接受不合理的许可条件等，故其所承诺的措施具有针对性。二是上述承诺措施给出了 IDC 公司与相关企业进行专利许可谈判的路径，能够有效消除其涉嫌垄断行为的后果。本案中，由于 IDC 公司与我国除华为公司、中兴公司外的其他企业的专利许可谈判尚未开始，通过履行承诺能够防止垄断行为的发生，解决可能存在的反竞争问题，故其所承诺的措施具有有效性。三是 IDC 公司提出的承诺措施较为具体：对于 IDC 公司而言，承诺措施具有强制约束性，在许可谈判中可以操作和执行；对于执法机构而言，承诺措施明确具体，对于 IDC 公司履行承诺的情况，执法机构可以进行有效的监督。同时，IDC 公司尚未在我国境内实际收取任何专利费用，还没有发生违法所得和销售额，并未对整体市场竞争产生较大损害，故其所承诺的措施具有可行性。据此，国家发改委认为，从法律适用的角度，本案调查查明的事实契合了承诺制度[1]的要件。

根据《反垄断法》第 53 条的规定，对反垄断执法机构调查的涉嫌垄断行为，被调查的经营者承诺在反垄断执法机构认可的期限内采取具体措施消除该行为后果的，反垄断执法机构可以决定中止调查。因此，国家发改委依法作出了对 IDC 公司中止调查的决定，并通过监督 IDC 公司切实履行承诺，解决可能存在的反竞争问题。但是，作出中止调查决定并不是案件的终结，如果 IDC 公司不履行承诺，国家发改委将依法恢复调查。《反垄断法》第 53 条同时规定，对反垄断执法机构决定中止调查的，应当对经营者履行承诺的情况进行监督。经营者履行承诺的，反垄断执法机构可以决定终止调查；经营者未履行承诺，或者作出中止调查决定所依据的事实发生重大变化的，或者中止调查的决定是基于经营者提供的不完整或者不真实的信息作出的，反垄断执法机构应当恢复调查。

---

〔1〕“经营者承诺制度”，在现代反垄断法实施中被广泛运用。反垄断法上承诺制度的源头是美国司法部的同意判决制度，该制度对很多国家和地区反垄断法产生影响。参见焦海涛：《经营者承诺制度的和解本质》，载《安徽大学法律评论》2011 年第 2 期。

(三)本案的效果及影响

本案是我国对涉及知识产权的滥用市场支配地位行为进行反垄断调查并取得实质性成效的典型案例。与前述高通公司反垄断行政执法案相比,本案 IDC 公司滥用标准必要专利市场支配地位的行为与高通公司具有类似性,但其案情的复杂程度以及违法性质的严重程度低于前述案例,其中最大的不同点是在国家发改委介入调查后,IDC 公司在积极配合调查的同时,还主动作出了具有针对性、有效性和可行性的整改措施承诺,并提出中止调查的申请,使案件出现了转折点。国家发改委在查明事实、充分论证的基础上,依法作出中止调查的决定,同时通过监督 IDC 公司切实履行承诺,有效制止涉嫌垄断行为的发生,消除涉嫌垄断行为的后果,保护市场公平竞争,实现了反垄断执法的目的。此外,通过对本案 IDC 公司的反垄断执法,进一步明确了我国尊重和保护知识产权,鼓励创新,但坚决反对滥用知识产权排除、限制竞争的法律态度和决心,也为后续对高通公司的反垄断执法积累了实战经验和提供了有益借鉴。

第五章 通信标准必要专利案件的诉讼路径

标准必要专利的官司要怎么打？它与非标准必要专利诉讼有什么不同？法官对这一类案子通常会怎么审？就像一个游戏玩家在拿到一个热门游戏时先要找下“攻略”看看一样，此类问题的解决亦需其“攻略”。下文将围绕标准必要专利案件诉讼“攻略”的谋定而动之策展开。

第一节 标准必要专利与非标准必要专利诉讼路径差异

根据我国专利法及其司法解释相关规定，专利侵权民事诉讼在程序上主要包括三个步骤：第一步是确定是否构成专利侵权，第二步是在构成侵权的情况下再来确定侵权损失的赔偿方式、范围等，第三步是在前述基础上再最终确定侵权责任的具体承担方式，包括判令停止侵权（发出禁令）、赔偿损失金额等。与非标准必要专利相比，标准必要专利诉讼在认定侵权、判定赔偿以及责任承担三个方面存在如下不同。

一、侵权比对的举证方式不同

在专利侵权诉讼中，专利权人需要举证证明被诉侵权产品使用的设计、技术或方法落入了自己专利权(外观设计、实用新型或发明)的保护范围,为此需要将专利技术方案及其权利要求与被诉产品进行比对,称为“侵权比对”,以此举证证明被诉产品构成专利侵权。也就是说,对非标准必要专利权利人来说,是“拿专利比产品”,证明该被诉产品使用的设计、技术或方法落入了自己相应的外观设计、实用新型或发明专利的权利保护范围。

但对标准必要专利权利人来说,其侵权比对的举证方式不是这样。因为标准必要专利是实施标准所必须使用的专利,比如被诉产品手机是因为实施了3GPP无线通信国际技术标准而使用了该标准中的某项通信必要专利。因此,该通信标准必要专利权利人首先要将其必要专利与3GPP标准进行比对,即“拿专利比标准”,以证明其通信必要专利所保护的技术方案或权利要求已被3GPP标准所吸纳或采用;其次该专利权人还要证明3GPP无线通信国际技术标准已被我国采纳为无线通信领域中的行业标准和企业标准;最后在此基础上推定,由于被诉手机已上市销售,而上市销售的手机都需要事先注册入网,都必须符合国家的“入网标准”,这个“入网标准”就是被国家采标(采纳为标准)的3GPP标准,因而可以推定该被诉手机因符合3GPP标准而必然使用到其中的涉案必要专利。在被诉侵权人举不出相反证据(拿不出该被诉手机不使用3GPP标准的反证)的情况下,则该专利权人得以完成对涉案通信标准必要专利侵权比对的举证。

上述可见,标准必要专利与非标准必要专利在侵权比对举证方式上的不同,主要是由标准必要专利本身的特性决定的,即标准必要专利是标准与专利的融合,是专利标准化的产物,而标准又具有通用性,这就决定了标准必要专利诉讼的侵权比对需要按照“专利在标准中→产品符合标准→产品必然使用标准中的必要专利”的符合逻辑的思路进行举证,而不会按照非标准必要专利的“拿专利比产品”去逐一比对相关被诉产品进行举证。

二、适用的赔偿原则不同

（一）非标准必要专利的侵权损害赔偿原则

我国现行专利法框架下的专利侵权损害赔偿责任实行“全面赔偿”原则[1]，即侵犯专利权的赔偿数额按照权利人因被侵权所受到的实际损失或者侵权人因侵权所获得的利益确定。专利侵权侵害的是专利权在相关技术市场中具有的支配地位和独占利益，侵权人未经许可实施专利权人受专利法保护的有效专利，从事生产经营活动进而获得本不属于侵权人的经济利益，致使专利权人通过投入智力成本应当增加的财产利益未增加，也即专利权人的可期待利益的丧失，其依法应当承担损害赔偿责任以填补给权利人造成的损失，因此“全面赔偿”原则也称为“损失填平”原则。根据专利法及最高人民法院相关司法解释规定，专利侵权损害赔偿责任的确定按如下规则进行：

首先，选择承担侵权损害赔偿责任的方式。法定方式有三种：一是按权利人实际损失或侵权人侵权获利确定；二是权利人损失或侵权获利难以确定的，参照专利许可使用费的倍数确定；三是权利人损失、侵权获利和专利许可使用费均难以确定的，判处 3 万元以上 500 万元以下的法定赔偿。其中，三种方式的选择顺序应当是从前至后依次选择，而第一种方式中的权利人实际损失或侵权人侵权获利则可由权利人视举证情况选择，实践中多选择按侵权人侵权获利确定损失赔偿。第二种方式参照专利许可使用费方式，对非标准必要专利而言，即可直接参照专利许可使用费的倍数确定。其中对于故意侵犯专利权情节严重的，还可以按照前两种方式确定数额的 1 倍以上 5 倍以下确定赔偿数额，此即对侵权人判处的“惩罚性赔偿”。需要注

---

〔1〕《专利法》第 71 条规定：“侵犯专利权的赔偿数额按照权利人因被侵权所受到的实际损失或者侵权人因侵权所获得的利益确定；权利人的损失或者侵权人获得的利益难以确定的，参照该专利许可使用费的倍数合理确定。对故意侵犯专利权，情节严重的，可以在按照上述方法确定数额的一倍以上五倍以下确定赔偿数额。权利人的损失、侵权人获得的利益和专利许可使用费均难以确定的，人民法院可以根据专利权的类型、侵权行为的性质和情节等因素，确定给予三万元以上五百万元以下的赔偿。”

意的是,惩罚性赔偿只能在前两种方式确定数额的基础上适用,而对第三种方式确定的法定赔偿额,不能再叠加适用惩罚性赔偿。对于标准必要专利而言,参照专利许可使用费方式赔偿,涉及按"可比协议法"确定 FRAND 许可费率,详见下文另述。

其次,确定权利人实际损失或侵权人侵权获利的计算方式。根据最高人民法院《关于审理专利纠纷案件适用法律问题的若干规定》第 14 条的规定,对权利人因被侵权所受到的实际损失,可以根据专利产品因侵权所造成销售量减少的总数,乘以每件专利产品的合理利润所得之积计算。权利人销售量减少的总数难以确定的,侵权产品在市场上销售的总数乘以每件专利产品的合理利润所得之积可以视为权利人因被侵权所受到的实际损失。而对侵权人因侵权所获得的利益,可以根据该侵权产品在市场上销售的总数,乘以每件侵权产品的合理利润所得之积计算。侵权人因侵权所获得的利益一般按照侵权人的营业利润计算,对于完全以侵权为业的侵权人,可以按照销售利润计算。由此可简要归纳计算公式为:侵权获利 = 侵权产品销售总数 × 每件侵权产品营业利润(或销售利润)。

最后,对侵权人侵权获利范围的界定。根据最高人民法院《关于审理侵犯专利权纠纷案件应用法律若干问题的解释》第 16 条的规定,确定侵权人因侵权所获得的利益,应当限于侵权人因侵犯专利权行为所获得的利益;因其他权利所产生的利益,应当合理扣除。侵犯发明、实用新型专利权的产品系另一产品的零部件的,人民法院应当根据该零部件本身的价值及其在实现成品利润中的作用等因素合理确定赔偿数额。侵犯外观设计专利权的产品为包装物的,人民法院应当按照包装物本身的价值及其在实现被包装产品利润中的作用等因素合理确定赔偿数额。此规定实际上涉及"专利的贡献度"问题,其中侵权获利中应当合理扣除因其他权利所产生的利益,即只应计算涉案专利对侵权获利贡献的利益,而不应计算侵权获利中属于其他权利贡献的利益。比如,侵权产品中既有涉案专利,也有其他案外专利,还涉及与涉案专利所在部件无关的其他部件的权利以及侵权产品自身的品牌、商业成功等其他非专利功能的权利,它们共同为侵权产品的获利贡献了各自的价值,在此情况下计算侵权产品的侵权获利时应当合理扣除因其他权利所产生或贡献的利益或价值。由此可简要归纳计算公式为：侵权获利 = 侵权产品销售总数 × 每件侵权产品营业利润（或销售利润）－因其他权利所产生的利益。

（二）标准必要专利的侵权损害赔偿原则

一般情况下，标准必要专利的侵权损害赔偿适用公平、合理、无歧视的原则赔偿，称为 FRAND 赔偿或 FRAND 许可费（费率）。这一方面是因为标准必要专利作为实施标准必须使用的专利，其借助标准的统一性、通用性和必然实施性而具有了不得不使用的“强制性”，为防止权利人据此进行“专利劫持”，需要按照公平、合理、无歧视的原则考量其侵权损害赔偿；另一方面作为向标准组织声明其必要专利的专利权人，在其专利进入标准的同时即已声明同意按公平、合理、无歧视的原则许可潜在标准实施人使用其专利，因此当其向标准实施人主张其标准必要专利的侵权损害赔偿时，当然应遵守其 FRAND 承诺。目前有关标准必要专利许可的纠纷大体分为三种诉讼类型：标准必要专利侵权之诉、标准必要专利合理许可费裁判之诉和有关标准必要专利的反垄断之诉。根据最高人民法院 2016 年 3 月发布、2020 年 12 月修订的《侵犯专利权纠纷解释（二）》第 24 条第 3 款的规定，标准必要专利的实施许可条件，应当由专利权人、被诉侵权人协商确定。经充分协商，仍无法达成一致的，可以请求人民法院确定。人民法院在确定上述实施许可条件时，应当根据公平、合理、无歧视的原则，综合考虑专利的创新程度及其在标准中的作用、标准所属的技术领域、标准的性质、标准实施的范围和相关的许可条件等因素。此规定以司法解释形式明确了作为标准必要专利侵权损害赔偿的 FRAND 许可费的独立可诉性以及对 FRAND 许可费司法判定的考量因素。

与判定非标准必要专利侵权损害赔偿的责任方式、损失计算方法以及赔偿范围界定有所不同，标准必要专利侵权损害赔偿的 FRAND 许可费有自己的考量判定规则和方法，包括假想谈判法、可比协议法、由上而下法、最小可售单元法等，详见下文另述。

三、发出停止侵权禁令的考量因素不同

根据我国《专利法》第 11 条的规定，任何单位或者个人未经专利权人许可，都不得实施其专利，否则可能构成专利侵权。对他人发明和实用新型专利的侵权行为包括：为生产经营目的制造、使用、许诺销售、销售、进口其专利产品，或者使用其专利方法以及使用、许诺销售、销售、进口依照该专利方法直接获得的产品；对他人外观设计专利的侵权行为包括：为生产经营目的制造、许诺销售、销售、进口其外观设计专利产品。对非标准必要专利权利人而言，如果他发现（有证据证明）他人侵犯了自己的专利权，可以依据上述专利法以及民事诉讼法相关规定，向法院提起诉讼并在其诉讼请求中直接请求法院对侵权人发出停止侵权的禁令。如法院经审判认定被诉侵权行为构成专利侵权，就可以依法判令侵权人停止侵权（发出禁令）。在此过程中，法院是否发出禁令，主要取决于专利侵权是否成立，而认定专利侵权是否成立，主要是看是否具备侵权人未经许可实施了上述侵犯专利权行为的证据，以及是否具备被诉侵权产品的技术特征落入了涉案专利权保护范围的证据。如果这两方面的证据都是确实、充分的，法院就可以据此认定构成专利侵权并依法决定发出停止侵权的禁令。至于侵权人是否与专利权人谈判过专利使用费以及在谈判过程中是否存在拒绝付费的过错等，均不属于是否发出禁令的法定考量因素，也不在法院决定是否发出禁令的考虑范围之内。因为非标准必要专利的侵权，主要由于被诉侵权人的单方面原因，一般不存在事先权利人与被诉侵权人进行过许可谈判进而需要考量双方在谈判过程中的过错情况的问题。

但标准必要专利则不同。一般情况下，标准必要专利实施人为了生产合标产品已先实施了标准、用到了其中的必要专利，之后权利人与实施人之间才开始协商谈判许可使用费的问题，而谈判时间拖得越长，客观上造成的侵权时间也随之拖长。换句话说，正是由于双方未能达成实施许可协议，才造成了对标准必要专利的侵权。而对所造成的侵权事实，就要考量是谈判双方谁的过错以及谁的过错大，而判断的标准就是 FRAND 原则，即看哪一方违反了公平、合理、无歧视的善意谈判义务。其中，对标准必要专利权利

人而言，由于其在专利被标准组织纳入标准时，已向潜在的标准实施者承诺以“公平、合理、无歧视”的条件许可实施其专利，因而当双方许可谈判破裂，权利人请求法院发出停止侵权的禁令时，法院在根据上述两方面的证据认定构成专利侵权的情况下，则要根据FRAND原则判断是否发出禁令，其中重点考量权利人是否存在“专利劫持”的情况。而对标准必要专利的实施人而言，因为其生产符合标准的产品而使用到其中的必要专利，某种程度上拥有了“先用标准、后谈付费”的主动权，因而法院在根据FRAND原则判断是否对其发出禁令时，同样要考量实施人是否存在“反向劫持”的情况。也就是说，权利人与实施人在因许可谈判破裂进入诉讼之前，双方已就涉案标准必要专利的许可进行过协商谈判，包括对许可的方式、范围、数量、价格等条件的谈判。这一点与前述的非标准必要专利侵权不同。而在双方无法就许可谈判达成一致，权利人提起诉讼请求发出停止侵权禁令时，法院是一并考量双方对FRAND原则的遵守情况的，因为“公平、合理、无歧视”原则是对权利人和实施人双方都适用的，即双方在标准必要专利许可谈判中都要遵守FRAND原则，一方面权利人不能以禁令要挟、漫天要价搞“专利劫持”，另一方面实施人也不能借口标准具有公益性，恶意拖延搞“反向劫持”，其中考量的重点是双方在标准必要专利的FRAND许可谈判中的过错情况。

根据最高人民法院《侵犯专利权纠纷解释(二)》第24条第2款的规定，对于标准明示所涉必要专利的信息，专利权人、被诉侵权人协商该专利的实施许可条件时，专利权人故意违反其在标准制定中承诺的公平、合理、无歧视的许可义务，导致无法达成专利实施许可合同，且被诉侵权人在协商中无明显过错的，对于权利人请求停止标准实施行为的主张(发出停止侵权禁令)，人民法院一般不予支持。这里对双方“过错程度”的表述是有差异的，对标准必要专利权利人的表述是“故意违反”FRAND承诺，而对标准实施者的表述是“无明显过错”。北京市高级人民法院发布的《专利侵权判定指南(2017)》第152、153条就此又分四种情况对发出禁令的考量给出了进一步细化指引：

1. 认定专利权人“故意违反”公平、合理、无歧视的许可义务的情况包括：(1)未以书面形式通知被诉侵权人侵犯专利权，且未列明侵犯专利权的范围和具体侵权方式；(2)在被诉侵权人明确表达接受专利许可协商的意愿后，未按商业惯例和交易习惯以书面形式向被诉侵权人提供专利信息或提供具体许可条件的；(3)未向被诉侵权人提出符合商业惯例和交易习惯的答复期限；(4)在协商实施许可条件过程中，无合理理由而阻碍或中断许可协商；(5)在协商实施许可过程中主张明显不合理的条件，导致无法达成专利实施许可合同等。

2. 认定被诉侵权人在标准必要专利许可协商过程中存在“明显过错”的情况包括：(1)收到专利权人的书面侵权通知后，未在合理时间内积极答复的；(2)收到专利权人的书面许可条件后，未在合理时间内积极回复是否接受专利权人提出的许可条件，或在拒绝接受专利权人提出的许可条件时未提出新的许可条件建议的；(3)无合理理由而阻碍、拖延或拒绝参与许可协商的；(4)在协商实施许可条件过程中主张明显不合理的条件，导致无法达成专利实施许可合同等。

3. 双方都无过错的情况，即没有证据证明标准必要专利的专利权人故意违反公平、合理、无歧视的许可义务，且被诉侵权人在标准必要专利的实施许可协商中也没有明显过错的，如被诉侵权人及时向人民法院提交其所主张的许可费或提供不低于该金额的担保，对于专利权人请求停止标准实施行为的主张一般不予支持。

4. 双方都有过错的情况，即专利权人未履行公平、合理和无歧视的许可义务，但被诉侵权人在协商中也存在明显过错的，应在分析双方当事人的过错程度，并判断许可协商中断的承担主要责任一方之后，再确定是否应支持专利权人请求停止标准实施行为的主张。

通过以上分析比较可以看出，标准必要专利与非标准必要专利二者的诉讼路径差异主要体现在侵权比对方式和是否适用 FRAND 原则上，而这些差异又是由标准必要专利本身的特性决定的。

第二节　通信标准必要专利的侵权认定举证

一、涉案专利有效性的查明

与非标准必要专利侵权诉讼一样，标准必要专利侵权诉讼也要先判定是否构成专利侵权。而判定是否构成专利侵权的前提是查明权利人所主张的涉案专利的有效性，查明专利有效性的要点主要包括以下方面：

1. 查明专利保护期和保护地域（核对专利证书原件）。根据《专利法》的规定，发明专利权的保护期限为 20 年，实用新型为 10 年，外观设计专利权的保护期限为 15 年，均自专利申请日起计算。授予的专利权保护的地域范围为中国境内（不含港澳台地区）。

2. 查明专利年费缴纳情况（核对有效缴费发票）。《专利法》及其实施细则规定，专利权人应当自被授予专利权的当年开始缴纳年费，授予专利权当年以后的年费应当在上一年度期满前缴纳。专利权人未缴纳或者未缴足的，国务院专利行政部门应当通知专利权人自应当缴纳年费期满之日起 6 个月内补缴，同时缴纳滞纳金；期满未缴纳的，专利权自应当缴纳年费期满之日起终止。

3. 查明专利的稳定性（提供专利评价报告）。根据《专利法》及其实施细则的规定，专利侵权纠纷涉及实用新型专利或者外观设计专利的（发明专利除外），人民法院或者管理专利工作的部门可以要求专利权人或者利害关系人出具由国务院专利行政部门对相关实用新型或者外观设计进行检索、分析和评价后作出的专利权评价报告，专利权人、利害关系人或者被诉侵权人也可以主动出具专利权评价报告。该评价报告是国务院专利行政部门对相关实用新型或者外观设计进行检索、分析和评价后，对其专利权的稳定性作出的专门评价报告，可以作为人民法院或者管理专利工作的部门审理、处理专利侵权纠纷的证据。

4. 查明专利审查档案。专利审查档案是指专利授权过程中所形成的材料，即国家专利行政部门在对专利申请进行审查的过程中所形成的文件，包括专利审查、复审、无效程序中专利申请人或者专利权人提交的书面材料，专利行政部门制作的审查意见通知书、会晤记录、口头审理记录、生效的专利复审请求审查决定书和专利权无效宣告请求审查决定书等。由于审查档案涉及专利授权过程中对专利权利要求保护范围的解释、界定，以及申请人在其专利申请过程中已经承诺、认可或者放弃的那部分内容，在以后的专利侵权诉讼过程中不能再反悔（“禁止反悔”原则）的证据，故专利审查档案已成为专利纠纷案件司法程序中举证、质证的重要证据内容。特别是对于发明专利的审查，需经过初步审查和实质审查两个阶段（实用新型和外观设计专利没有实质审查阶段），其在审查、授权过程中往往形成“公布文本”和“授权文本”两个文本，此时应注意须使用“授权文本”进行比对分析，而不是“公布文本”。需要注意的是，专利审查档案在专利申请公布或者公告前是保密的，在专利授权后专利权人或相关当事人可申请法院向国家专利行政部门请求调取。

5. 查明专利著录事项。专利著录事项是指由国家专利行政部门定期出版的专利公报公布或者公告的有关专利权基本情况的相关事项，包括专利申请号、申请日、发明创造名称、专利分类号、优先权事项，申请人或者专利权人名址、代码等事项，发明人姓名，专利代理机构、代理人名址等事项，以及所述申请人（或专利权人）姓名、名称或国籍变更，专利申请权（或专利权）的转移，发明人变更，专利代理机构及代理人变更等事项。

6. 查明涉案专利的使用或许可情况，专利许可备案、质押登记情况，以及是否曾经或正在涉及专利无效宣告程序或诉讼、仲裁程序等情况。

我国《专利法》于 2020 年第四次修正，除对侵犯专利权的赔偿增加了 1 ~5 倍的惩罚性赔偿数额，将法定赔偿额上限由 100 万元提高至 500 万元，对权利人已经尽力举证、侵权人不提供或者提供虚假的账簿、资料的实行“举证妨碍推定”，以及将行政执法查处假冒专利的违法所得罚款额由 4 倍提高到 5 倍，没有违法所得或者违法所得在 5 万元以下的罚款额由 20 万元提高到 25 万元等公众关注的“亮点”外，还增加了可能对查明专利权合法性、稳定性产生新的影响的修法内容。比如，增加了“在国家出现紧急状态或者非常情况时，为公共利益目的首次公开”不丧失新颖性的规定；将外观设计专利权的保护期限由 10 年修改为 15 年，发明专利自申请日起满 4 年且自实质审查请求之日起满 3 年后授予发明专利权的，可以就授权过程中的不合理延迟给予“保护期限补偿”，其中对新药发明专利的补偿期限不超过 5 年，新药批准上市后的总有效专利权期限不超过 14 年；增加了专利权人可自愿以书面方式声明许可任何单位或者个人实施其专利的非独占或非排他的“开放许可”；将侵犯专利权的诉讼时效由 2 年改为 3 年，其中发明专利申请公布后至专利权授予前使用该发明未支付适当使用费的，专利权人要求支付使用费的诉讼时效也相应改为 3 年等。[1]

二、涉案专利所在标准被我国“采标”情况的查明

所谓“采标”，是指权利人所主张的标准必要专利的所属相关技术标准，已被我国相关行业或产业采纳为国家标准或通用标准的情况。如果标准必要专利权利人主张其标准必要专利所属标准已被采纳为国家标准或通用标准，且选择将自己主张的标准必要专利与被诉产品所执行的该标准进行侵权比对时，则需要就其专利所在标准已被采纳为国家标准或通用标准的情况提供证据，以备法庭查明。

前文已述，在标准必要专利侵权诉讼中，标准必要专利权利人在确定侵权比对对象时，通常是“拿专利比标准”，即以被诉产品所执行的相关技术标准作为比对对象，而不是“拿专利比产品”，即以被诉侵权产品或被诉侵权方法作为比对对象。例如，权利人的一项中国专利是属于 3GPP 国际通信标准的标准必要专利，当权利人发现国内生产销售的某品牌手机使用的某些 3G 通信方法侵犯了自己的该专利时，则应将 3GPP 通信标准中的相关标准内容作为比对对象，与自己的授权专利文本进行相关侵权比对。因为中国已将 3GPP 国际标准纳入本国的通信标准，而在国内三大通信运营商（移动、联通、电信）入网的所有手机移动设备均须符合国内的相关通信标准并取得该标准的入网标志，否则无法入网通信。所以只要自己的专利权利要求或技术特征与 3GPP 标准的相关技术规范内容相对应，就可以推定被诉手机也落

[1] 参见刘宇光：《知识产权案件比对分析实务探要》，法律出版社 2021 年版，第 2～3 页。

入权利人标准必要专利保护范围。这样比对的好处是:可以避免直接比对被诉手机需要拆解、捕捉、实验、分析手机与基站之间的通信方法的举证困难,以及避免对被诉手机的不同型号分别举证的巨大工作量和成本,体现了标准必要专利诉讼在侵权比对举证方式上的特色。

如在华为公司诉三星(中国)公司案中,一审法院对原告涉案专利所在标准被我国"采标"情况的证据查明如下:(1)与涉案专利相对应的三个国际标准3GPP TS 36.212 V8.5.0、3GPP TS 36.213 VB.5.0 和3GPP TS 36.321 VB.4.0 的公证下载内容及中文翻译,证明涉案专利与3GPP 标准 Release 8、Release 9、Release 10 对应,是无线通信 4G 标准必要专利。(2)涉案 3GPP 标准被我国的推荐性行业标准以及移动、联通、电信的企业标准所采用,为所有4G 领域的手机所必须采用的"采标"证据,包括公证取得的《YD/T2575 – 2013TD – LTE 数字蜂窝移动通信网终端设备技术要求(第一阶段)》《YD/T2577 – 2013LTEFDD 数字蜂窝移动通信网终端设备技术要求(第一阶段)》《YD/TXXXX – XXXXLTE 数字蜂窝移动通信网终端设备技术要求(第二阶段)(报批稿)》《中国移动 TD – LTE 终端总体技术规范 V2.0.0(报批稿)》《中国移动 TD – LTE 终端总体技术规范 V3.0.0(发布稿)》《中国电信 LTE 手机终端载波聚合技术要求》《中国电信 LTE 手机终端技术要求(单卡槽)2014SX – 007》《中国联通终端定制规范 V2.0(发布稿) –20151231》《中国联通 LTE 数字蜂窝移动通信网终端设备技术规范总册:总体技术要求 V3.0》等与涉案专利相关的文本内容。

三、涉案专利与标准的比对及其司法鉴定

(一)涉案专利技术特征与标准技术方案的比对

标准必要专利诉讼的侵权认定,涉案专利技术特征与标准技术方案的比对是其中关键一环。非标准必要专利侵权比对中,通常是将专利权利要求中的相关技术特征,与被诉产品的对应技术特征进行逐一比对,以判断二者之间的技术特征是否相同(全面覆盖了专利权利要求中记载的全部技术特征)或者等同(以基本相同的手段,实现基本相同的功能,达到基本相同的效果,并且本领域普通技术人员无须经过创造性劳动就能够想到),从而作

出被诉产品是否落入涉案专利保护范围（构成专利侵权）的判定。而在标准必要专利的侵权比对中，被比对对象是相关技术标准，而标准是包含一系列可被重复使用的作为材料、产品、方法或服务等之特性、要求、规范或指南的文件化协议。比如，3GPP 标准就是无线通信领域有关互联互通技术规范的一系列文件化的通信协议，其体系庞大，技术复杂，专业性极强。因此，标准必要专利技术特征与标准技术方案的侵权比对，是一项任务艰巨的工作，需要投入大量艰苦、细致、求真务实的专业劳动。在这方面其与非标准必要专利的侵权比对工作相比，并没有什么明显优势，反而要求更高、更严格。主要体现在：

一是做好与标准的侵权比对，需要有一个能够很好适应比对工作任务要求的专业团队支撑。专利和标准的比对，涉及专利技术方案的正确解读，被比标准的准确匹配和解读，以及对可能触发的专利无效程序的有力应对等相关具体专业工作，这就决定了此项工作绝非仅靠个人单打独斗就能胜任，而是必须要有一个包括资深专利代理师、知识产权专业律师、专利所涉专业技术专家以及相关技术标准体系专业人士在内的强有力的专业团队提供支撑，这是做好比对工作的重要基础。

二是要审慎遴选拟主张的专利权利要求，以便精准匹配和对应标准的相关技术特征，避免贪多求全、杂而不精。实际上对于认定标准必要专利侵权而言，只要有一项权利要求的全部技术特征与标准的相关技术特征对得上，即可满足原告关于被告构成标准必要专利侵权的指控条件，故而对拟主张的专利权利要求应以精挑细选、宁缺毋滥为上策。如在西电捷通公司诉索尼（中国）公司案中，原告涉案专利共有 14 项权利要求，原告只主张了其中的权利要求 1、2、5、6 四项，且该四项权利要求准确匹配、对应上了涉案的 WAPI 功能（鉴别与保密功能）技术标准，并得到了法庭的全部支持。

三是比对结果欲作为呈堂证据，还要特别重视做好比对结果书面文件归纳整理的文案工作。标准必要专利与标准的侵权比对，本身涉及相关专业领域，技术复杂，其中大量的专业术语和技术内容，让包括法官在内的非本专业技术领域人员颇感艰涩难懂。因此，提交法庭的比对书面文件在保证准确、客观的同时，应当尽量突出重点、简明扼要、行文严谨，必要时辅以图表，以便直观展现、一目了然，切忌事无巨细、长篇大论或逻辑不清、重复啰唆。如在华为公司诉三星（中国）公司案中，原告就涉案专利技术特征与标准技术方案的比对，向法庭提供了二者存在对应关系的对比表，表中左右两栏的相关文字分别使用不同颜色，以两边颜色相同的文字内容来表示二者之间存在对应关系。该表获得了法院的认可，被一审法院列为判决书附件（截图如图 5－1 所示）。

附表 1：原告要求保护的专利权利要求的技术特征与 3GPP Release 8 技术标准相应技术之间对应关系表

权利要求 1	标准表述
一种传输控制信令的方法，	TS36.212 5.3.3 节 5.3.3 下行控制信息 5.3.3.1 DCI 格式 5.3.3.1.1 格式 0 DCI 格式 0 用于 PUSCH 调度。 以下信息通过 DCI 格式 0 来传输：
其特征在于，包括：接收端接收发送端发送的	TS36.212 5.3.3 节 5.3.3 下行控制信息 5.3.3.1 DCI 格式 5.3.3.1.1 格式 0 DCI 格式 0 用于 PUSCH 调度。 以下信息通过 DCI 格式 0 来传输：

图 5－1　二者存在对应关系的对比表截图

（二）涉案专利与标准比对的司法鉴定

鉴于标准必要专利涉及的技术专业性、复杂性较高，而涉案专利需要与之进行侵权比对的相关标准也往往体系庞大，技术性、专业性强，所以对涉案专利与标准的技术比对是否落入专利权保护范围的判断，往往需要借助相关专业机构、专业人员提供鉴定意见，以供法庭佐证，查明涉案相关技术事实。至于对涉案专利技术方案及权利要求本身涉及的新颖性、创造性以及可专利性、保护范围等问题，则一般经由被诉侵权方对涉案专利提起无效宣告请求程序来解决。

涉案专利与标准比对的鉴定一般有两种情况，一种是由一方当事人自行委托相关鉴定机构，就涉案专利与标准的比对出具鉴定意见提交法庭。如在华为公司诉三星（中国）公司案中，被告三星公司即向法庭提交了其自行委托相关鉴定机构就"涉案专利权利要求与3GPP标准不对应"出具的鉴定意见，以支持其关于"涉案专利不是标准必要专利，被诉侵权产品和方法没有落入涉案专利保护范围"的抗辩主张。另一种是经当事人向法庭提出申请，由受理法院委托相关鉴定机构就涉案专利与标准的比对出具鉴定意见，一般称之为"司法鉴定"。根据《民事诉讼法》第66条的规定，鉴定意见属于民事诉讼证据的一种。本书认为，此处的"鉴定意见"应指法院委托的司法鉴定意见，而一方当事人自行委托的鉴定意见，应属《民事诉讼法》该条规定中的"证人证言"。当然，不管是法院委托的鉴定意见，还是当事人自行委托的鉴定意见，都须经法庭质证、查证属实，才能作为认定事实的根据。

此外，在通信专利与被诉通信产品所执行的通信标准的比对中，有时还会涉及对被诉通信产品执行通信标准的通信信号进行实时检验检测，以确定被诉通信产品是否实际执行包含涉案专利技术特征的通信标准，因而落入涉案标准必要专利的保护范围。这种检验检测通常也需委托相关专业检测机构来进行，所得出的检验检测结论作为呈堂证据经法庭质证认定。该检验检测结论应属《民事诉讼法》第66条规定中的"勘验笔录"。如前述西电捷通公司诉索尼（中国）公司案中，原、被告均委托国家无线电监测中心检测中心，对被诉的四款手机是否具备WAPI功能（是否执行WAPI标准）进行检验检测并出具检验报告，结论为四款被诉手机均具备WAPI功能。法院认为，国家无线电监测中心检测中心系我国无线电行业的国家级质检机构，其作出的检验报告具备一定的权威性。该权威机构针对相同型号手机为原、被告出具的两个检测报告的结果是相同的，法庭予以确认。

第三节 通信标准必要专利的侵权赔偿举证

如前所述，由于标准必要专利权利人在其专利被标准组织纳入标准时，已向潜在的标准实施者承诺以“公平、合理、无歧视”的条件许可其专利，而标准实施者又是因为生产符合标准的产品而使用到其中的必要专利，这就使得标准实施者在大多数情况下都是“先使用、后付费”，即大多数情况下都是标准必要专利权利人针对已上市的合标产品而向其生产经营者主张侵权赔偿或收取专利许可费。这时双方往往会进入标准必要专利许可谈判，包括对许可的方式、范围、数量、价格等条件的谈判。如果许可谈判无法达成一致，这时标准必要专利权利人就会向法院起诉请求专利侵权赔偿并请求发出停止侵权的禁令。这就使得标准必要专利的侵权之诉，往往演变成“FRAND 许可费之诉”。而法院无论是审理原告的侵权赔偿请求还是停止侵权的禁令请求，都需要先审查原告对与 FRAND 承诺相关问题的举证。

一、FRAND 承诺及许可费谈判过程的查明

北京市高级人民法院在《专利侵权判定指南(2017)》中指出，在标准必要专利的许可谈判中，谈判双方应本着诚实信用的原则进行许可谈判。作出公平、合理和无歧视许可声明的专利权人应履行该声明下所承担的相关义务；请求专利权人以公平、合理和无歧视条件进行许可的被诉侵权人也应以诚实信用的原则积极进行协商以获得许可。从目前涉及 FRAND 许可费之诉的相关判例看，法庭首先需要对涉案的标准必要专利 FRAND 承诺情况以及双方当事人就许可费的谈判过程予以查明。如在华为公司诉 IDC 公司案中，华为公司认为 IDC 公司的四次要约都违反 FRAND 原则，请求按照公平、合理、无歧视(FRAND)条件判决确定 IDC 公司就其中国标准必要专利许可华为公司的许可费率或费率范围。华为公司明确其请求判决确定的许可费率或费率范围对象为：IDC 公司的全部中国标准必要专利(IDC 公司持有的，对应中国无线通信标准的，包括 2G、3G、4G 在内的中国标准必要专利

及专利申请)。法院首先查明,华为公司和 IDC 公司均是欧洲电信标准化协会的成员。2009 年 9 月 14 日,IDC 公司高级专利执行官向 ETSI 主席发邮件称,通过这封信,IDC 公司向 ETSI 提交知识产权信息声明和许可申报以及知识产权信息声明附录。IDC 公司在知识产权信息声明和许可申报中声称,依照欧洲电信标准化协会(ETSI)知识产权方针第 4.1 条的规定,申报人和/或其关联机构现在相信知识产权信息声明附录中所披露的知识产权可能会成为欧洲电信标准化协会(ETSI)之工作项目、标准和技术规范的基本知识产权,IDC 公司是知识产权信息声明附录中所披露的知识产权所有人。同时,申报人和/或其关联机构将准备按照欧洲电信标准化协会(ETSI)知识产权方针第 6.1 条所规定的条件来授予该知识产权下的不可撤销许可,并承诺遵守公平、合理、无歧视的义务。不可撤销承诺应符合以下条件:要求获得许可的人员须同意互惠。IDC 公司在知识产权信息声明附录中声称,其拥有 2G 通信标准(GSM)、3G 通信标准(UMTS)及其演进技术(E - UMTS)以及作为 UMTS 与 GSM 结合的关键技术之一的 GERAN 标准,即在 GSM、UMTS、GERAN、(UMTS;E - UMTS)、(GSM;UMTS)、(UMTS;E - UMTS;GERAN)、(GSM;UMTS;E - UMTS)、(UMTS;GERAN;E - UMTS)标准或项目下的大量标准必要专利和专利申请,包括在中国的相应同族的专利权和专利申请权。

关于双方就许可费的谈判过程,法院查明:2008 年 9 月至 2012 年 8 月,IDC 公司先后四次给华为公司发送书面授权要约。第一次和第二次书面要约中,IDC 公司希望从华为公司获得的 2009 年至 2016 年的权利金相当于同期给美国苹果公司的 100 倍,相当于同期给韩国三星公司的 10 倍;第三次书面要约中 IDC 公司希望从华为公司获得的权利金相当于同期 IDC 公司给苹果公司的 35 倍;第四次书面要约中 IDC 公司希望从华为公司获得的权利金相当于同期 IDC 公司给苹果公司的 19 倍。在这四次要约中,IDC 公司明确表示,对任何一个具体要约条款的拒绝意味着对整个要约的拒绝。为了迫使华为公司接受其要约授权条件,2011 年 7 月和 9 月,IDC 公司分别向美国国际贸易委员会和美国联邦地方法院——特拉华州法院投诉和起诉,控告华为公司的通信产品侵犯其专利权,要求颁发禁令,禁止华为公司产品出口至美国境内以及销售。此外,华为公司提供了美国著名数据调查分析公司 Strategy Analytics 的分析报告,该公司分析了全球顶尖的移动电话公司从 2007 年到 2012 年的出货量、市场份额、净销售额等,Nokia、Samsung、Apple、LG、RIM、Motorola、HTC、Sony 等在其分析名单之列,但华为公司并没有进入该分析名单。[1] 法院认为,IDC 公司的上述报价均不符合 FRAND 原则。

二、可比协议、可比专利池的查明及证据开示

广东省高级人民法院在《关于审理标准必要专利纠纷案件的工作指引(试行)》中指出,确定标准必要专利许可使用费,可以参照具有可比性的许可协议或者具有可比性专利池中的许可信息。因此,在标准必要专利 FRAND 许可费之诉中,法庭往往需要对具有可比性的许可协议或专利池的情况予以查明。

在无线星球公司诉华为公司案中(参见本书第八章第四节),比尔斯法官具体讨论了确定涉案专利组合 FRAND 许可费率的两种方法:自上而下法和可比协议法。对可比协议的筛选,比尔斯法官认为,案涉的许可协议包括:2014 年无线星球公司与联想公司的许可协议、2016 年无线星球公司与三星公司的许可协议、2016 年爱立信公司与华为公司的许可协议、2009 年爱立信公司与华为公司的许可协议以及 2014 年爱立信公司与三星公司签订的许可协议等。前四个协议有的难以区分专利许可费与专利转让费,有的协议合意不能代表专利组合的真实价值,有的系仲裁后达成的协议但看不到具体许可费仲裁理由,有的许可费率忽高忽低合理性不充分等,均不宜作为可比协议。经过比较权衡,比尔斯法官最终认为,2014 年爱立信公司与三星公司签订的许可协议是可比较的许可协议,该协议双方当事人经济实力大致相当,谈判是自由进行的而非由仲裁员决定,可以证明行业中具有合理想法的人会如何行事,根据该协议可以推断出该许可下的专利组合的公平、合理的价值等。

---

〔1〕 参见李扬、刘影:《FRAND 标准必要专利许可使用费的计算——以中美相关案件比较为视角》,载《科技与法律》2014 年第 5 期。

在微软公司诉摩托罗拉公司案中,则对可比专利池进行了确定。就微软公司提供并声称最好的可对比摩托罗拉公司 802.11 标准必要专利的专利池,即 Via Licensing 802.11 专利池,罗伯特法官结合双方证据分析认为,专利池一般由两个以上标准必要专利权利人创建和自愿加入,独立于标准制定组织,特定专利池(如此案的 MPEG LA H.264 特定池)及其专利池许可中的每个专利作为专利计数系统的一部分分摊许可费。该框架通常为池中的任何给定专利提供平等补偿,而不考虑每个专利技术的优点、重要性或对标准的贡献。而 MPEG LA H.264 专利池拥有 1100 多个被许可人这一事实表明,专利池中包含大量重要技术缓解了被许可人担忧的"堆叠"问题。法庭因此决定将微软公司提供的 Via Licensing 802.11 专利池,作为对摩托罗拉公司主张的 802.11 标准必要专利组合的 FRAND 许可费率的参考,但其参考作用不如 MPEG LA H.264 专利池那么强。而本案证据显示,微软公司为 MPEG LA H.264 专利池支付的金额,大约是其收取自身 H.264 标准必要专利许可费的 2 倍,据此可认为,微软公司把该专利池成员资格视为能为其带来相当于其所收许可费率至少 2 倍价值的途径。因而相应地也应认为,Via Licensing 802.11 专利池的成员资格,将会为摩托罗拉公司提供其从该专利池收到的许可费率的 2 倍的价值。

需要指出的是,确定 FRAND 许可费所涉及的"可比协议",属于协议当事人的保密信息。即使发生许可费争议或在许可谈判过程中,相关当事人也往往以涉及商业秘密或保密责任为由,拒绝披露"可比协议"的具体细节或相关内容。实务中对涉及"可比协议"保密问题的通常处理方法,一是要求被披露方事先签署保密协议(Non - Disclosure Agreement,NDA)或保密承诺,二是对披露的内容、方式、范围作出限制并由披露方决定,三是在诉讼程序中对涉及保密内容的事项不公开审理并在庭后的判决书文本中对所涉保密信息进行保密处理。然而,在确定 FRAND 许可费的过程中,判断所涉许可费是否公平、合理、无歧视,往往需要对比可比较的过往许可协议,如一方当事人一概以保密为由拒绝披露,则不仅难以对所涉许可费作出是否符合 FRAND 条件的判断,拒绝披露的一方还涉嫌违反 FRAND 承诺义务。特别是,其中还涉及对是否构成"专利劫持"或"反向劫持"的认定。比如,对专利权利人而言，其给予甲公司的许可费率是否远高于其在过往许可协议中给予乙公司的费率（比如高出数十倍），需要甲公司事先知道该过往协议给予乙公司的费率以便比较。如专利权利人以保密为由拒绝披露，致使甲公司认为其出价过高而无法达成许可协议并引发许可费之诉，则法庭会责令专利权利人提供其过往许可协议以便判断其对甲公司的出价相比对于乙公司的出价是否过高，进而判定该专利权利人是否构成“专利劫持”，以及对其“停止侵权”的诉求是否支持。同理，对被许可人甲公司的出价也可以比较专利权利人在其过往许可协议中给乙公司的费率看是否远低于乙公司，从而认定甲公司是否构成“反向劫持”及是否支持专利权利人“停止侵权”的诉求。因此，如何平衡“可比协议”的保密利益与适用 FRAND 原则确定许可费二者之间的关系，也是许可谈判及审判实务中面临的难题。

对此有观点认为，标准必要专利权利人是其每一个标准必要专利使用费协议的签约人，知晓每一个使用费协议内容，而标准必要专利实施者对此无从知晓，此时专利权利人与实施者作为谈判双方则处于信息不对等状态。如果专利权利人以专利使用费协议有保密约定为由拒绝将标准必要专利使用费公开，则会使正在谈判而尚未签约的实施者无从知晓之前其他实施者已经签订的使用费条款，因而加剧了正在谈判的标准必要专利实施者对标准必要专利权利人的不信任，而这种不信任是导致标准必要专利劫持和反向劫持发生的关键性原因。为治理专利劫持和反向劫持，应当推行标准必要专利使用费相对公开制度，即标准必要专利权利人与实施者可以将双方之间的标准必要专利使用费条款约定为保密条款，但该保密条款不能对抗正在与标准必要专利权利人谈判的标准必要专利实施者，专利权人有义务向谈判的实施者披露之前已达成的标准必要专利使用费条款，以避免其中任何一方以标准必要专利使用费处于保密状态为由，借机向对方实施专利劫持或反向劫持行为，同时该举动有利于促进有效依靠市场交易机制来达成 FRAND 使用费协议，而不是主要通过诉讼由司法来主导定价。[1] 本书

---

〔1〕 参见祝建军：《标准必要专利使用费的公开——以治理专利劫持和反向劫持为视角》，载《人民司法》2015 年第 15 期。

赞同此观点。

此外,"可比协议"的披露还会涉及英美法系的"证据开示"制度。所谓证据开示制度,是指当事人应当披露与案件有关的信息和证据[主动开示(Disclosure)],以及对诉讼当事人或诉讼外第三人所掌握的与案件有关的信息或事实材料,一方当事人有权要求对方当事人及诉讼外第三人披露除受秘密特权保护外的涉案事项[被动开示(Discovery)]的制度。美国的证据开示因其对抗式的诉讼模式,开示的范围相当宽泛,几乎涵盖了与民事诉讼相关的所有信息和证据。法院在证据开示问题上赋予当事人及其代理人充分的自由空间,不管是证据开示的时间节点还是证据开示的具体事项,都由当事人及其代理人自行商定,大多数情况下法院只是起到监督和管理的作用。而在美国制度中,私益诉讼具有服务于国家治理之目的,即美国依靠诉讼来达成其他国家通过其他方式(如通过政府监管机构)达成的监管之目的。这使得美国私益诉讼案件不仅涉及当事人双方的利益,而且在很多情况下也涉及监管体系的利益。证据开示制度在美国诉讼体系中扮演重要角色,美国诉讼已经发展到几乎没有案件进入实体审判、案件在证据开示阶段即得到有效解决的节点,遵守证据开示制度对美国诉讼制度的良好运作至关重要。1970 年 3 月 18 日签署的《关于从国外调取民事或商事证据的公约》,于 1972 年 10 月 7 日对美国生效(对中国生效日为 1997 年 7 月 3 日),但该公约中的国际证据开示条款对美国诉讼当事人来说只是选项之一,考虑到该公约并不兼容于美国的证据开示制度,大多数针对外国被告在美国提起诉讼的美国当事人都会寻求美国程序规则下的证据开示制度。遵守证据开示制度作为美国诉讼体系中的重要制度机制,未能全面遵守证据开示义务可能导致严厉制裁,如罚款或缺席判决,甚至禁止违规者进一步在美国从事任何业务等。[1]

有学者认为,涉知识产权诉讼案件存在证据数量大、技术性高及隐秘性强等特点,给权利人取证工作带来了一定难度。而美国专利侵权诉讼中的

---

〔1〕参见[美]雷·沃西·坎贝尔、埃伦·克莱尔·坎贝尔:《美国民事诉讼之证据开示制度》,张凤鸣等译,载《中国应用法学》2020 年第 3 期。

证据开示制度可以弥补这些缺陷，因此建议我国在专利侵权诉讼中适度引入美国的证据开示制度，并对该项制度进行本土化构建，在专利侵权诉讼中完善审前会议制度，建立答辩失权制度及举证时限制度等。[1] 而在反垄断民事诉讼案件中，也存在着较为普遍且愈加严重的“证据偏在”现象，即由于当事人身份地位的差异，使得揭示案件事实的重要证据往往被控制在一方当事人或者第三方手中。比如前述华为公司诉 IDC 公司案中，需要查明 IDC 公司是否滥用其在所涉标准必要专利许可市场的支配地位并过高定价，但 IDC 公司以自己与其他被许可人的许可费约定属商业秘密为由，拒绝披露其与苹果公司、三星公司等公司签订的标准必要专利使用费率合同，使得法院和华为公司无法从 IDC 公司或者他处获悉这一至关重要的信息，只能另辟蹊径寻求证据。所幸 IDC 公司作为上市公司负有年度信息披露义务，华为公司最终通过查阅 IDC 公司公布的上市公司年报推算出上述信息，才得以证成 IDC 公司实施了过高定价行为。因此，有必要借鉴欧美的证据开示制度，围绕证据开示的启动程序、适用条件、对象范围及违反证据开示的制裁等方面，构建我国反垄断民事诉讼的证据开示制度。[2]

三、FRAND 许可费的计算方法

根据国内外司法判例及其相关理论研究，目前关于标准必要专利 FRAND 许可费的计算方法，包括假想谈判法、可比较许可协议法及可比较专利池法、由上至下分析法、最小可售单元法等。这些方法视个案在案证据的不同情况：有的是从商业路径考量，有的是从技术路径考量，有的是从商业和技术结合的路径考量；有时单独适用所述某种方法，有时则综合运用几种方法。特别是当标准必要专利权利人或实施者提交的证据同时满足一种以上方法的适用条件时，则可用不同的方法相互检验、印证，从而对许可使用费的计算数额作出修正，以使其更加符合 FRAND 原则。

---

[1] 参见王艺：《专利侵权诉讼中的证据开示制度研究——以美国法为参照对象》，载《连云港职业技术学院学报》2019 年第 1 期。

[2] 参见时建中、袁晓磊：《我国反垄断民事诉讼证据开示制度的构建：理据与路径》，载《法学杂志》2021 年第 1 期。

（一）假想谈判法

假想谈判法即通过模拟标准必要专利权利人和实施者在纠纷发生前，双方在平等自愿的基础上就许可使用费进行自由谈判的场景，来还原真实的许可费谈判过程中双方可能考虑的包括技术价值和商业运营等方面的各项因素。如在微软公司诉摩托罗拉公司案中援引的1970年美国乔治亚—太平洋公司诉美国胶合板公司案（Georgia - Pacific Corp. *v.* United States Plywood Corp.，以下简称Georgia - Pacific案）。所确立的审理一般专利侵权案件计算专利损害赔偿的15项因素（Georgia - Pacific因素），就是基于这样的“假想谈判”提出的。审理该案的罗伯特法官首次将其适用于标准必要专利FRAND许可费率的审理，并根据标准必要专利许可的特性对Georgia - Pacific因素进行了必要修正，以使其适应FRAND许可费的计算。修正主要有三方面：一是基于RAND许可原则最基本的要求，不再考虑拒绝发放许可的商业好处或者许可者与被许可者之间的商业关系；二是对于诸多与专利价值相关的因素，在考察中应关注专利技术自身的价值，排除因专利技术被纳入标准所带来的价值；三是对于许可费的参照对象应考虑在RAND许可或者类似的谈判中达成的许可费。[1]

当然，“假想谈判”理论与罗伯特法官修正的Georgia - Pacific因素在司法适用中还存在一些问题，比如法院没有说明Georgia - Pacific因素在专利侵权诉讼中计算许可费时的权重问题。在美国法院看来，专利侵权诉讼中合理的专利许可费的确定是事实问题而非法律问题，应当由陪审团根据上述Georgia - Pacific因素进行评估。此外，“假想谈判”理论计算的许可费通常高于现实中所达成的许可费。在“假想谈判”理论下，诉争专利被假设为“有效且未侵权”的，因此，计算出来的许可费通常高于没有诉讼时的平等谈判中所商定的许可费。这样计算专利的价值具有“概率性”，因为无论是许

〔1〕参见张吉豫：《标准必要专利“合理无歧视”许可费计算的原则与方法——美国“Microsoft Corp. v. Motorola Inc.”案的启示》，载《知识产权》2013年第8期。

可人还是被许可人都无法预知最终法院是否判定诉争专利有效且未侵权。[1]

(二)可比较许可协议法及可比较专利池法

标准必要专利许可的"公平、合理、无歧视"承诺中的"无歧视"原则意味着,在交易条件相当的情况下,专利权人给予不同实施者的许可条件也应当相同或基本相当。因此,在 FRAND 许可费之诉中,法院参考与本案类似的"可比较许可协议或可比较专利池"以确定合理许可费是常用采证手段。如西电捷通公司诉索尼(中国)公司案中,一审法院认定西电捷通公司提交的与案外人签订的四份许可协议对本案审理的诉争事项具有可参照性,并将该四份许可协议中约定的专利提成费 1 元/件作为涉案专利许可使用费的标准。在华为公司诉 IDC 公司案中,在 IDC 公司以保护商业秘密为由拒绝提供其与其他实施者签订的许可协议的情况下,一审法院通过分析其他公开信息中已有许可协议的许可费率,进而推算出了华为公司就涉案标准必要专利组合的许可费率为 0.019%。而在微软公司诉摩托罗拉公司案中,法庭决定将微软公司提供的 Via Licensing 802.11 专利池,作为对摩托罗拉公司主张的 802.11 标准必要专利组合的 FRAND 许可费率的参考,而证据显示微软公司为 MPEG LA H.264 专利池支付的金额,大约是其收取自身 H.264 标准必要专利许可费的 2 倍,因而相应地也应认为,Via Licensing 802.11 专利池的成员资格,将会为摩托罗拉公司提供其从该专利池收到的许可费率的 2 倍的价值。

在适用可比较许可协议法的过程中,如何选取可比协议以及如何衡量确定其可比性,是法庭面临的一个关键而复杂的问题。无线星球公司诉华为公司案就此的审判思路,提供了一个考察运用"可比较许可协议法"的堪称教科书式的判例。首先,比尔斯法官对本案呈堂的 5 个备选可比协议逐一进行考查判断并认为:无线星球公司与联想公司的许可协议涉及专利转让事宜,而在专利收购和专利许可之间分摊一次性支付款项是不可靠的,难以

---

[1] 参见罗娇:《论标准必要专利诉讼的"公平、合理、无歧视"许可——内涵、费率与适用》,载《法学家》2015 年第 3 期。

区分专利许可费与专利转让费;无线星球公司与三星公司的许可协议涉及三星公司向无线星球公司转让20个专利族,以换取无线星球公司标准必要专利和非标准必要专利组合的全球许可,并被免除针对以往损害的赔偿,而当时无线星球公司濒临破产,有关协议合意不能代表无线星球公司专利组合的真实价值;爱立信公司与华为公司间的许可为仲裁后达成的协议,因为看不到具体许可费仲裁理由,也不能以此作为可比较许可协议;2009年爱立信公司与华为公司签订的许可协议许可费率较高,2013年左右因相关法律发生了变更爱立信公司的许可费率普遍调低,如采用将2013年之前的费率减半的方法则过于简单。此外,比尔斯法官还考察了外国法院的其他相关判例,如美国微软公司诉摩托罗拉公司案、Innovatio公司案〔1〕、爱立信公司诉D-Link公司案〔2〕、苹果(日本)公司诉三星公司案,以及中国法院判决的华为公司诉IDC公司案等。但这些判例或因案涉的IEEE之802.11标准与本案的2G、3G、4G技术无关,或因相关费率与本案所涉标准必要专利组合缺乏关联性等,其所涉许可协议均不宜纳入可比协议范围。其中,日本法院和中国法院已使用与本案讨论的相同方法确定FRAND费率,比尔斯法官认为值得注意。据此,比尔斯法官最终确定了2014年爱立信公司与三星公司签订的许可协议是可比较的许可协议,认为该协议符合行业中具有合理想法的人的行事逻辑,谈判系双方自由进行且双方经济实力相当等。尽管在达成该协议之前爱立信公司与三星公司之间有诉讼,但亦能够根据该协议推断出该许可下的专利组合的公平、合理的价值。此处在运用"可比协议法"考察判断涉案许可协议的"可比性"方面给出的有益启示包括许可协议谈判的真实与自由程度、许可标的的相关性、协议是否还包含专利许可之外的其他交易标的、谈判时当事人的财务状况、许可是否附加了其他额外目的、在先许可与本次许可交易间隔的时间以及根据仲裁达成的许可是否可以获知仲裁理由等。

其次,本案无线星球公司所主张的全部标准必要专利均来源于案外人

〔1〕参见马一德主编:《FRAND案例精选》(第1卷),科学出版社2018年版,第233页。具体案件介绍详见本书第八章第二节。

〔2〕参见马一德主编:《FRAND案例精选》(第1卷),科学出版社2018年版,第289页。

爱立信公司,而爱立信公司曾就包含所述标准必要专利在内的专利包对外签署过许可协议,比尔斯法官最终确定的2014年爱立信公司与三星公司签订的“可比协议”就在其中。但是爱立信公司的在先许可协议是以打包式或固定式约定总许可使用费,这就需要将无线星球公司涉案专利包的许可使用费从爱立信公司的在先总许可使用费中拆解出来。对此,比尔斯法官的思路是:如果爱立信公司专利组合的费率为E,而无限星球公司的专利组合对于爱立信公司的专利组合的相对价值为R,则无限星球公司的费率将为E×R。这样就可将本案计算FRAND许可使用费率的问题,转化为确定无线星球公司专利包相对于爱立信公司专利包的实力比例即R的值。通过最终确定的“可比协议”,可以得到爱立信公司标准必要专利组合的4G基准费率E是0.8%。通过确定爱立信公司涉案专利组合中的无限星球公司涉案专利包4G标准的必要专利数目,以及爱立信公司涉案专利组合的专利总数目,可以得到二者的比值R为7.69%,由此即可得出无限星球公司4G多模手机的基准许可费率为:E×R=0.062%×(0.8%×7.69%)(计算过程详见本书第八章第四节)。此处在根据所选取的关联第三方可比协议确定诉争FRAND许可费率方面给出的有益启示包括:从在先许可协议约定的固定式总许可使用费中,合理拆解出涉案单位产品所包含的许可使用费率的思路,以及衡量涉案专利组合相对于其所在标准所涉全部相关专利组合的相对价值的方法路径等。

(三)由上至下分析法

“由上至下分析法”即通过分析涉案标准必要专利的市场价值来确定许可使用费。该方法需要“由上至下”考虑的主要因素可以概括为“一个总费用、两个贡献度和非标准本身影响”。“一个总费用”即首先要考虑使用涉案标准必要专利的产品所交纳的全部标准必要专利许可使用费的情况;“两个贡献度”即要考虑涉案标准必要专利对其所在标准的贡献度,以及该标准必要专利对产品销售及利润的贡献度;“非标准本身影响”则指前述后一个贡献度不包括专利被纳入标准所产生的影响以及在标准制定之前该专利技术较之于其他替代技术的优势。该方法需要标准必要专利权利人或实施者就涉案标准必要专利在全部相关标准必要专利的数量占比以及贡献程度进行举证，其中关于全部相关标准必要专利的许可使用费情况，则有赖于相关市场调研报告、产业联合声明或单方声明所提供的累积许可费率等数据。

"由上至下分析法"是在 Innovatio 公司案中，由霍尔德曼法官分析采用的。该案因原告 Innovatio 公司对其主张的按具有无线功能的最终产品售价的百分比来计算许可费的证据不足，且缺少可比许可协议，法官不得不参考被告制造商的抗辩主张，尝试按"自上而下"分摊许可费的方法，来计算 Innovatio公司涉案 802.11 标准必要专利组合的 FRAND 许可费率。根据专家证人市场研究报告及咨询意见提供的有关"所有电子领域前 10% 的专利占有所有电子领域专利价值的 84%"等的呈堂证据，霍尔德曼法官先将所认定的原告 19 个涉案必要专利，确定为属于 802.11 标准前 10% 的 300 个标准必要专利中的必要专利，亦即涉案标准必要专利对其所在标准的贡献度为 19/300。然后根据 802.11 标准的功能系通过嵌入 Wi－Fi 芯片来实现，以 Wi－Fi 芯片的平均价格 14.85 美元乘以其平均利润率 12.1%，得出每个芯片的平均利润为 1.80 美元，则该 1.80 美元即为芯片制造商可得的总利润，涉案专利许可费应从此中支付且其中专利的价值应占 84%，即每个芯片中应支付的全部标准必要专利许可使用费应为 1.51 美元（1.80 ×84%），其中每件专利分摊的许可使用费为 1.51/300。最后再计算出原告涉案的 19 件必要专利对 Wi－Fi 芯片利润的贡献为 19 ×1.51/300，亦即 Innovatio 公司专利组合在 802.11 标准中的价值分摊为 9.56 美分。

此外，苹果（日本）公司诉三星公司案也采用了"由上至下分析法"。该案采信持有 UMTS 标准较多必要专利的诺基亚公司以及该案三星公司代理人认可的提议，认定将 UMTS 标准对终端产品的总许可费率设定为 5% 是合理的。将 UMTS 标准中的全部必要专利认定为 529 件且这 529 件必要专利对 UMTS 标准的贡献度相同，则包含在 529 件必要专利中的三星公司主张的一件涉案标准必要专利对 UMTS 标准的贡献度即为 1/529。再计算出 UMTS 标准对于苹果（日本）公司两款涉案产品营业额的贡献度，最后该案判决给出的许可费计算公式为：涉案标准对被诉产品销售额的贡献度 × 1/529 ×5%。

"由上至下分析法"最大的好处是可以防止标准必要专利许可使用费的堆叠。该方法是司法实践中认可程度比较高的用于确定标准必要专利许可使用费的方法之一。当然,该方法对中立而准确的市场调研报告有较强的依赖性,而获取这样的报告的难度一点也不亚于获取可比协议或可比专利池的难度。[1]

(四)最小可售单元法

最小可售单元法,从该方法名称的字面意思上看,一般理解为专利许可使用费按照涉案专利为其所在被诉产品中最小的、可销售的专利实施单元贡献的价值来确定,而不是按照专利为整个终端产品贡献的价值来确定。据美国学者研究,"最小可销售专利实施单元"一词最早出现于2009年,是雷德法官作为纽约北区联邦地方法院法官,在审理康奈尔大学诉惠普公司普通专利侵权案时提出的。之后共有约75个联邦地方法院判决中考虑过这一概念,但绝大多数都适用于陪审团的审判,且这些涉及陪审团的案例均明确指出,适用最小可售单元概念的动因是担心陪审团作出畸高的损害赔偿裁决,为了避免可能存在的误导陪审员的风险,最小可售单元概念可作为实施分摊原则的证据性考量因素。而在爱立信公司诉D-Link公司案和联邦科学与工业研究组织诉思科公司案中,作为涉及Wi-Fi技术的802.11标准必要专利损害赔偿的案件,美国联邦巡回上诉法院明确反驳了思科公司关于所有损害赔偿模型均以最小可销售专利实施单元为起算点的观点,并确认了由美国联邦地方法院所作出的未援引最小可销售专利实施单元的损害赔偿分析认定。[2]

在前述Innovatio公司案的判例中,因Innovatio公司对其主张的按具有无线功能的最终产品售价的百分比来计算许可费的证据不足,又缺少可比许可协议,霍尔德曼法官参考了被告制造商的抗辩主张,从最小可售单元的

---

〔1〕 参见广东省高级人民法院知识产权审判庭:《通信领域标准必要专利法律问题研究》,知识产权出版社2020年版,第172页。

〔2〕 参见David J. Kappos、Paul R. Michel:《最小可销售专利实施单元的起源、沿革及走向》,载《竞争政策研究》2017年第2期。

Wi－Fi 芯片利润入手，按“自上而下法”来计算 Innovatio 公司专利组合在 802.11 标准中的价值分摊。但不能认为霍尔德曼法官就此创立了“标准必要专利 FRAND 许可费应按最小可售单元来计算”的判例。该案从 Wi－Fi 芯片利润入手计算许可费，是参考了 Laser Dynamic 公司案中美国联邦巡回上诉法院的观点，即当由多部件组成的产品中的小的元件被诉侵权时，如果基于整个产品计算许可费，会导致对专利权人不当地补偿该产品的未侵权部件的风险，因此法院在计算许可费时不应基于整个产品，而应基于“最小可销售专利实施单元”。霍尔德曼法官采用这种方法目的在于证明专利技术对产品价值的贡献，是将其作为一种阐释技术分摊规则的证据性工具，而非创设 FRAND 许可费审判的通行规则。实际上该案中原告 Innovatio 公司主张的是指包含了所有最终产品设备的系统，并非 Wi－Fi 芯片。而专家证人提供的研究报告表明，Wi－Fi 芯片的单价从 1997 年最高的 37.00 美元到 2013 年的最低 3.05 美元，呈逐年下降趋势。如此产生的质疑是：Wi－Fi 专利技术功能实施所带来的价值是否等同于作为专利技术载体 Wi－Fi 芯片本身的成本？以及具有 Wi－Fi 无线功能的最终产品受到消费者欢迎而产销两旺，但 Wi－Fi 芯片的价格却为何逐年下降？事实上，802.11 标准相关标准必要专利实现的是移动终端接入 Wi－Fi 网络的功能，虽然相关技术集成的载体是 Wi－Fi 芯片，但是其技术方案及功能的实现却并不仅限于该芯片本身。集成相关技术的芯片之所以有市场需求，恰恰在于该芯片安装到最终产品之后能够实现接入 Wi－Fi 无线网络并满足消费者上网和互联互通需求。而相对于不具备该功能的最终产品，消费者更愿意为具备该功能的最终产品支付额外费用，这正说明了在 Wi－Fi 芯片成本之外专利所实现的技术功能的市场价值。

正如审理爱立信公司诉 D－Link 公司案和联邦科学与工业研究组织诉思科公司案的美国联邦巡回上诉法院所认为的那样：“专利的价值在于创意，而不是执行创意的硅片；根据单一芯片的价格来计算专利许可费就好比根据装订线、纸张和油墨等实体物品的成本来计算版权图书的价值。虽然这种计算方法可以捕捉到产品的物质成本，但不能显示产品的真正价值。"[1]

受 Innovatio 公司案的影响，学界和实务界对"最小可售单元法"的适用情形产生了某些误解。例如，有观点主张在多组件产品的侵权案件中，最小可售单元的概念意味着许可费计费基础不应按发明创造为终端产品的贡献价值来确定，而应按侵权方从供应商采购一个或多个组件时所付出的成本来计算，甚至有观点主张将最小可售单元与标准必要专利许可费计费基础直接联系。但如上所述，这些观点是对 Innovatio 公司案从 Wi－Fi 芯片的"最小可售单元"入手，将其作为一种阐释技术分摊规则的证据性工具，用于证明专利技术对产品价值贡献的误解。也就是说，Innovatio 公司案只是在专利侵权赔偿计算中因为权利人对技术分摊的论证不够充分而适用了最小可销售专利实施单元的售价和利润率作为计算基础，并未表明最小可销售专利实施单元与标准必要专利的许可费计算有必然的联系。因此，"最小可售单元法"不适用于对复杂专利组合的侵权损害赔偿和合理许可费的计算。[2]

第四节　涉及标准必要专利案件的诉讼时效

前文提到，目前有关标准必要专利许可的纠纷大体可以分为三种诉讼类型：标准必要专利侵权之诉、标准必要专利合理许可费（率）裁判之诉和有关标准必要专利的反垄断之诉。对标准必要专利侵权之诉、标准必要专利合理许可费（率）裁判之诉的诉讼时效适用《专利法》第 74 条的规定，侵犯专利权的诉讼时效为 3 年，自专利权人或者利害关系人知道或者应当知道侵权行为以及侵权人之日起计算。其中，涉及时效起算、专利有效期以及受让专利、新授权专利时，需要注意时效起算时间、专利受保护期限相关问题，以及

[1] 孔繁文、彭晓明：《标准必要专利许可费计算基数之初步法律研究》，载《中国发明与专利》2017 年第 3 期。

[2] 参见赵启杉：《标准必要专利合理许可费的司法确定问题研究》，载《知识产权》2017 年第 7 期。

受让专利、新授权专利与诉讼时效的关系等问题。关于标准必要专利的反垄断之诉的诉讼时效，适用最高人民法院《关于审理垄断民事纠纷案件适用法律若干问题的解释》的相关规定。

一、诉讼时效的起算

由于专利侵权的侵权行为是持续发生的，而法律规定专利侵权的诉讼时效是从专利权人或者利害关系人知道或者应当知道侵权行为以及侵权人之日起计算 3 年，因此就会存在当权利人知道或应知道侵权行为发生时，该侵权行为已持续发生超过 3 年的情况。对此，最高人民法院《关于审理专利纠纷案件适用法律问题的若干规定》第 17 条规定，权利人超过 3 年起诉的，如果侵权行为在起诉时仍在继续，在该项专利权有效期内，法院应当判决被告停止侵权行为，侵权损害赔偿数额应当自权利人向法院起诉之日起向前推算 3 年计算。也就是说，权利人超过 3 年起诉仍受时效保护的必要条件有两个，一是起诉时侵权行为仍在继续，二是在该项专利权有效期内。受保护的权利有两项，即停止侵权（发出禁令）请求权和侵权损害赔偿请求权，前者属于物权请求权，后者属于债权请求权。

二、诉讼时效与专利有效期

我国《专利法》规定，发明专利权的期限为 20 年，实用新型专利权的期限为 10 年，外观设计专利权的期限为 15 年，均自申请日起计算。由此可知，权利人超过 3 年起诉的，其起诉时涉案专利还必须有相应的剩余有效期。假如涉案专利为发明专利，权利人在该专利 20 年有效期的第 19 年知道了侵权行为及侵权人并提起侵权之诉请求停止侵权、赔偿损失，那么对上文提到的债权请求权的侵权损害赔偿数额，应自其起诉之日起向前推算 3 年计算。但如果该案经过 2 年审理才作出判决，是否还应当一并判决停止侵权（发出禁令）呢？由于判决作出时该涉案专利已因超过 20 年有效期失效，而失效专利自其失效之日起自动进入公知领域，变成人人可用的现有技术，因此显然不能再对该失效专利判决“停止侵权”。与此相关的另一种情况是，假如上例中的权利人是在第 12 年知道侵权行为及侵权人并提起侵权之诉，涉案专利有效期还剩8年，那么是否如其侵权损害赔偿数额自其起诉之日起向前推算3年那样，停止侵权的期限也按“向后推算3年（扣除2年审理时间从有效期的第14年至第17年的3年间停止侵权）”计算呢？根据诉讼时效制度的原理及其目的，对停止侵权的物权请求权，一般不适用诉讼时效[1]，因此判决停止侵权的期间应当覆盖涉案专利的全部剩余有效期（本例中的剩余8年有效期）。

实务中还有可能遇到的一种情况是，假如权利人在其专利有效期内提起侵权之诉，侵权行为在起诉时也仍在继续，但其向法庭提交的证明被诉侵权行为的相关证据材料显示，其在本次起诉时点的3年之前就已准备好了证明侵权行为的公证书等举证材料。也就是说，该权利人是在本次起诉的3年之前就已“知道或者应当知道侵权行为以及侵权人”了，那么其还可以“自起诉之日起向前推算3年计算”其侵权损害赔偿数额以及请求停止侵权吗？这种情况如果被诉侵权方提出时效抗辩，主张该权利人于本次起诉3年之前所作公证材料表明其3年之前就已知道或者应当知道侵权行为及侵权人，因此其自起诉之日起向前推算3年计算侵权损害赔偿数额的诉讼时效已过，那么该权利人将可能因法庭采纳被诉侵权方的时效抗辩主张而丧失其侵权损害赔偿的债权请求权的胜诉权。但对其停止侵权（发出禁令）的物权请求权，因有前文所述的对物权请求权一般不适用诉讼时效的规定，因而其可以继续请求法院判令被诉侵权方停止侵权而不受3年时效的限制。

三、受让专利诉权与诉讼时效

如果专利权是在起诉时前推的3年之内受让取得，受让专利权人就起诉时前推3年的追溯期内对该受让专利是否有权主张侵权损害赔偿，取决于所涉转让协议是否明确约定该专利权的转让包括对其侵权损害赔偿的诉权转让，即是否包括该专利权转让前后与之维权相关的实体权利和程序权利。例如，专利权人通过受让于2020年1月1日取得涉案专利权，其于2021年1

---

[1] 参见《民法典》第196条规定：“下列请求权不适用诉讼时效的规定：（一）请求停止侵害、排除妨碍、消除危险；（二）不动产物权和登记的动产物权的权利人请求返还财产；（三）请求支付抚养费、赡养费或者扶养费；（四）依法不适用诉讼时效的其他请求权。”

月1日提起涉案专利侵权之诉，按照专利法关于诉讼时效的规定，其可以对被告主张的侵权损害赔偿数额计算期间为前推3年的2018年1月1日至2021年1月1日。但是如果被告抗辩主张，作为受让专利权人其只可主张自2020年1月1日受让至2021年1月1日起诉之间1年的损害赔偿，因为2020年1月1日受让之前的涉案专利权尚不属于原告（受让专利权人），而属于出让专利权人，此时受让专利权人就需要举证证明，所涉专利权转让协议是否包括了对该专利权转让前后的侵权损害赔偿请求权的诉权转让，该诉权包括该诉权的实体性权利和程序性权利，如所涉专利权转让协议未包括这样的明确约定，则将由受让专利权人承担相应不利后果。

四、新授权专利与诉讼时效

如果新授权专利起诉时的授权时间尚不足3年，则起诉时的侵权损害赔偿只能从起诉时往前推算至专利授权之日。另外，对于发明专利，专利法还就发明专利申请公布后至专利权授予前对该发明的使用，给予临时保护，发明专利申请人有权要求使用者支付临时保护使用费，使用者拒绝支付的，发明专利申请人可待其发明专利授权后提起“发明专利临时保护期使用费之诉”。根据《专利法》第74条第2款的规定，发明专利申请公布后至专利权授予前（发明专利临时保护期内）使用该发明未支付适当使用费的，专利权人要求支付使用费（发明专利临时保护期使用费之诉）的诉讼时效为3年，自专利权人知道或者应当知道他人使用其发明之日起计算，但是专利权人于专利权授予之日前即已知道或者应当知道的，自专利权授予之日起计算。例如，某发明专利于2022年3月1日获得授权，2023年3月1日专利权人发现该发明专利被侵权提起诉讼，此时其侵权损害赔偿期间为从起诉时的2023年3月1日往前推算至专利授权日的2022年3月1日的1年期间。但如专利权人在起诉时发现，被诉侵权人早在该发明专利于2019年3月1日申请公布后就已开始使用并持续使用至起诉时，则该专利权人还可就该发明专利在2019年3月1日申请公布日至2022年3月1日授权日期间的3年时间，请求支付“发明专利临时保护期使用费”，而前述从2023年3月1日起诉日前推至2022年3月1日专利授权日1年期间的侵权损害赔偿则应另行计算,即应合并计算为“3 年的临时保护使用费 + 1 年的侵权损害赔偿”。但是,对于支付发明专利临时保护使用费的标准,专利法规定的是“支付适当使用费”。也就是说,这个“适当”的临时保护使用费支付标准,显然与专利授权后的侵权损害赔偿标准是有差别的。

五、诉讼期间持续侵权的时效

专利诉讼特别是标准必要专利诉讼往往周期很长,一个诉讼可能超过 3 年期间,此时如果侵权行为仍在持续,且涉案专利权仍在有效期内,则针对诉讼期间持续发生的侵权行为,专利权人可在同案涉案专利起诉未审结的 3 年后,另就该诉讼期间所持续发生的后 3 年期间侵权行为追加诉讼请求。也就是说,涉案专利起诉时是按前推 3 年计算侵权损害赔偿的,但法院审理了 3 年仍未结案,对这后 3 年诉讼期间持续发生的侵权行为,专利权人仍有权主张持续发生的侵权损害赔偿,并可请求法庭将起诉时的“前推 3 年损害赔偿”诉讼请求与诉讼期间持续发生的“后 3 年损害赔偿”追加诉讼请求合并审理。

六、有关标准必要专利反垄断之诉的诉讼时效

最高人民法院《关于审理垄断民事纠纷案件适用法律若干问题的解释》第 49 条规定,因垄断行为产生的损害赔偿请求权诉讼时效期间,从原告知道或者应当知道权益受到损害以及义务人之日起计算。原告向反垄断执法机构举报被诉垄断行为的,诉讼时效从其举报之日起中断。反垄断执法机构决定不立案、撤销案件或者决定终止调查的,诉讼时效期间从原告知道或者应当知道该事由之日起重新计算。反垄断执法机构调查后认定构成垄断行为的,诉讼时效期间从原告知道或者应当知道反垄断执法机构认定构成垄断行为的处理决定确定发生法律效力之日起重新计算。

第六章 未参加标准制定的必要专利损害赔偿探讨

凡事总有例外,例外的事情往往显得"另类","未参加标准制定的必要专利"就是这种"另类"的情况。正常情况下,标准必要专利都是向标准组织事先披露必要专利信息并作出 FRAND 承诺才成为标准必要专利的。但实践中确实有这样一些专利及其权利人,他们并未参加某个标准组织成为其成员,甚至事先都不知道某个标准组织的成立或存在,但该标准组织已经将他公布授权专利的部分或全部技术方案或权利要求纳入了正在制定或修订的标准中,并且随着标准的发布实施该专利已被实际使用,从而使他的专利在不知情的情况下被纳入标准成为实际使用的标准必要专利。这种未参加标准制定的必要专利实际上属于"不知情被纳入标准的必要专利"。为方便讨论,本章下文将"未参加标准制定的必要专利"与"不知情被纳入标准的必要专利"视为同一概念进行阐述。

有读者可能会就此质疑:不知情的情况下自己就有了一架标准必要专利的"战斗机",会有这样的好事?既然不知情,那又怎么知道自己的专利被纳入标准成为标准必要专利的呢?问得好,事情是这样的:当专利权人发现自己的专利可能被侵权时,他就自己或请专业机构或专业人士进行侵权比对,在比对过程中他才得知或被告知自己的专利已被纳入了某标准成为被实际使用的标准必要专利。于是他只能向法院先提起普通专利侵权诉讼并进行“专利与标准”的侵权比对举证，如法院经审理认定其“专利与标准”的侵权比对举证成立，那他的专利就成了“不知情被纳入标准的必要专利”了。

需要说明的是，实践中在专利进入标准的过程中存在一种“投机”情况，即专利权人或专利申请人在标准制定过程中，未按标准制定组织规定及时充分披露其必要专利信息，待标准纳入其专利后再向标准实施者主张其标准必要专利权，此行为被称为“专利伏击”（patent ambush）。“专利伏击”行为属于排除、限制竞争的垄断行为，违反反垄断法，不受法律保护。在2004年美国优尼科公司案中〔1〕，优尼科公司说服美国加利福尼亚州空气资源委员会（California Air Resources Board，CARB）将其一项技术采纳为夏季汽油新配方的标准，同时优尼科公司偷偷将该项技术申请了专利，该专利与标准的内容基本相同。专利授权后，优尼科公司便开始向实施包含其专利技术的标准实施者主张专利权。经美国联邦贸易委员会（FTC）投票一致决定基于谢尔曼法第2条对优尼科公司提出行政指控，指控其非法获取垄断地位、企图进行垄断以及不合理限制贸易等，最终优尼科公司不得不同意不再就其纳入涉案标准的必要专利向标准实施者主张权利。本章讨论的未参加标准制定的必要专利作为“不知情被纳入标准的必要专利”，不存在这种“专利伏击”的情况。

为使讨论严谨，避免产生歧义，有必要先对“不知情被纳入标准的必要专利”的含义加以界定和明确。与正常加入标准组织、披露必要专利信息、作出FRAND承诺的标准必要专利相比（以下简称正常标准必要专利），本章所称的“不知情被纳入标准的必要专利”具有如下特征：一是该专利的初始申请日（或优先权日）早于相关标准的颁布；二是该专利权人不是标准组织成员，也从未参与相关标准的讨论、制定、发布、修订等全部相关程序或流程；三是该专利权人与标准组织对该专利相关技术方案或权利要求被纳入标准事先均不知情，因而标准组织无从要求该专利权人就该专利披露“必要

〔1〕 See In re Union Oil Co. of Cal.（Unocal），138 F. T. C. 1，2004 FTC LEXIS 115（F. T. C. 2004），https://www. ftc. gov/legal - library/browse/cases - proceedings/0110214 - union - oil - company - california - matter.

性”信息并作出 FRAND 承诺，该专利权人也无从披露该专利“必要性”信息并作出 FRAND 承诺，这点完全不同于上述“专利权人在标准制定过程中故意隐瞒其权利信息，恶意知情不报”的“专利伏击”情形[1]；四是在该专利权人发现该专利被他人侵权并开始维权的过程中，通过比对该专利与相关标准技术特征以及经相关鉴定机构技术鉴定，才得知该专利相关技术方案或权利要求已被纳入标准成为实际使用的标准必要专利，该专利权人以此为据先提起普通专利侵权诉讼并主张涉案专利为标准必要专利，最终需经法庭审理认定其“专利与标准”的侵权比对举证是否成立；五是该专利权人在维权之前从未因该专利被纳入标准而借标准获得任何利益（如收取专利许可费、交叉许可等）。本章的讨论系基于如经法庭审理认定其“专利与标准”的侵权比对举证成立，即构成“未参加标准制定的必要专利或不知情被纳入标准的必要专利”的假定前提而展开。

第一节　问题的提出

2001 年 7 月，原告某外国非专利实施主体公司（Non - Practicing Entities，NPE）的“无线通讯传呼方法及装置”的发明专利涉讼时处于合法有效状态。被告甲公司是外国某一全球品牌的智能手机生产、销售商，其作为委托方，委托被告乙公司加工生产其产品后在中国（不含港澳台地区）及上述区域以外的其他国家或地区销售。原告认为，两被告的行为侵害了其发明专利权，于 2014 年 3 月将两被告起诉至法院，要求两被告停止侵权，并承担赔偿损失的法律责任。原告举证并论证两被告侵害其发明专利权的逻辑方

---

〔1〕 依据《国家标准涉及专利的管理规定（暂行）》第 5 条、第 6 条的规定，参与标准制定的组织或者个人未按要求披露其拥有的专利，违反诚实信用原则的，应当承担相应的法律责任；鼓励没有参与国家标准制修订的组织或者个人在标准制修订的任何阶段披露其拥有和知悉的必要专利。《禁止滥用知识产权排除、限制竞争行为规定》第 19 条规定，具有市场支配地位的经营者在参与标准制定过程中，未按照标准制定组织规定及时充分披露其权利信息，或者明确放弃其权利，但是在标准涉及该专利后却向标准实施者主张该专利权，属于排除、限制竞争的垄断行为。本书此处所称的“未参加标准制定的必要专利”不属于上述情况。

法为:首先,原告举证其享有一项合法有效的发明专利权,并明确涉案专利权的保护范围为权利要求1、2、9、13;其次,其举证证明,3GPP标准中包含与其涉案要求保护的专利相对应的标准技术;再次,其举证证明上述3GPP标准技术经过中国工业和信息化部的官方机构采标为中国无线通信技术的行业标准,同时被中国的三大无线通信运营商中国电信、中国移动、中国联通采标为企业标准;最后原告举证证明,其涉案选择要求保护的专利技术,与上述行业和企业采标的标准技术相同或实质性等同。原告通过上述举证及论证,试图证明两被告通过实施标准技术,而实施了涉案专利技术,因此,两被告未经许可生产、销售智能手机的行为,以及使用其专利方法的行为,侵害了其涉案专利权,原告可要求两被告承担停止侵权、赔偿损失的法律责任。案件经过审理查明,原告并未参加任何无线通信标准化组织,亦没有声明将其涉案专利以公平、合理、无歧视的原则向专利实施人进行授权许可。在案件审理的过程中,原告与被告就涉案专利许可使用费达成协议,后原告向法院提出撤诉申请,法院经过审查予以准许。该案引发了对未参加标准制定的必要专利权人请求停止侵权的禁令是否适用FRAND原则的争议和思考。一种观点认为,由于该标准必要专利权利人未参加任何标准化组织,亦未声明将按照FRAND原则对标准必要专利的实施人进行授权许可,所以应将该专利作为非标准必要专利(普通专利)对待。在他人未经许可实施了该专利时,该专利权人就可以向法院起诉请求对该专利实施人发出停止侵权的禁令。相反观点则认为,未参加标准制定的必要专利停止侵权救济的条件,应与参加标准制定的必要专利停止侵权救济的条件相同,即同样适用FRAND原则。其主要理由包括"ETSI《知识产权指南》区分会员和第三方两个不同主体,(对于第三方)当ETSI得知某项属于非会员的知识产权可能是某项标准的必要专利时,该非会员也需要承诺在公平、合理、无歧视的条款和条件下授权许可;另外从程序上来看,与一般专利不同的是,论证侵犯标准必要专利权的方法为,专利权人将其专利技术与技术标准进行对比,如果非会员采用这种方法来证明其涉案专利为标准必要专利,并据此证明被诉侵权人构成专利侵权,根据权利与义务相一致原则,则该非会员作为标准必要专利权利人,应负担与标准必要专利相伴而生的 FRAND 义务”[1]。

本书认为,就请求停止侵权的禁令救济而言,鉴于标准具有通用性,而专利的标准化使得标准必要专利具有必然实施性、强制性和不可替代性,因而标准连同其中的必要专利具有一定的公共利益属性。未参加标准制定的必要专利如经专利权人侵权比对举证证明并经法定审理依法认定后,也属于实际使用的标准必要专利,则本书认同后一种观点,即针对未参加标准制定的必要专利权利人请求停止侵权的禁令救济,亦应适用并依据公平、合理、无歧视原则对其进行考量。但由此引发的另一个疑问是:未参加标准制定的必要专利的侵权损害赔偿是否也一律适用 FRAND 赔偿责任呢?对此,本书认为,未参加标准制定的必要专利难以适用 FRAND 赔偿责任,在不存在 FRAND 谈判过程的情况下,可以按实施人单方侵权适用普通专利侵权损害赔偿责任。以下详述本书对这个问题的思考和探讨。

第二节 未参加标准制定的必要专利难以适用 FRAND 赔偿责任

本章所说的“普通侵权损害赔偿责任”,即指在不存在 FRAND 谈判过程的情况下,按实施人单方侵权直接适用《专利法》第 71 条规定的侵权损害赔偿责任。[2] “FRAND 赔偿责任”,即指针对正常标准必要专利按照 FRAND

---

〔1〕 祝建军:《未参加标准制定的必要专利停止侵权救济的条件》,载《知识产权》2017 年第 7 期。

〔2〕《专利法》第 71 条规定:“侵犯专利权的赔偿数额按照权利人因被侵权所受到的实际损失或者侵权人因侵权所获得的利益确定;权利人的损失或者侵权人获得的利益难以确定的,参照该专利许可使用费的倍数合理确定。对故意侵犯专利权,情节严重的,可以在按照上述方法确定数额的一倍以上五倍以下确定赔偿数额。权利人的损失、侵权人获得的利益和专利许可使用费均难以确定的,人民法院可以根据专利权的类型、侵权行为的性质和情节等因素,确定给予三万元以上五百万元以下的赔偿。赔偿数额还应当包括权利人为制止侵权行为所支付的合理开支。人民法院为确定赔偿数额,在权利人已经尽力举证,而与侵权行为相关的账簿、资料主要由侵权人掌握的情况下,可以责令侵权人提供与侵权行为相关的账簿、资料;侵权人不提供或者提供虚假的账簿、资料的,人民法院可以参考权利人的主张和提供的证据判定赔偿数额。”

原则根据双方在许可谈判过程中的缔约过失责任确定合理许可费(率)的赔偿责任。

为方便本章的问题讨论,这里也顺带说明有关"FRAND 原则、FRAND 承诺、FRAND 谈判、FRAND 许可、FRAND 赔偿、FRAND 许可费"等不同说法的含义及其相互关系。根据 ETSI 知识产权政策以及理论、实务界相关研究通说,一般认为"FRAND 承诺"是指必要专利权利人向标准组织作出的将按公平、合理、无歧视原则许可标准实施者实施其必要专利的承诺,即承诺给予"FRAND 许可"。"FRAND 谈判"是指必要专利权利人与标准实施者双方都应按照公平、合理、无歧视原则就标准中的必要专利实施许可费(率)进行报价和反报价直至最终达成许可协议。"FRAND 赔偿"是指对必要专利权利人的侵权损害赔偿给予公平、合理、无歧视的许可费(率)赔偿,其最终的赔偿结果就是确定一个"FRAND 许可费或费率"。而"FRAND 原则"则是在此基础上归纳出来的处理涉及标准必要专利实施许可、颁发禁令等相关问题应当遵循的"公平、合理、无歧视"的一般性规则。其中,FRAND 承诺是关键,是遵守 FRAND 原则、承担 FRAND 义务、进行 FRAND 谈判、给予 FRAND 许可以及确定 FRAND 赔偿和 FRAND 许可费(率)的前提和基础。而确定 FRAND 赔偿或 FRAND 许可费(率)的不同方法,则已通过不同的司法判例加以体现和实证,包括前述的"假想谈判法""可比协议法或可比专利池法""由上至下分析法""最小可售单元法"等。本节将基于上述说明,对未参加标准制定的必要专利或不知情被纳入标准的必要专利的侵权损害赔偿问题进行探讨。

一、未参加标准制定的必要专利权利人与实施者之间不存在 FRAND 谈判过程,无从考察双方的缔约过失责任情况

本书在第二章第四节以及第七章第一节中提到,最高人民法院在高清公司诉 OPPO 公司案的二审判决中认为,标准必要专利的 FRAND 义务是双边诚信谈判义务,违反 FRAND 义务属于缔约过失责任,标准必要专利侵权赔偿责任主要应当基于双方缔约的过错程度大小加以确定。最高人民法院指出,标准必要专利实施许可不同于非标准必要专利实施许可的关键在于:

在专利实施人表示愿意按照FRAND条件签订实施许可合同的情况下，标准必要专利的权利人原则上不能拒绝许可，双方一般只能通过善意协商谈判解决实施许可的问题。如果因双方在缔约方面的过失导致未能达成实施许可合同，由此引发的实施人未经标准必要专利的权利人许可实施而构成的专利侵权，也相应不同于实施人未经非标准必要专利的权利人许可实施而构成的专利侵权。其不同之处在于：前者构成侵权的原因是权利人或专利实施人一方存在缔约过失或者双方均存在缔约过失，而后者一般为专利实施人的单方原因。换言之，正是因为标准必要专利的权利人与专利实施人双方的缔约过失导致未能缔约，才形成实施人的专利侵权，因此该专利侵权的责任特别是赔偿责任主要应当基于双方缔约过错程度大小加以确定，而不同于非标准必要专利侵权通常所表现出的实施人单方责任。由此可知，标准必要专利FRAND原则下的侵权赔偿需考查双方的缔约过失责任分配，而不同于非标准必要专利的单方侵权责任。正是由于双方的缔约过失导致未能缔约，才形成实施人的专利侵权并引致赔偿责任，因而这种赔偿责任是按双方缔约过错程度的“双方归责”，而不是非标准必要专利侵权的“单方归责”。

但是，未参加标准制定的必要专利作为“不知情被纳入标准的必要专利”，其特殊之处恰恰在于：专利权利人是因为发现实施人的“单方”侵权行为才提起损害赔偿之诉的，而在法庭认定其专利属于标准必要专利之前，权利人与实施人之间从未进行过FRAND谈判，不存在“实施人表示愿意按照FRAND条件签订许可合同而权利人拒绝许可”的情况。也就是说，造成实施人因实施标准而使用权利人“不知情被纳入标准的必要专利”导致侵权的原因，主要是来自实施人的“单方原因”，权利人对此并无“谈判的缔约过错”，因而无法按FRAND原则判定双方在FRAND谈判过程中各自的“缔约过错大小”。这种情况下可以按前述《专利法》第71条规定，对侵犯专利权的赔偿数额按照权利人因被侵权所受到的实际损失或者侵权人因侵权所获得的利益确定。而考量其中的赔偿责任适用或者赔偿数额大小（包括权利人损失、侵权人获利、专利许可使用费倍数以及法定赔偿等），则需根据“专利权的类型、侵权行为的性质和情节等因素”，而不是“双方缔约过错情况”

来判定。因此,在未参加标准制定的必要专利难以适用 FRAND 赔偿责任的情况下,可以适用普通专利侵权损害赔偿。

此外,从 FRAND 原则意涵本身的角度也不难看出,FRAND 原则的适用主要是针对 FRAND 谈判的。根据理论界、实务界的通说,FRAND 原则的"公平、合理、无歧视"含义:"公平"强调专利权人与实施者在法律地位上的平等性及权利义务分配的相对公正。双方需基于善意原则进行许可谈判,避免专利权人利用市场支配地位实施专利劫持,同时防止实施者滥用反向劫持拖延谈判。"公平"体现在通过双边协商框架平衡私权保护与公共利益,确保标准技术的广泛推广与应用。"合理"主要指许可费的计算需符合技术贡献度,且不得因专利纳入标准而产生不合理溢价。许可费应基于技术标准实施所创造的价值,而非专利被纳入标准后的市场垄断地位。具体考量因素包括可比许可协议、行业惯例、专利对标准的技术贡献比例等,以避免专利堆叠导致的费用虚高。"无歧视"要求专利权人对处于同等条件的实施者提供一致的许可条款,不得基于地域、市场份额等无关因素实施差别待遇。这包括禁止拒绝许可或设置不合理交易条件,确保所有实施者能通过非歧视性谈判获得必要许可。司法实践中,若专利权人违反无歧视义务,可能触发反垄断规制或影响禁令救济的适用。而司法实践中判断是否违反 FRAND 原则,也主要是从标准必要专利权利人和标准实施者在 FRAND 谈判过程中是否有过错以及各自过错大小入手进行认定。如北京市高级人民法院《专利侵权判定指南(2017)》第 152 条规定,认定专利权人故意违反 FRAND 许可义务的情形包括:(1)未以书面形式通知被诉侵权人侵犯专利权,且未列明侵犯专利权的范围和具体侵权方式;(2)在被诉侵权人明确表达接受专利许可协商的意愿后,未按商业惯例和交易习惯以书面形式向被诉侵权人提供专利信息或提供具体许可条件;(3)未向被诉侵权人提出符合商业惯例和交易习惯的答复期限;(4)在协商实施许可条件过程中,无合理理由而阻碍或中断许可协商;(5)在协商实施许可过程中主张明显不合理的条件,导致无法达成专利实施许可合同等。很显然,该指南规定的也是专利权人在谈判中的过错表现。但是,对于未参加标准制定的必要专利权利人来说,因其专利属于"不知情被纳入标准的必要专利",专利权人在维权或诉讼之前从未与标准实施者进行过 FRAND 谈判，因而无法按上述指南的指引去考察该专利权人的 FRAND 谈判表现。同时，未参加标准制定的必要专利权利人也不存在“FRAND 许可的过往历史”及“可比较许可协议”，因而也无法比较衡量其所提出的侵权损害赔偿请求是否符合 FRAND 原则的“公平、合理、无歧视”要求。

这里需要特别指出的是，实务中未参加标准制定的必要专利权利人的侵权损害赔偿请求一般是在其诉前发出的侵权通知或律师函以及诉中提交的起诉状中提出，可能出现的结果包括诉前达成或诉中达成“和解协议”。但这种情况下针对个案达成的诉前或诉中侵权损害赔偿“和解协议”，显然与 FRAND 原则下达成的“许可协议”存在着如下本质区别：一是和解协议（Settlement Agreement）系因维权或诉讼而“和解”，而许可协议（License Agreement）则绝无此“和解”之意。二是和解协议通常是专利被使用后因发生维权或诉讼而签订，没有专利使用期限的约定；而许可协议则多是在专利被使用前或使用过程中，双方就专利权的使用和付费等条件达成协议，一般都有使用期限的约定。三是和解协议是基于双方要解除维权或诉讼的负累而进行的妥协，而许可协议则是基于被许可人要使用许可人的专利、许可人同意许可而订立的。四是许可协议是被许可方为所认可的许可方专利权而付费，而和解协议则一般回避对专利权及侵权的认可。五是和解协议的“和解金”通常是在维权或诉讼请求索赔额范围内的一个折扣金，是一次性支付，没有复杂的对价计算；而许可协议通常约定以提成方式支付专利费，即按销售额的一定比例支付约定期限或时段的许可费。六是和解协议是“一揽子”定分止争的解决方案，通常是针对全球专利组合（Global Settlement）的定分止争方案；而许可协议则对许可专利的组合及数量、地域范围、许可类型（普通、独占或排他许可）等条件予以明确约定等。因此，普通专利侵权损害赔偿维权或诉讼过程中达成的和解协议，绝非 FRAND 原则下的许可协议，“和解协议”不属于合格或合适的“可比较许可协议”。

由上可见，由于 FRAND 原则是针对正常标准必要专利而创设的原则性制度规范，其法律属性是双边善意谈判义务。而未参加标准制定的必要专利作为“不知情被纳入标准的必要专利”，显然属于 FRAND 原则适用的例外情况,甚至是其为正常标准必要专利设定双边善意谈判义务时所始料未及的。对于这种例外情况的"不知情被纳入标准的必要专利"的侵权损害赔偿,显然难以硬性或机械适用 FRAND 赔偿责任。

二、使用标准必要专利"拿专利比标准"的侵权比对举证方式,不能成为未参加标准制定的必要专利权利人请求损害赔偿时承担 FRAND 义务的理由

前文在"问题的提出"中引述的"相反观点"认为:论证侵犯标准必要专利权的方法为,专利权利人将其专利技术与技术标准进行对比,如果非会员采用这种方法来证明其涉案专利为标准必要专利,并据此证明被诉侵权人构成专利侵权,根据权利与义务相一致原则,则该非会员作为标准必要专利权利人,应负担与标准必要专利相伴而生的 FRAND 义务。该说法认为,专利权利人一旦使用将其专利技术与技术标准进行对比的论证侵犯标准必要专利权的方法,就相当于为该非会员的专利权利人"创设"了某种标准必要专利会员才有的"权利",因而其"应负担与标准必要专利相伴而生的 FRAND 义务"。本书认为这种说法缺乏事实和法律依据。

首先,使用某种侵权比对举证方式,不能产生为使用者创设某种民事权利义务的法律效果,二者之间没有法律上的权利义务关系。根据 ETSI 知识产权政策,标准必要专利权利人承担 FRAND 义务是因为其申报披露必要专利信息并作出 FRAND 承诺,而不是因为其使用了"专利与标准对比的侵权证明方法"。而作出 FRAND 承诺必须是明示的,不存在根据"专利与标准对比的侵权证明方法"就可以"默示推定"作出 FRAND 承诺进而承担 FRAND 义务的政策和法理基础。因此,对于未参加标准制定的必要专利权利人,仅因其使用了"专利与标准对比的侵权证明方法",就认为其"应负担与标准必要专利相伴而生的 FRAND 义务"的说法缺乏事实和法律依据。

其次,使用"专利与标准对比的侵权证明方法",符合标准必要专利本身的特性。从证据法的角度看,要证明某种行为或事实的发生,应当根据该种行为的发生过程或事实的形成路径去寻证、举证。标准必要专利的侵权方式是被诉产品在实施标准的过程中侵犯标准中的必要专利权,具体地说就

是标准中的必要专利的部分或全部权利要求所限定的技术方案及其技术特征,已内化为标准中不可替代的相应技术要求、规范、方法、参数以及操作流程等,被诉产品在实施标准的过程中将不可避免地利用该必要专利所内化的这些技术要求、规范、方法、参数以及操作流程等,因而落入该必要专利的权利要求保护范围进而构成侵权。这就决定了标准必要专利侵权的证明方法,需要沿着被诉产品实施标准的过程及路径,先证明涉案专利存在于涉案标准中,再证明被诉产品实施了涉案标准,最后推出被诉产品侵犯了涉案专利的结论。而要证明"涉案专利存在于涉案标准中",就需要使用"专利与标准对比的证明方法"。由此可见,"专利与标准对比的侵权证明方法",是专利标准化后证明合标产品侵犯标准必要专利权的特有方法,是由侵权的标准化产品本身特有的侵权方式决定的。标准必要专利权利人使用"专利与标准对比的侵权证明方法"并没有给自己带来任何"特权"或"额外利益"。相反,如前所述(参见第五章第二节),在使用"专利与标准对比的侵权证明方法"过程中,由于相关技术标准(如 3GPP 标准)体系庞大,条目类别繁多,涉及专利比对的相关技术特征、方法、规范等内容浩如烟海,工作量巨大,其与一般专利侵权比对中专利与被诉产品技术特征或方法的侵权证明方法相比,并没有程序上或经济上的特别优势。因此,使用标准必要专利"拿专利比标准"的侵权比对举证方式,并不能成为未参加标准制定的必要专利权利人请求损害赔偿时承担 FRAND 义务的理由。

三、ETSI 知识产权政策对标准组织成员之外的第三人是否承诺 FRAND 许可,实行自愿原则

ETSI 知识产权政策区分成员和第三方两个不同主体,把标准必要专利的许可分为"可用许可"和"不可用许可"两种情况。可用许可即指完成了必要专利信息披露和作出了 FRAND 承诺的标准必要专利的许可,规定在该政策第 6 条项下;不可用许可规定在第 8 条项下,又分为标准发布之前的不可用许可(8.1)和标准发布之后的不可用许可(8.2)两种情况。其中:对标准发布之前的不可用许可的处理,又分为对"存在可替代技术"的处理和对"不存在可替代技术"的处理两种情况。而对"不存在可替代技术"的处理又分

为两种情况:一种是针对标准组织成员的处理(If the IPR owner is a MEMBER,8.1.2a),即如果不愿按FRAND条件许可的知识产权所有人是标准组织成员,由ETSI总干事要求其重新考虑其立场并书面解释拒绝许可的理由;另一种是针对第三方的处理(If the IPR owner is a third party,8.1.2b),即如果不愿按FRAND条件许可的知识产权所有人是标准组织成员之外的第三方,则由ETSI总干事进行协调、斡旋以求获得FRAND条件的许可,但如该第三方决定不撤回其对知识产权的许可拒绝,则只能由ETSI总干事提交ETSI秘书处、委员会或大会决定是否应继续制定基于不可用技术的标准或技术规范的相关部分以及寻找替代解决方案。最后,关于标准发布之后的不可用许可,规定了ETSI在标准发布之后发现无法根据上述第6.1条从知识产权所有人处获得许可的处理流程,应由ETSI总干事与该知识产权所有人(包括成员和第三方)进行沟通磋商,并在其仍拒绝按FRAND条件许可的情况下提交ETSI大会就修改标准以使该拒绝许可的知识产权不再"必要"进行投票表决,如投票不成功再由合适的成员进行斡旋,并在最终仍无解决方案的情况下由大会提请欧盟委员会考虑适当的进一步措施,包括否决有问题的标准或技术规范,同时适当考虑已投资实施有问题的标准或技术规范的企业的利益(参见本书第一章第二节)。

为更清晰明了,上述ETSI知识产权政策规定的标准必要专利许可的可用性与否及其对标准组织成员和第三方两个不同主体的处理流程,如表6-1所示。

表6-1　ETSI就SEP许可的可用性对标准组织成员和第三方两个不同主体的处理流程

许可的可用性	处理流程
可用许可	披露专利"必要性"信息; 作出FRAND承诺

续表

<table>
<tr><th colspan="4">许可的
可用性</th><th>处理流程</th></tr>
<tr><td rowspan="4">不可用
许可</td><td rowspan="3">标准发布之
前的不可用
许可</td><td colspan="2">存在
可替代技术</td><td>确定该技术能够替代不愿意按 FRAND 条件许可的知识产权的可行性</td></tr>
<tr><td rowspan="2">不存在
可替代技术</td><td>标准组织
成员</td><td>由 ETSI 总干事要求其重新考虑其立场并书面解释拒绝许可的理由</td></tr>
<tr><td>第三方</td><td>由 ETSI 总干事进行协调、斡旋以求获得 FRAND 条件的许可，但如该第三方决定不撤回其对知识产权的许可拒绝，由 ETSI 总干事提交 ETSI 秘书处、委员会或大会决定是否应继续制定基于不可用技术的标准或技术规范的相关部分以及寻找替代解决方案</td></tr>
<tr><td colspan="3">标准发布之
后的不可用
许可</td><td>标准发布后发现无法根据上述第 6.1 条从知识产权所有人处获得许可，由 ETSI 总干事与该知识产权所有人（包括成员和第三方）进行沟通磋商，并在其仍拒绝按 FRAND 条件许可的情况下提交 ETSI 大会就修改标准以使该拒绝许可的知识产权不再“必要”进行投票表决，如投票不成功再由合适的成员进行斡旋，并在最终仍无解决方案的情况下由大会提请欧盟委员会考虑适当的进一步措施，包括否决有问题的标准或技术规范</td></tr>
</table>

由表 6－1 可见，当 ETSI 获知某项属于标准组织成员之外第三方的知识产权可能是某项标准的必要专利，而该第三方一直拒绝给予 FRAND 许可时，ETSI 是不能强求第三方承诺在公平、合理、无歧视的条款和条件下授权许可的，而只能由 ETSI 总干事进行协调、斡旋。而当协调、斡旋无果时（包括标准发布前和发布后），ETSI 只能就是否继续制定基于不可用技术的标准或技术规范的相关部分以及是否寻找替代解决方案作出决定，且可在最终仍无解决方案的情况下否决有问题的标准或技术规范。因此，前文在“问题

的提出”中引述的“相反观点”认为“ETSI 知识产权政策规定了(对于第三方)当 ETSI 得知某项属于非会员的 IPR 可能是某项标准的必要专利时,该非会员也需要承诺在公平、合理、无歧视的条件下授权许可”的说法,显然与上述 ETSI 知识产权政策在“第三方不可用许可不存在可替代技术”情况下的处理规定不符。

此外,国家知识产权局官方网站发布的《国际标准化组织知识产权政策及我国借鉴》一文中,也认为各标准化组织对于组织内成员和第三方的要求不同,“ETSI 的 IPR 政策只用来约束组织成员,任何第三方没有任何法律义务,第三方有权拒绝许可”,如表 6-2 所示。

表 6-2 ETSI 成员和第三方的权利与义务

对象	义务	权利
成员	• 通知 ETSI 其自己的或其他人的必要 IPRs(第 4.1 条) • 必要 IPRs 权利人被要求在公平、合理、无歧视的条件下授予许可(第 6.1 条) • 无可替代技术情况下,当必要 IPRs 权利人拒绝许可时,被要求重新考虑其立场并向总干事提供理由(第 8.1 条) • 代表其自己或员工放弃标准文件的声明版权(第 9.1 条)	• 无检索义务(第 4.2 条) • 拒绝许可(第 8.1 条和第 8.2 条) • 按照公平、合理、无歧视条件被授予许可(第 6.1 条) • 免费复制标准文件(第 11 条) • 使用 ETSI 拥有的 IPRs(第 9.3 条) • 保留技术机构内的机密信息直到相关标准公布(第 10 条)
第三方	• ETSI 的 IPR 政策只用来约束组织成员,任何第三方没有任何法律义务 • 当 ETSI 被通知某位非成员的某项 IPR 对于一项标准来说是必要的,非成员也被要求按照公平、合理和无歧视的条件授予许可(第 6.1 条)	ETSI 的 IPR 政策下的第三方或者标准的使用者拥有以下权利: • 拒绝许可(第 8.1 条和第 8.2 条) • 按照公平、合理、无歧视条件被授予许可(第 6.1 条) • 使用 ETSI 拥有的 IPRs(第 9.3 条) • 保留技术机构内机密信息直到相关标准公布(第 10 条)

资料来源:国家知识产权局:《国际标准化组织知识产权政策及我国借鉴》一文中“表 3 ETSI 成员和第三方的权利与义务”,载国家知识产权局网,https://www.cnipa.gov.cn/art/2018/8/31/art_1415_133040.html。

四、未参加标准制定的必要专利权利人未向标准组织披露必要专利信息、未作出FRAND承诺，要求其请求侵权损害赔偿时承担FRAND义务缺乏事实和法律基础

首先，缺乏事实基础。从上述ETSI知识产权政策关于许可的可用性处理及其涉及第三方主体处理的相关规定中还可以看出，一项专利成为标准必要专利并承担FRAND许可义务，需要经过两个步骤，一是专利权人向标准组织披露自己的专利属于标准的必要专利的信息，二是专利权人就自己所披露的该必要专利的实施许可向标准组织作出FRAND承诺。至于专利权人是否属于标准组织成员，并不是其专利能否成为标准必要专利进而承担FRAND许可义务的必要条件。因为专利权人既可以是标准组织的成员或合作伙伴，也可以是成员之外的第三方。换句话说，即使是“参加标准制定”的成员，如果其最终并未作出FRAND承诺，则其专利仍不应被纳入标准，也就谈不上承担FRAND许可义务；反之，即使是“未参加标准制定”的第三方，如果其主动向标准组织披露其专利“必要性”信息并作出FRAND承诺，其专利亦可被纳入标准成为必要专利，其自然也应相应承担FRAND许可义务。所以，成为标准必要专利进而承担FRAND义务的关键不在于是否“参加标准制定”，而在于是否向标准组织申报披露其必要专利信息并作出FRAND承诺。而如前所述，未参加标准制定的必要专利作为“不知情被纳入标准的必要专利”，其专利权人与标准组织对该专利相关技术方案或权利要求被纳入标准事先均不知情，因而标准组织无从要求该专利权人就该专利披露“必要性”信息并作出FRAND承诺，该专利权人也无从披露该专利“必要性”信息并作出FRAND承诺。因此，未参加标准制定的必要专利未向标准组织披露必要专利信息，亦未作出FRAND承诺，其在请求侵权损害赔偿时不具备承担FRAND许可义务的前提条件。在这种情况下仍要求该“不知情被纳入标准的必要专利”权利人与正常标准必要专利（披露必要专利信息并作出FRAND承诺的标准必要专利）权利人一样承担FRAND许可义务，而不能按非标准必要专利请求普通侵权损害赔偿，显然缺乏ETSI知识产权政策依据，也缺乏事实基础。

其次,不符合民法中权利与义务相一致原则。根据 ETSI 知识产权政策,标准必要专利权利人的 FRAND 义务来自其曾经作出的 FRAND 声明或承诺。FRAND 承诺与 FRAND 义务是前因后果、相辅相成的关系,承诺在先、义务在后,因有承诺、故有义务,正因作出过公平、合理、无歧视的许可承诺,故需履行公平、合理、无歧视许可实施的义务。但在未参加标准制定的必要专利作为"不知情被纳入标准的必要专利"并被实际使用的过程中,专利权人及标准化组织对此情况均处于不知情状态,专利权人对自己的专利被纳入标准的事实也不存在过错。当标准发布实施后,专利权人在不知道专利已被纳入标准的情况下也从未对任何标准实施者进行过实施许可或与之进行过许可谈判。而在发现某实施者因实施纳入自己专利的标准而可能构成标准必要专利侵权时,专利权人也只能针对个案先按非标准必要专利请求普通侵权损害赔偿,此时即使未参加标准制定的必要专利权利人在诉前与被诉侵权实施者谈判而要求其支付专利使用费或 FRAND 许可费,实践中也均会遭到对方的断然拒绝。在此种情况下,不考虑"不知情被纳入标准的必要专利权利人"事先从未作出 FRAND 承诺,而仅因其"被纳入标准成为标准必要专利并被实际使用"就要求其给予 FRAND 许可,显然不符合民法中权利与义务相一致原则。因为专利权人并没有在先的知情披露,也没有在先的 FRAND 承诺,何来在后的 FRAND 义务呢?

五、对未参加标准制定的必要专利适用普通侵权损害赔偿责任,并不损害 FRAND 原则进而造成"专利劫持"

实务中,未参加标准制定的必要专利权利人一般是针对自己的涉案标准必要专利向被诉侵权人提起普通侵权损害赔偿之诉,且损害赔偿一般是按侵权人的侵权获利确定,而不是按 FRAND 原则支付许可使用费。这是否意味着:对未参加标准制定的必要专利适用普通侵权损害赔偿,将会损害 FRAND 原则进而造成"专利劫持",导致标准必要专利制度无法正常运转呢?本书不以为然。

首先,正如最高人民法院在高清公司诉 OPPO 公司案二审判决中所指出的,标准必要专利的权利人遵守其 FRAND 承诺,在中国的法律体系中,就是遵守《民法典》诚信原则的体现。因此，遵守 FRAND 原则与遵守诚信原则是有机统一、并行不悖的，而非标准必要专利的普通侵权损害赔偿当然需要遵守诚信原则。依照专利法及最高人民法院相关司法解释规定，在判定普通专利侵权损害赔偿责任时，对侵犯专利权的赔偿数额可以按照侵权人因侵权所获得的利益确定，对侵权人因侵权所获得的利益可以根据该侵权产品在市场上销售的总数，乘以每件侵权产品的合理利润所得之积计算，侵权人因侵权所获得的利益一般按照侵权人的营业利润计算。确定侵权人因侵权所获得的利益，应当限于侵权人因侵犯专利权行为所获得的利益，因其他权利所产生的利益应当合理扣除。侵犯发明、实用新型专利权的产品系另一产品的零部件的，应当根据该零部件本身的价值及其在实现成品利润中的作用等因素合理确定赔偿数额。赔偿数额也可以参照专利许可使用费的倍数确定。这里体现的是普通专利侵权损害赔偿责任的"填平原则"，即强调损失与赔偿的对等，本身即具有法理上的公平合理性。其中关于侵权获利限于侵权人因侵犯专利权行为所获得的利益且合理扣除其他权利所产生的利益，零部件侵权应根据该零部件本身的价值及其在实现成品利润中的作用等因素合理确定赔偿数额，以及赔偿数额可以参照专利许可使用费的倍数确定的规定，则与适用 FRAND 原则下的"考量专利贡献度、剔除许可费堆叠、可比许可协议法"等具有等效价值。因此，对未参加标准制定的必要专利适用普通专利侵权损害赔偿责任，并不损害 FRAND 原则或与 FRAND 原则相抵触。

其次，前文已述及，本书认同对未参加标准制定的必要专利权利人请求发出停止侵权的禁令时，应适用 FRAND 原则。而禁令是"专利劫持"的"尚方宝剑"，一旦未参加标准制定的必要专利权利人不能像非标准必要专利权利人那样相对容易地获得停止侵权禁令，其按普通专利侵权损害赔偿进行"专利劫持"的可能性也就会随之大大降低。与此同时，被诉实施者则会以"涉案的未参加标准制定的必要专利作为'不知情被纳入标准的必要专利'，自己因实施标准而实施这样的涉案专利无过错"为由进行积极抗辩，甚至会以"标准具有通用性，而专利的标准化使得标准必要专利具有必然实施性、强制性和不可替代性，因而标准连同其中的必要专利具有一定的公共利益属性”为由主张“免费使用”，从而对未参加标准制定的必要专利权利人主张的普通专利侵权损害赔偿形成“反向劫持”的制衡。由此可见，通过专利权人和被诉实施者双方的这种“劫持与反向劫持”对抗制衡的庭审规则，未参加标准制定的必要专利权人主张普通专利侵权损害赔偿是难以进行“专利劫持”的。

此外，如前所述，当未参加标准制定的必要专利权利人发现标准实施者因实施标准而侵犯了自己的必要专利时，专利权人除了向被诉实施者提出侵权损害赔偿主张外（包括诉前发出律师函、诉中提交起诉状），是无法与被诉实施者进行 FRAND 原则下的“许可谈判”的。而在专利权人提起普通侵权损害赔偿之诉的举证过程中，其不仅需要按照普通侵权损害赔偿责任的规定，举证证明侵权损害赔偿责任的承担方式、侵权人侵权获利的计算方式以及侵权人侵权获利的范围界定等，还要考虑损失与赔偿相适应的“填平原则”（参见本书第五章第一节之二），并需按法庭要求提交其之前针对涉案必要专利维权已获得的侵权损害赔偿个案生效判决或和解协议作为呈堂证据，由此必然会约束权利人使其合理索赔，限制其漫天要价，从而避免其“专利劫持”。在此基础上，法院还可依据 FRAND 原则决定是否发出停止侵权禁令，包括依据专利法及最高人民法院相关司法解释作出“基于国家利益、公共利益考量，不判令停止侵权而判令支付相应的合理费用”[1]的决定。因此，对未参加标准制定的必要专利适用普通专利侵权损害赔偿责任，并不损害 FRAND 原则进而造成“专利劫持”。

第三节　普通侵权损害赔偿责任与 FRAND 赔偿责任的适用条件

标准必要专利因存在对标准组织的 FRAND 承诺，故在确定其损害赔偿

[1] 《侵犯专利权纠纷解释（二）》第 26 条规定：“被告构成对专利权的侵犯，权利人请求判令其停止侵权行为的，人民法院应予支持，但基于国家利益、公共利益的考量，人民法院可以不判令被告停止被诉行为，而判令其支付相应的合理费用。”

责任时需要考量双方在 FRAND 谈判中的缔约过错情况。非标准必要专利因不存在对标准组织的 FRAND 承诺,故在确定其损害赔偿责任时只需考虑被诉侵权人"单方面"的侵权性质和情节等因素,无须考虑也不存在双方的"缔约过失责任"。而介于二者之间的未参加标准制定的必要专利作为一种"另类"情况,其虽没有对标准组织的 FRAND 承诺,但属于"不知情被纳入标准的必要专利"且经法庭审理认定属于未参加标准但被实际使用的必要专利。本书主张在确定其损害赔偿责任时也应按被诉侵权人"单方面侵权"的普通侵权损害赔偿责任考量,同样无须考虑也不存在双方的"缔约过失责任",而不应硬性或机械适用 FRAND 赔偿责任。而在司法实践中,无论是标准必要专利还是非标准必要专利,涉及其侵权损害赔偿责任时都要适用《专利法》第 71 条规定。因此,标准必要专利的 FRAND 赔偿责任,与非标准必要专利的普通侵权损害赔偿责任,以及介于二者之间的未参加标准制定的必要专利普通侵权损害赔偿责任,实际上它们之间并没有本质区别,只是适用的条件有所不同。说它们没有本质区别,是因为都要适用同一法条,且 FRAND 原则与诚信原则一脉相承、并行不悖;说它们只是适用的条件有所不同,主要表现在是否需要考量"FRAND 谈判过程中的缔约过失责任"。

从国内外涉及标准必要专利使用费纠纷的判例来看,在确定标准必要专利损害赔偿责任过程中,普通侵权损害赔偿责任的"填平原则"与 FRAND 原则下的"缔约过失责任"是可以通盘考量、互为补充的,而不是彼此割裂、互不相容的。以下简要列举国内外相关判例对此的分析实证(相关判例可详见本书第七章、第八章),并以此印证作者的如下观点:正常标准必要专利损害赔偿并不排斥普通侵权损害赔偿责任"填平原则"的适用,因此未参加标准制定的必要专利也不应硬性或机械适用 FRAND 赔偿责任。

一、高清公司诉 OPPO 公司案按"权利人实际损失"确定损害赔偿[1]

本案中,最高人民法院开创性地综合运用"可比协议法""假想谈判法""缔约过失责任分配",按权利人的实际损失("填平原则")确定其标准必要

---

〔1〕 参见最高人民法院民事判决书,(2022)最高法知民终 907、910、911、916、917、918 号。

专利使用费。

根据“假想谈判法”，即通过模拟标准必要专利权利人和实施者在纠纷发生前，双方在平等自愿的基础上就许可使用费进行自由谈判的场景，来还原真实的许可费谈判过程中达成的许可条件，包括许可费率、许可对象和范围以及许可的方式、期限、支付方式等情况。最高人民法院认为，假设双方及时以 FRAND 条件达成涉案六件专利的实施许可合同，按照标准必要专利许可领域普遍采用的“一揽子”许可的做法以及本案中双方当事人提供的可比协议，被许可方通常在缔约之初一次性支付全部专利许可实施期间的全部许可使用费，而经司法诉讼程序确定，涉案六件专利许可使用费也应当遵循相同的计算逻辑。高清公司所遭受的损失主要是因其与 OPPO 公司长期未能达成涉案六件专利实施许可合同所引起的损失，该损失严格地讲是在假设双方及时按照 FRAND 条件达成实施许可合同的前提下，高清公司应当取得的利益与高清公司的现有利益之差。此处最高人民法院运用“假想谈判法”来分析高清公司涉案标准必要专利使用费的损失成因、损失程度及其赔偿逻辑，并指出了因双方长期未能达成许可合同而致损的缔约过失归责逻辑。

最高人民法院进一步分析 FRAND 原则下的善意谈判义务认为，如果双方均能诚信谈判和履约，则按照业内通常惯例一般可在合理期限内达成许可协议。高清公司最初于 2018 年 2 月 22 日向 OPPO 公司发送邮件告知 OPPO 公司使用了涉案 6 件专利并表达了按照 FRAND 原则进行许可谈判的意愿，OPPO 公司于 2018 年 3 月 14 日回复高清公司愿意按照 FRAND 原则进行谈判。如果双方经善意谈判达成合意，则高清公司据此可以同期一次性取得涉案 6 件专利的全部许可使用费。无论高清公司是在上述理想谈判与交易条件下及时取得许可使用费，还是在现实条件下按照本六案生效判决延后取得许可使用费，其所获得的许可使用费的本金都应当是一个不变的数额，而高清公司因双方未能缔约所额外遭受的损失基本上是其本应早日取得全部许可使用费的期限利益损失，即正常情况下可以合理预见的利息损失。因此，标准必要专利的权利人最终从专利实施人获得的赔偿金额：一是其应获得的许可使用费本金；二是利息损失，该利息损失应当按照双方对未能缔约的过错程度来确定分担，体现了对按权利人实际损失的“填平原则”。

上述可见，最高人民法院在本案二审判决中综合运用了普通侵权损害赔偿责任的“填平原则”，以及标准必要专利 FRAND 原则下的“可比协议法”“假想谈判法”，通过“可比协议法”“假想谈判法”确定权利人“应收未收”的许可使用费及其利息损失，再通过“缔约过失”归责确定双方对利息损失的分担，最终根据“填平原则”依照《专利法》第 71 条第 1 款规定的“按权利人实际损失”确定了涉案标准必要专利的侵权损害赔偿。

二、西电捷通公司诉索尼（中国）公司案按“使用费倍数”确定损害赔偿〔1〕

涉案专利“一种无线局域网移动设备安全接入及数据保密通信的方法”，是原告西电捷通公司正常加入的涉案通信标准中有关 WAPI 技术（鉴别与保密功能）的必要专利。原告认为被告索尼（中国）公司生产销售的 35 款手机通过入网实施涉案通信标准而实施了原告涉案专利相关权利要求的技术方案，鉴于被告拒不支付涉案标准必要专利的使用许可费，故请求判令被告立即停止使用原告涉案专利，立即停止生产、销售使用原告涉案专利的手机产品，并赔偿原告相关经济损失。法院审理认为双方当事人迟迟未能进入正式的专利许可谈判程序，过错在被告，据此判令被告停止侵权（颁发禁令），同时认定原告提供的四份“可比协议”及其 1 元/件的使用许可费标准对本案具有可参照性，并按该使用许可费标准的 3 倍确定赔偿数额，判令被告支付原告涉案标准必要专利侵权损害赔偿人民币 900 余万元。

由此可见，本案结合缔约过错归责分析，先用标准必要专利 FRAND 原则下的“可比协议法”确定可参照的许可使用费，然后依据《专利法》第 71 条第 1 款规定的“权利人的损失或者侵权人获得的利益难以确定的，参照该专利许可使用费的倍数合理确定”来确定涉案标准必要专利的损害赔偿额。而按“使用费的倍数”确定赔偿责任，也是非标准必要专利确定普通侵权损

〔1〕 参见北京知识产权法院民事判决书，(2015)京知民初字第 1194 号；北京市高级人民法院民事判决书，(2017)京民终 454 号。

害赔偿使用的方法。

三、苹果(日本)公司诉三星公司案按“侵权获利扣除其他权利所产生的利益”判决损害赔偿[1]

涉案专利“使用移动通信系统中预设的长指示器来接收发包数据的方法和装置”是三星公司正常加入3GPP制定的UMTS通信标准的必要专利。三星公司起诉苹果(日本)公司在其系列产品中侵犯了涉案标准必要专利,请求颁发临时禁令并判决苹果(日本)公司给予侵权损害赔偿。苹果(日本)公司则反诉三星公司违反FRAND承诺。一审认定苹果(日本)公司的被诉产品使用了涉案专利技术,但三星公司一直未向苹果(日本)公司提供将涉案专利许可给其他公司的相关信息,使得苹果(日本)公司无法判断其许可费是否符合FRAND承诺,故判决驳回了三星公司的全部诉讼请求。二审对一审驳回三星公司颁发禁令的请求予以维持,但判决按涉案专利贡献度计算损害赔偿并剔除许可费堆叠,支持了三星公司的侵权损害赔偿请求。即通过确定涉案标准对涉案产品营业额(销售额)的贡献度,以及确定涉案必要专利对其所在标准及所使用产品或服务的贡献度,从而对“因侵权所获得的利益”与“因其他权利所产生的利益”作出明确界定,以防标准必要专利权利人获得非基于其拥有的专利技术之外的利益。同时,考虑许可费堆叠可能导致总许可费率过高的问题,采取设定总许可费率峰值的办法,以对侵犯标准必要专利权的“侵权获利范围”进行规制,进而使得标准必要专利权利人获得其应得的合理侵权损害赔偿。

该案一审通过缔约过错分析认定三星公司在FRAND谈判中存在过错,二审按涉案专利贡献度计算损害赔偿并剔除许可费堆叠,支持了三星公司的侵权损害赔偿请求。该计算方法契合我国最高人民法院司法解释[2]关于界定“因侵权所获得的利益”与“因其他权利所产生的利益”的规定,而这

---

〔1〕 参见刘影:《日本标准必要专利损害赔偿额的计算》,载《知识产权》2017年第3期。

〔2〕 最高人民法院《关于审理侵犯专利权纠纷案件应用法律若干问题的解释》第16条第1款规定:“人民法院依据专利法第六十五条第一款的规定确定侵权人因侵权所获得的利益,应当限于侵权人因侵犯专利权行为所获得的利益;因其他权利所产生的利益,应当合理扣除。”

也是非标准必要专利确定普通侵权损害赔偿的常用方法。

四、无线星球公司诉华为公司案按"损害赔偿与 FRAND 费率等同适用"判决损害赔偿[1]

无线星球公司主张因华为公司拒绝签订无线星球公司有权主张的全球 FRAND 许可，则自涉案 FRAND 许可生效日期 2013 年 1 月 1 日起，产生侵权损害赔偿问题，并认为针对具体专利的侵权损害赔偿不应受 FRAND"一揽子"许可中可用折扣的影响。比尔斯法官认为，专利侵权的损害赔偿是补偿性的，专利权人的实际损失就是其本应从许可中赚取的金额，解决的方式就是有意愿的双方在"假想谈判法"的情况下最终实际可以达成的共识，而这种共识下达成的许可与本案认定的 FRAND 许可是完全相同的。因此，在需要判定损害赔偿的情况下，损害赔偿将与适当的 FRAND 费率相等，该金额就是适用于英国销售的主要市场的许可费率。法庭认定华为公司侵犯了无线星球公司两项有效标准必要专利（涉案专利系无线星球公司受让自爱立信公司正常加入标准的必要专利），并主动为双方就涉案标准必要专利确定了全球 FRAND 许可费率，在此基础上向华为公司颁发了"附条件的 FRAND 禁令"，即如果华为公司接受该 FRAND 全球许可费率，则停止侵权的禁令不生效。对与此相关的损害赔偿，如果华为公司没有根据法庭认定的 FRAND 全球许可费率签订和解协议，则损害赔偿将到期支付，法庭将作出损害赔偿令，该赔偿令与 FRAND 禁令相同，即如果华为公司签订该和解协议，则赔偿令不再有效。

与前述高清公司诉 OPPO 公司案中最高人民法院使用"假想谈判法"相类似，该案同样先用"假想谈判法"确定 FRAND 许可费（率），并认为这种共识下（假想情况下）达成的许可与本案认定的 FRAND 许可是完全相同的，且在需要判定损害赔偿的情况下，损害赔偿将与适当的 FRAND 费率相等。可见在该案中，普通侵权损害赔偿责任的"填平原则"与 FRAND 原则下的损害赔偿是互为补充而非彼此割裂的。

---

[1] 参见马一德主编：《FRAND 案例精选》（第 2 卷），科学出版社 2018 年版，第 301 页。

第七章 我国通信标准必要专利典型案例实证评析

本书在中国裁判文书网上进行检索，设置的检索条件为：(1)全文含有关键词“标准必要专利”的裁判文书（包括判决书、裁定书、调解书）；(2)案件类型为“民事案件”；(3)审判程序为“民事一审”（以便剔除对同一案件进入二审或再审程序的重复计数）。共检索到符合所述检索条件的民事实体案件一审裁判文书37件，同时对含有关键词“标准必要专利”的管辖权程序性案件进行检索，检索到裁判文书45件（含二审），合计82件。检索到的裁判年份期间为2014～2023年，其中裁判文书案号中所体现的最早立案受理时间为2012年。鉴于案件信息公开存在一定滞后性，以及因保密原因未全部向公众公开等因素，上述所检索的信息可能存在不全面或不完整的情形，但通过对现有数据的分析，大致可以了解我国标准必要专利民事诉讼案件的概况。2014～2023年，中国法院审理标准必要专利法律纠纷民事实体一审案件和管辖权程序性案件（含二审）的各年度案件数量分布情况见图7－1。

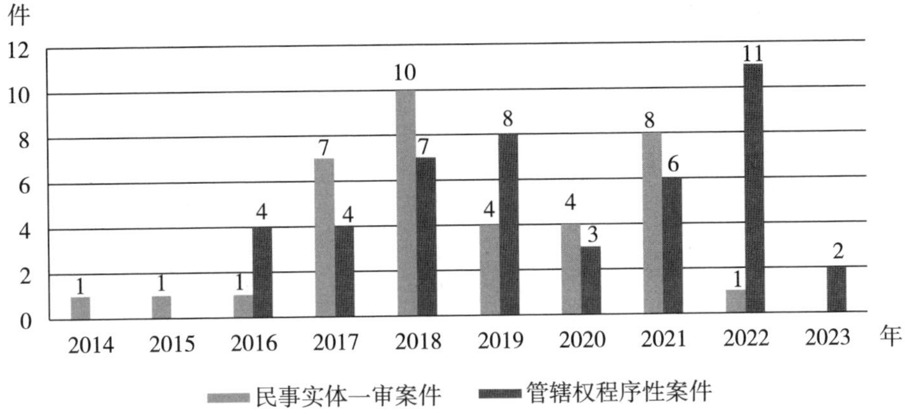

图 7-1 2014~2023 年中国法院审理标准必要专利民事实体一审案件、管辖权程序性案件数量分布

从图 7-1 的标准必要专利民事实体一审案件的审理数量看,2016~2018 年出现明显增长,2018 年达到峰值的 10 件,之后开始回落。从案件所涉行业分布情况看,2014~2023 年中国法院受理的标准必要专利法律纠纷案件主要涉及通信、建筑、医药、新能源汽车四个行业,其中,涉及通信领域的标准必要专利法律纠纷案件 24 件,占比 64.86%;涉及建筑行业 4 件,占比 10.81%;医药和新能源汽车行业各 3 件,分别占比 8.11%。2014~2023 年标准必要专利民事实体一审案件涉及行业领域分布情况见图 7-2。

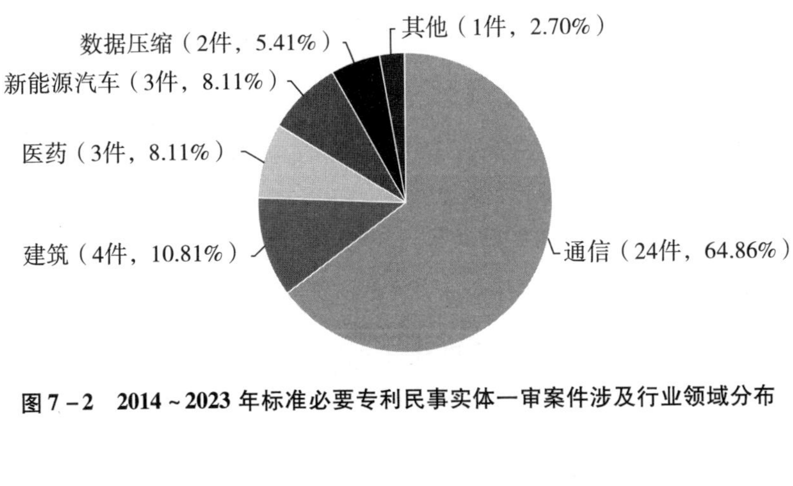

图 7-2 2014~2023 年标准必要专利民事实体一审案件涉及行业领域分布

从案件审理的法院地域分布情况看,2014~2023年审理37件标准必要专利法律纠纷民事实体一审案件的法院中:北京法院审理18件,占比48.65%;广东法院审理7件,占比18.91%;上海和福建法院各审理3件,分别占比8.11%;湖北和山东法院各审理2件,分别占比5.41%;江苏和内蒙古法院各审理1件,分别占比2.70%。其中,北京、广东、上海和福建四地法院合计31件,占比83.78%。由此可见,标准必要专利法律纠纷案件83%以上的管辖地集中在北京、广东、上海、福建四地法院,这与我国通信产业发展布局、通信企业地域分布以及知识产权法院专属管辖地的特点、趋势等情况基本吻合。2014~2023年标准必要专利民事实体一审案件审理法院地域分布情况见图7-3。

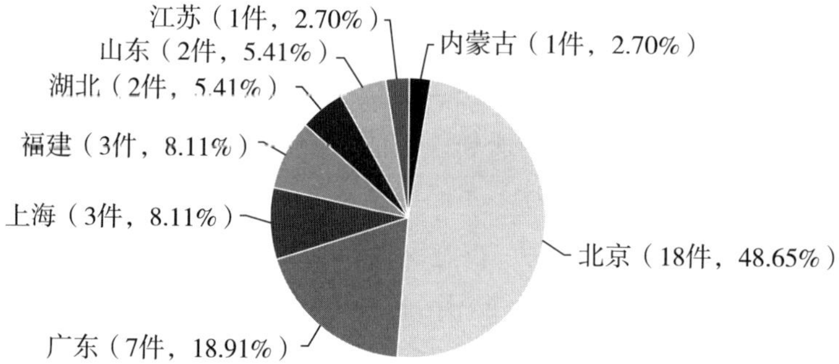

图7-3 2014~2023年标准必要专利民事实体一审案件审理法院地域分布情况

国内通信领域标准必要专利诉讼案件集中频发,案件标的额大、社会关注度高,司法机关作出的个案判决对整个产业发展和相关行为准则的确立产生很大影响。从标准必要专利诉讼案件的类型和案由看,主要有以下三类案件:一是侵害专利权纠纷案件,专利权人主张实施者侵害其标准必要专利的专利权,请求判令实施者停止侵权(给予禁令救济)、赔偿损失,典型案如三星公司与华为公司互诉标准必要专利侵权系列案,西电捷通公司诉索尼(中国)公司案等;二是专利许可费纠纷案件,专利权人或实施者请求法院针对实施者使用标准必要专利的行为裁决许可费或许可费率,典型案如华为公司诉IDC公司案,华为公司诉三星(中国)公司案等;三是滥用市场支配地位纠纷案件,实施者主张专利权人向其收取标准必要专利许可费的行为构成反垄断法禁止的滥用市场支配地位行为,典型案如华为公司诉 IDC 公司案等。上述三类案件涉及的法律问题可以概括为禁令救济问题、专利许可费问题和滥用市场支配地位问题。此外,标准必要专利国际平行诉讼中存在的管辖权争夺问题也是近年来颇具争议并广受关注的问题。本章就这三类案件所涉及的相关法律问题以及国际平行诉讼中的管辖权争夺问题,分别选取了国内通信领域标准必要专利诉讼案件中有代表性的六个典型案例加以介绍、实证解读和评析。

第一节　我国许可费之诉的审判框架:高清公司诉 OPPO 公司案

一、基本案情[1]

高清公司是涉案的六件发明专利的授权权利人,该六件专利属于我国工业和信息化部于 2016 年 10 月 22 日发布的名称为"移动终端支持基于 LTE 的语音解决方案(VoLTE)的技术要求"的通信行业标准(YD/T3178－2016 标准)中的标准必要专利,该标准于 2017 年 1 月 1 日起实施。高清公司于 2018 年 11 月 16 日以 OPPO 公司故意拖延针对该六件标准必要专利的许可谈判为由,向一审法院起诉,请求法院判令 OPPO 公司每件专利赔偿侵权损失 5700 万元人民币(六案合计 3.42 亿元),同时针对其中两件专利还请求法院判令立即停止侵权等。审理中 OPPO 公司于 2019 年 12 月 6 日以高清公司违反 FRAND 许可谈判义务为由,向一审法院提出反诉,请求确认高清公司在许可谈判中的相关行为违反 FRAND 义务,以及如涉案六件专利被认定为标准必要专利且 OPPO 公司实施了该六件专利,则请求法院确定涉案六件专利的许可费率(在涉案六件专利权有效期内),并判令高清公司赔偿 OPPO 公司经济损失 100 万元等。以下就该案最高人民法院二审判决中

[1] 参见最高人民法院民事判决书,(2022)最高法知民终 907、910、911、916、917、918 号。

的亮点予以解读、评析。

标准必要专利许可费之诉，涉及FRAND原则的适用、“可比协议法”的运用、许可费率的确定、谈判过错的认定、损失赔偿责任的分配以及最终赔偿数额的确定等环环相扣的复杂法律问题和司法技术问题，其中涉外标准必要专利许可费之诉还涉及涉外民事关系法律适用问题。而对于FRAND承诺的法律属性，国内地方法院存在不同认识。在中国首例通信领域标准必要专利诉讼纠纷即华为公司诉IDC公司案中，法院认为，FRAND许可承诺不宜理解为标准必要专利权利人与标准实施者之间成立合同关系。FRAND原则的核心是对标准必要专利权利人的合理限制，落实公平、合理、无歧视原则应平衡标准必要专利相关当事人之间的利益，既保证专利权人能够从技术创新中获得足够的回报，同时也避免标准必要专利权利人借助标准所形成的强势地位索取高额许可费率或附加不合理条件。在西电捷通公司诉索尼（中国）公司案中，一审法院将FRAND声明认定为单方民事法律行为，理由在于：西电捷通公司确曾作出过“愿意与任何将使用该标准专利权的申请者在合理的无歧视的期限和条件下协商专利授权许可”的声明，即索尼（中国）公司所称的FRAND声明。但是，FRAND声明仅系专利权人作出的承诺，系单方民事法律行为，该承诺不代表其已经作出了许可，即仅基于涉案FRAND许可声明不能认定双方已达成了专利许可合同。上述我国地方法院对FRAND原则法律属性存在的分歧，一定程度上影响了我国司法裁判的公信力与权威性。

2023年12月12日，最高人民法院就高清公司诉OPPO公司案作出二审民事判决。在该案中，最高人民法院不仅对FRAND原则与我国法律体系的对接，以及违反FRAND原则行为本身在个案中的可诉性及其归责路径等问题予以明确，更为审理标准必要专利许可费之诉建立了审判框架，并就其中所涉及的“可比协议法”的运用、许可费率的确定、谈判过错的认定、损失赔偿责任的分配以及最终赔偿数额等相关问题给出了范例式指引，为我国后续有关FRAND许可和标准必要专利的司法实践开辟了道路。

二、案例评析

(一)明确了FRAND原则在我国法律体系中适用的相关问题

最高人民法院在该案判决中认为,标准必要专利相较于非标准必要专利而言的特殊性在于:其为实施相关标准过程中必须实施的专利,该专利权人在其专利被纳入拟定标准技术方案的过程中需要向有关标准化组织作出将按照FRAND条件许可不特定人实施其专利的承诺(FRAND承诺)。尽管该FRAND承诺并非向特定专利实施人作出,但该承诺已是国际上主流标准化组织允许将专利纳入拟定标准技术方案所采取的通行做法,故相关行业的实施人或者潜在实施人均会对该FRAND承诺产生合理信赖。由此,标准必要专利的权利人在中国法律体系中,需要遵守《民法典》第7条关于诚信原则的规定、第132条关于不得滥用民事权利的规定、第500条关于缔约过失责任的规定。因此,一旦实施人向标准必要专利的权利人请求许可实施该专利,该权利人原则上不得无正当理由拒绝许可,其面临的谈判问题已经主要不是是否愿意许可的问题,而是按照什么条件许可的问题,许可条件特别是许可使用费是权利人(许可方)与实施人(被许可方)协商订立标准必要专利实施许可合同的核心问题。根据《民法典》的规定,缔约双方均应遵守诚信原则协商订立合同。法律规定的诚信原则在标准必要专利许可谈判中主要体现为行业所普遍认可和遵循的FRAND原则。具体说明如下。

1. 明确FRAND原则是我国《民法典》诚信原则的体现

最高人民法院的上述观点表明,标准必要专利作为实施标准必须使用的专利,因其专利权人所作FRAND承诺,使标准实施人或潜在实施人对获得其专利的实施许可产生了合理信赖利益,因此标准必要专利的权利人遵守其FRAND承诺,在中国的法律体系中,就是遵守《民法典》诚信原则。由此可以推知,我国《民法典》的诚信原则属于FRAND原则适用的"上位原则",在标准必要专利FRAND许可相关司法实务中适用FRAND原则,其国内法渊源或准据法应为民事法律体系中的《民法典》。由此,FRAND原则与我国民事法律体系中的诚信原则得以无缝对接,适用FRAND原则与适用诚信原则是有机统一、并行不悖的。

2. 明确 FRAND 义务是签订许可协议双方的诚信谈判义务

理论界关于 FRAND 原则法律属性的学理解释(参见本书第二章),包括单方法律行为说、要约说、承诺说、要约邀请说、利益第三人合同说、强制缔约义务说,以及专利法学理上的默示许可说等,其虽都在一定程度上阐释了 FRAND 原则的法律属性,但并不完善甚至难以自洽。司法实践中,我国地方法院在涉及标准必要专利纠纷案件的审判中,对 FRAND 原则的法律属性有不同观点。如在天工药业公司诉邕江药业公司侵犯发明专利权案中,广西壮族自治区高级人民法院的判决明确否定 FRAND 承诺构成默示许可。[1] 在华为公司诉 IDC 公司案中一审法院认定 FRAND 原则属于强制缔约义务,二审法院认为 FRAND 原则属于诚实信用原则。在西电捷通公司诉索尼(中国)公司案中一审法院认定 FRAND 原则属于单方法律行为,二审法院则认为 FRAND 原则构成善意谈判义务。而在华为公司诉 IDC 公司案中,二审法院认定 FRAND 原则为诚信、善意授权许可义务等。

此外,最高人民法院《侵犯专利权纠纷解释(二)》第 24 条第 2 款规定,专利权人、被诉侵权人双方在协商专利实施许可条件时,专利权人故意违反 FRAND 义务导致无法达成许可合同且被诉侵权人在协商中无明显过错的,对于权利人请求停止标准实施行为的主张,人民法院不予支持。该规定强调了专利权人、被诉侵权人双方在协商谈判许可条件时的 FRAND 义务。北京市高级人民法院《专利侵权判定指南(2017)》第 150 条也进一步明确规定了在标准必要专利的许可谈判中,谈判双方应本着诚实信用的原则进行许可谈判,作出 FRAND 承诺的专利权人应履行该声明下所承担的相关义务,请求专利权人以 FRAND 条件进行许可的被诉侵权人也应以诚实信用的原则积极进行协商以获得许可。广东省高级人民法院《关于审理标准必要专利纠纷案件的工作指引(试行)》则对“诚实信用原则”予以专条规定并加以说明:审理标准必要专利纠纷案件,要注意审查标准必要专利权利人和实施者从事与标准必要专利有关的活动时,是否遵循诚实信用原则;本条是关于诚实信用原则的规定,鉴于诚实信用原则对于标准必要专利纠纷的审理具

---

[1] 参见广西壮族自治区高级人民法院民事判决书,(2007)桂民三终字第 46 号。

有重要作用,予以专条规定。

最高人民法院的前述审判观点认为,基于实施人对权利人 FRAND 承诺产生的合理信赖,一旦实施人向标准必要专利的权利人请求许可实施该专利,该权利人原则上不得无正当理由拒绝许可,其面临的谈判问题已经主要不是是否愿意许可的问题,而是按照什么条件许可的问题,而根据《民法典》诚信原则的规定,缔约双方均应遵守诚信原则协商订立合同。意即双方均有义务按照 FRAND 原则所体现的诚信精神进行许可谈判。因此,FRAND 义务既不是对权利人"强制签约"的义务,也不是权利人单方承诺签订许可协议的义务,更不是权利人对实施方"默示实施许可"的义务,而是权利人与实施人双方就达成许可协议的诚信谈判义务。由此可知,"FRAND 原则的法律属性应当为双边善意谈判义务"〔1〕。

3. 明确违反 FRAND 义务的责任是缔约过失责任

判决书中的案情显示,高清公司是以 OPPO 公司故意拖延针对涉案六件标准必要专利的许可谈判为由,即认为 OPPO 公司违反 FRAND 许可谈判义务而向一审法院起诉的,而 OPPO 公司则以高清公司违反 FRAND 许可谈判义务为由,向一审法院提出反诉,请求确认高清公司在许可谈判中的相关行为违反 FRAND 义务。对此,最高人民法院认为,高清公司诉 OPPO 公司案,是高清公司与 OPPO 公司在双方拟缔约且应当缔约但最终未能实际缔约的情况下,就双方应当以何种标准的许可费率进行缔约所发生的争议。依据法院地法律即中国法律进行定性,该类纠纷在性质上为缔约过失责任纠纷。虽然缔约过失责任是以行为人违反法定的先合同义务(依诚信原则而产生的附随义务)为前提,不同于一般合同责任和侵权责任的补充性的民事责任,但我国《民法典》将缔约过失责任规定于第三编(合同)第二章(合同的订立)中的第 500 条,故在中国现行法律体系中缔约过失责任纠纷在法律定性上为合同纠纷。在此基础上,最高人民法院根据各方当事人在二审中的诉辩主张,将本六案二审争议焦点归纳为涉案六件专利许可使用费数额以

---

〔1〕 蒋华胜:《标准必要专利 FRAND 原则的规范解释与司法裁判研究》,载《法律适用》2023 年第 7 期。

及赔偿数额的确定，具体涉及被诉侵权手机销量、单位许可费率、当事人缔约过错程度与本六案赔偿数额的确定。可见，最高人民法院认为违反FRAND义务所应承担的责任，在法律定性上属于我国民法体系中先合同义务的缔约过失责任。

4. 明确单独请求确认违反FRAND义务不可诉

如前所述，OPPO公司以高清公司违反FRAND许可谈判义务为由，向一审法院提出反诉，请求确认高清公司在许可谈判中的相关行为违反FRAND义务。对此，最高人民法院认为，对于OPPO公司在本六案中的反诉请求，其第一项请求是要求法院确认高清公司在许可谈判中违反FRAND义务，因该项请求并非要求对方当事人承担民事责任，故一般不能作为诉讼请求提出，而只能作为支持某项诉讼请求的理由提出。因此，一审法院判决驳回OPPO公司的此项反诉请求并无不当，二审予以维持。

最高人民法院在高清公司诉OPPO公司案二审判决中，就FRAND原则在我国法律体系中的适用问题所表达的"释法性"审判观点，为法院后续审理标准必要专利案件所涉FRAND原则适用相关问题提供了重要参照和指导。

（二）示范了认定缔约过错程度的个案考量因素及分析步骤

最高人民法院在判决中指出，标准必要专利许可谈判一般涉及技术谈判和商务谈判。技术谈判的事项通常包括权利人所主张的专利对于标准是否属于必要专利、权利人拟许可的专利的有效性和稳定性、拟许可的专利对于标准的技术贡献程度、被诉侵权产品的技术方案是否落入拟许可的专利权的保护范围等。商务谈判的事项通常包括权利人主张的许可费率的计算方式和计算标准、相关可比协议的披露、拟许可的专利范围、许可实施方式、许可时间范围和许可地域范围、被诉侵权产品的历年销售数量等。就此，最高人民法院给出了标准必要专利许可谈判中对各方缔约过错程度的分析步骤：

首先，根据标准必要专利许可谈判的行业惯例，就一份标准必要专利实施许可合同的达成，给出双方往来谈判的一般性谈判环节指引（列举7个步骤，详见本案例评析最后的表7-1中"分析步骤"一列中的"释明许可谈判的 7 个一般性环节”)。

其次,给出认定权利人在许可谈判中是否存在过错,通常可以综合考虑的因素(列举 9 点因素,详见本案例评析最后的表 7-1 中“分析步骤”一列中的“释明谈判过错的双方考量因素”的 9 点因素),以及认定实施人在许可谈判中是否存在过错,通常可以综合考虑的因素(列举 5 点因素,详见本案例评析最后的表 7-1 中“考量因素”一列中的“实施人过错”的 5 点因素)及其过错认定排除因素,同时着重强调在聚焦分析双方在谈判过程中是否存在过错时,核心仍在于判断双方是否具有并展现出愿意达成许可的真诚意愿。

再次,根据上述两步指引,再结合本案查明的双方在诉讼前和诉讼中的许可谈判沟通情况,逐步逐项分析判断双方在涉案专利许可谈判过程中所展现出的对达成许可协议的真诚意愿情况,以及根据在案证据逐项列举双方在谈判中的过错表现情况。

最后,通过以上具体细致的分析考量,最高人民法院认定,谈判双方在缔约过程中基本上都展现出愿意达成许可协议的意愿,同时双方也均具有一定的过错表现,且这些过错表现均对最终未能达成许可协议具有重要影响。综合上述分析,双方对于未能达成涉案六件专利的实施许可合同均有缔约过错,且缔约过错程度相当,故各自应对此造成的损失承担 50% 的责任。

鉴于高清公司在一审中请求其损害赔偿数额应按专利许可使用费的 3 倍进行计算,一审判决认为在高清公司起诉后,且在高清公司向其披露与其类似的 A 公司和解协议部分内容的情况下 OPPO 公司仍然报价过低(仅为 100 万美元),存在明显过错,故一审法院决定将许可使用费上浮 20%,即按一审确定的专利许可使用费的 120%(1.2 倍)进行计算。对此,最高人民法院二审认为,人民法院在审理标准必要专利侵权纠纷案件过程中,标准必要专利权利人和被诉侵权人在许可条件的谈判过程中的谈判表现以及对于未能就许可条件达成一致是否存在过错及过错程度大小,并不是确定专利许可使用费合理倍数时所应当考虑的法定因素。但在损失数额确定后,无论是侵权责任纠纷还是合同责任纠纷,均需要根据双方当事人的过错程度及其影响(原因力)等因素进一步合理确定双方当事人之间的损失分担。因此,本六案中双方当事人在涉案六件专利许可使用费协商谈判过程中的过错程度是影响赔偿责任的重要因素。简言之,最高人民法院认为,OPPO公司的报价过低属于许可谈判中的缔约过错,但根据专利法及其司法解释[1],缔约过错不是确定按使用费倍数赔偿的法定理由,缔约过错及过错程度是在损失数额确定后,分配赔偿责任承担的重要因素。一审法院根据双方当事人的缔约过错程度,按照其计算得出的许可使用费的120%确定OPPO公司最终应当支付的许可使用费,无论是单纯从许可使用费确定来看,还是从专利侵权赔偿数额确定来看,在适用法律上均有欠严谨,同时也偏离了标准必要专利实施许可谈判的实际,故被二审纠正。同时,最高人民法院在确定了OPPO公司应付的涉案专利许可使用费后,对OPPO公司延迟支付许可使用费所造成的利息损失,按前述在许可谈判中双方均有缔约过错,且缔约过错程度各50%的认定,判决由OPPO公司承担50%的利息损失。

(三)提供了选取可比许可协议全面考量因素的"个案模板"

本案判决全面细致地列举选取可比许可协议的各项考量参照因素,堪称是选取可比许可协议考量参照因素的"个案模板"。首先,最高人民法院指出,许可费率的确定属于标准必要专利实施许可条件中的核心问题。实践中,确定标准必要专利许可费率的方法包括"可比协议法""分析涉案标准必要专利的市场价值法(自上而下法)""参照具有可比性专利池中的许可信息法"以及其他方法,这些方法各有优劣,其中"可比协议法"和"自上而下法"是常用的方法。具体个案中选取何种方法,更多取决于当事人的举证情况。本六案中:高清公司就其持有的涉案六件专利提交了若干份早前与不同案外主体签订的专利许可协议,并明确请求适用"可比协议法"确定许可费率;OPPO公司在上诉中最初提出采用"自上而下法"的计算方法,但在二审庭审中明确表示不再坚持该计算方法。"可比协议法"的突出优点在于其

---

[1] 根据《专利法》第71条的规定,只有在权利人损失或侵权人获利均难以确定的情况下,才能参照该专利许可使用费的倍数合理确定侵权赔偿数额。但本案权利人损失已经确定。最高人民法院《关于审理专利纠纷案件适用法律问题的若干规定》第15条规定,权利人损失或侵权人获利难以确定,有专利许可使用费可以参照的,人民法院可以根据专利权的类型、侵权行为的性质和情节、专利许可的性质、范围、时间等因素,参照该专利许可使用费的倍数合理确定赔偿数额。该条没有规定"可以根据许可谈判中的缔约过错"来判定按使用费倍数赔偿。

能够反映市场定价，在公平竞争的市场中，专利许可协议最终的许可费率通常是双方通过真实谈判，经自愿协商一致所达成的商业谈判结果，通过谈判确定的许可费率基本能够相对客观、公允、合理地反映被许可的专利技术在签约时的市场价值。本六案具备采用“可比协议法”确定涉案六件专利许可费率的可行性。

其次，最高人民法院在判决中给出了在选取具有可比性的许可协议时，一般性重点考虑的四项因素：一是许可谈判的环境，具体指双方的交易背景和交易条件，其直接关系到协议是否为许可方和被许可方在不存在心理强制的情境下（如伴随诉讼或以诉讼相威胁、伴随法院作出停止侵权的裁决或以向法院申请颁发停止侵权的裁决相威胁）基于自愿协商达成一致的结果；二是许可主体的相似性，包括许可方的相似性，也包括被许可方的相似性，可以从业务模式、经营范围、许可人与被许可人的关系等多方面加以判断；三是许可专利的相似性，例如可比协议中作为许可标的的专利是否与诉争案件中的专利相一致或者涵盖后者，是否与诉争案件中的专利具有相同或者类似的数量和质量等；四是许可条款的相似性，包括许可费率的计算、许可范围、许可期限、许可方式、许可使用费支付方式等。

再次，根据上述列出的对选取可比协议考量因素的一般性分析，结合本案案情及在案证据，特别是考虑到高清公司提交的在案许可协议中的许可方基本上都是高清公司或其关联方，且约定的许可方式、许可期限等基本相同，再进一步聚焦到选取符合本案案情的可比协议时应当重点考虑的五项因素：一是许可标的，如可比协议是否仅包括涉案六件专利；二是被许可方情况，如是否与 OPPO 公司同属在中国通信行业领域内的知名企业；三是许可的地域范围，如仅限于中国范围还是全球范围；四是许可谈判的环境，如在许可谈判过程中双方之间是否存在相关诉讼；五是专利实施规模，如产品年销量及规模是否大体相近等。

最后，再分析、推演法院在本六案中认定的最具可比性的许可协议[1]

---

〔1〕 根据该案二审判决书显示的信息，在案证据至少提供了 12 份“可比许可协议”，其中与 A 公司 1 份、与 B 公司 3 份、与 C 公司 3 份、与 D 公司 2 份以及与 E 公司、F 公司、G 公司至少各一份。

的理由和过程并求得单位许可费率:其一,从许可标的来看,B 公司协议 1 的许可标的正是涉案六件专利;其二,从被许可方情况来看,B 公司也是中国通信行业的知名企业;其三,从许可地域范围来看,B 公司协议 1 的许可地域同样仅涉及中国;其四,从专利实施规模来看,B 公司与 OPPO 公司使用涉案六件专利的手机数量均达到亿台以上规模;其五,从许可谈判环境来看,虽然在 B 公司协议 2、B 公司协议 3 中均披露了当时双方或各自利益相关方正在域外法院进行相关诉讼,但考虑到三份 B 公司协议各自许可的专利不存在重叠情况,尤其是 B 公司协议 1 的签订时间(2020 年 3 月 19 日)相较于 B 公司协议 2、B 公司协议 3 的签订时间(2015 年 3 月 9 日)已间隔 5 年之久,故应认为 B 公司协议 1 在磋商订立过程中受 B 公司协议 2、B 公司协议 3 所披露的相关诉讼因素影响可以忽略不计。换言之,可以认为 B 公司协议 1 是在正常的许可谈判氛围下达成的结果,能够客观合理反映该份许可协议中涉案六件专利的市场价值。

据此,最高人民法院认定,高清公司提供的在案许可协议中的 B 公司协议 1 是最具可比性的协议。

同时,最高人民法院还就排除 C 公司协议 1,以及排除一审法院另选定的高清公司及其关联方与 A 公司的协议,给出了其不能作为本六案适宜的可比协议的具体排除理由,即 C 公司协议 1 与 B 公司协议 1 相比,虽然二者在许可标的、被许可方情况、许可地域范围等方面均具有较高的相似性,但根据高清公司提交的专家报告所记载的内容,C 公司依据 C 公司协议 1 支付的许可使用费对应的手机设备数量仅为 3700 余万台。由此可见,该实施规模明显与 B 公司、OPPO 公司就涉案六件专利的实施规模不在一个数量层级上。特别是,C 公司协议 1 与 C 公司协议 2、3 同时签订,而 C 公司协议 2、3 签订时,该两份协议的许可方在美国法院、德国法院对 C 公司及其在美国、德国的子公司均提起若干起专利侵权诉讼,也即 C 公司协议 1 是在同时存在域外针对 C 公司及其子公司进行专利侵权诉讼的氛围下所达成,故 C 公司协议 1 与 B 公司协议 1 在许可谈判环境上迥然不同,C 公司协议 1 不能作为本六案适宜的可比协议。而一审法院另选定的高清公司及其关联方与 A 公司签订的许可协议,一方面,该协议约定的许可标的是高清公司在全球范围持有的 AMR－WB 专利，许可地域范围是全球（美国除外）；另一方面，该协议的签订背景正是高清公司在一审法院对 A 公司提起了专利侵权诉讼，也即该协议的许可谈判是在已经有中国司法诉讼介入的情况下所达成的结果。故基于以上三项因素（许可标的、许可地域范围、许可谈判环境）的考量，高清公司与 A 公司达成的专利许可协议相较于 B 公司协议 1，其差异性远大于相似性。一审法院在选取本六案具有可比性的许可协议时，忽视了 A 公司协议相对于 B 公司协议 1 所存在的上述区别因素，将 A 公司协议一并作为本六案的可比协议，有欠妥当。

在确定仅以 B 公司协议 1 作为本六案的可比协议后，考虑到该份协议仅约定了总的许可使用费数额，故还需对该份协议进行分析以进一步求得单位许可费率。B 公司协议 1 约定的许可使用费 600 万美元所对应的许可标的就是涉案六件专利，并不涉及对三件 AMR－WB＋标准的中国标准必要专利的有偿许可。一审法院在对 B 公司协议 1 确定单位许可费率时，将三件涉及 AMR－WB＋标准的中国标准必要专利一并计入作为 600 万美元的有偿许可标的，忽略或者误解了 B 公司协议 1 的相关许可条款内容。因此，B 公司协议 1 的单位许可费率应为 0.007890416 美元/台（600 万美元÷760416171 台）。参考 B 公司协议 1 确定的单位许可费率，可将 OPPO 公司实施涉案六件专利的单位许可费率确定为 0.008 美元/台。一审法院确定的单位许可费率（0.006079268 美元/台）有欠妥当，被二审纠正。显然，0.008 美元/台的单位许可费率，是参考 B 公司协议 1 确定的单位许可费率，酌情上调确定的。因为“最具可比性协议”并不等于“完全相等的可比协议”，二者总是存在细节差别（如被许可主体、手机销量等方面的细节差异），因此“最具可比性协议”作为“参照物”并非“等同引用”。

上述可见，对于选取可比许可协议的考量因素，最高人民法院抽丝剥茧、环环相扣，按照“选取可比协议一般性考量重点→聚焦到选取符合本案可比协议的考量重点→分析推演本案最具可比性协议的理由过程→认定本案最具可比性协议→求得二审确定的单位许可费率”的审理思路一步步展开，全面客观地展示了选定本案“最具可比性协议”的各项考量参照因素及其理由和过程，堪称考量选取可比协议参照因素的教科书式的“个案模板”。

(四)开辟了按标准必要专利权利人实际损失确定使用费的新思路

根据《专利法》第71条的规定,侵犯专利权的赔偿数额按照权利人因被侵权所受到的实际损失或者侵权人因侵权所获得的利益确定。司法实践中,专利侵权诉讼特别是标准必要专利侵权诉讼,原告主张按侵权人因侵权所获得的利益确定侵权损失赔偿数额的居多,而法院按权利人因被侵权所受到的实际损失判决赔偿的则不常见。本案中,最高人民法院开创性地综合运用"可比协议法""假想谈判法""缔约过失责任分配",按权利人的实际损失确定其标准必要专利使用费。

首先,最高人民法院指出,标准必要专利实施许可不同于非标准必要专利实施许可的关键在于:在专利实施人表示愿意按照FRAND条件签订实施许可合同的情况下,标准必要专利的权利人原则上不能拒绝许可,双方一般只能通过善意协商谈判解决实施许可的问题;如果因双方在缔约方面的过失导致未能达成实施许可合同,由此表现出的实施人未经标准必要专利的权利人许可实施而构成的专利侵权,也相应不同于实施人未经非标准必要专利的权利人许可实施而构成的专利侵权。其不同之处在于:前者构成侵权的原因是权利人与专利实施人一方存在缔约过失或者双方均存在缔约过失,而后者一般为专利实施人的单方原因。换言之,正是因为本六案中标准必要专利的权利人与专利实施人双方的缔约过失导致未能缔约,才形成实施人的专利侵权,因此该专利侵权的责任特别是赔偿责任主要应当基于双方缔约过错程度大小加以确定,而不同于非标准必要专利侵权通常所表现出的实施人单方责任。最高人民法院强调,标准必要专利FRAND原则下的侵权赔偿需考查双方的缔约过失责任分配,而不同于非标准必要专利的单方侵权责任。正是由于双方的缔约过失导致未能缔约,才形成实施人的专利侵权并引致赔偿责任,因而这种赔偿责任是按双方缔约过错程度的"双方归责",而不是非标准必要专利侵权的"单方归责",因此不适用仅按"侵权人因侵权所获利益"的"单方归责"确定赔偿。

其次,最高人民法院分析认为,高清公司所遭受的损失主要是因其与OPPO公司长期未能达成涉案六件专利实施许可合同所引起的损失。严格地讲,该损失是在假设双方及时按照 FRAND 条件达成实施许可合同的前提下,高清公司应当取得的利益与高清公司的现有利益之差。假设双方及时以 FRAND 条件达成涉案六件专利的实施许可合同,按照标准必要专利许可领域普遍采用的一揽子许可的做法以及本六案中双方当事人提供的可比协议,被许可方通常在缔约之初一次性支付全部专利许可实施期间的全部许可使用费,故经司法诉讼程序确定涉案六件专利许可使用费也应当遵循相同的计算逻辑。显然,这里最高人民法院是在运用“假想谈判法”(参见本书第五章第三节),即通过模拟标准必要专利权利人和实施者在纠纷发生前,双方在平等自愿的基础上就许可使用费进行自由谈判的场景,来还原真实的许可费谈判过程中达成的许可条件,包括许可费率、许可对象和范围以及许可的方式、期限、支付方式等,来分析高清公司涉案标准必要专利使用费的损失成因、损失程度及其赔偿逻辑,其中一并指出了因双方长期未能达成许可合同而致损的缔约过失归责含义。

再次,最高人民法院进一步具体分析认为,高清公司最初于 2018 年 2 月 22 日向 OPPO 公司发送邮件告知 OPPO 公司使用了涉案六件专利并表达了按照 FRAND 原则进行许可谈判的意愿,OPPO 公司于 2018 年 3 月 14 日回复高清公司愿意按照 FRAND 原则进行谈判。因此,如果双方均能诚信谈判和履约,则按照业内通常惯例,一般可在 12~18 个月的合理期限内达成许可协议。高清公司据此可以同期一次性取得涉案六件专利的全部许可使用费,其一次性取得全部许可使用费的时间可以合理确定为 2019 年 9 月 20 日前(自 2018 年 3 月 14 日起算,以 18 个月的最长谈判时长作为正常缔约的时间,再加上缔约后 5 日的付款时间)。无论高清公司是在上述理想谈判与交易条件下及时取得许可使用费,还是在现实条件下按照本六案生效判决延后取得许可使用费,其所获得的许可使用费的本金都应当是一个不变的数额,而高清公司因双方未能缔约所额外遭受的损失基本上是其本应早日取得全部许可使用费的期限利益损失,即正常情况下可以合理预见的利息损失。综上所述,该利息损失应当按照双方对未能缔约的过错程度基本相当(各 50%)来确定分担,OPPO 公司应当赔偿 50% 的利息损失。

最后,最高人民法院根据上述分析,分两步得出高清公司涉案六件标准必要专利的侵权损害赔偿数额,第一步是前述按“可比协议法”得出专利许可使用费折合人民币15,390,527元[0.008美元/台×272,109,806台×7.07元(人民币汇率)]。按照“假想谈判法”,该使用费就是按照标准必要专利许可领域普遍采用的“一揽子”许可法,由被许可方通常在缔约之初就应一次性支付的全部专利许可实施期间的全部许可使用费,也是权利人因被侵权所受到的许可使用费的实际损失。其中,“全部实施期间”意味着包括涉案六件专利的全部有效期,以避免再考虑六件专利剩余不同有效期的冗赘;而“全部使用费”则意味着无须再考虑“按使用费倍数”计算赔偿的法律适用问题,以避免出现前述一审判决中出现的错误。第二步计算因双方缔约过失造成的使用费“应付未付”的损失,这个损失按“假想谈判法”在使用费本金应当是一个不变数额的情况下,高清公司因双方未能缔约所额外遭受的损失基本上就是其本应早日取得全部许可使用费的期限利益损失,即权利人因被侵权所遭受的许可使用费的利息实际损失,但是前文已述,这个额外的利息损失需要按双方各50%的缔约过错责任程度来分配承担。据此,二审判决将利息损失计算为:许可使用费本金15,390,527元×4.25%(当期LPR年利率)×50%的缔约过错程度×自2019年9月20日至OPPO公司实际支付之日的期间。即标准必要专利的权利人最终从专利实施人处获得的赔偿金额:一是其应获得的许可使用费本金;二是利息损失。

由上可见,本案中最高人民法院综合运用“可比协议法”“假想谈判法”“缔约过失责任分配”,最终按权利人的实际损失确定其标准必要专利使用费,既合理地避开了“退而求其次地参照专利许可使用费的倍数确定赔偿数额”,以及“再进一步区分涉案六件专利权的期限截止日”,又通过对利息损失的合理分担巧妙地将双方FRAND谈判的缔约过失责任纳入确定损害赔偿责任的考量因素,这种开创性的损害赔偿计算方式为标准必要专利许可费之诉的后续司法实践提供了新的审判思路。

(五)确立了我国标准必要专利许可费之诉的审判框架

标准必要专利纠纷案件审理因其专业性和复杂性,一直是司法实践中的难题。除标准必要专利技术上的专业性和复杂性大大增加了侵权认定审理的难度外,其许可谈判的曲折性、复杂性以及损害赔偿法律适用的专业性、复杂性也非比寻常。通过上述对最高人民法院二审判决的解读、分析可以看出,本案的审理思路从明确 FRAND 原则在我国法律体系中的适用,到认定缔约过错程度要素的考量分析,到选取可比协议因素的全面考量,再到最后按权利人实际损失确定许可使用费,可谓沿着标准必要专利纠纷案件特有的逻辑脉络,一气呵成、顺理成章地推演、证成了最终的判决结果。梳理、总结全案的审理思路和逻辑脉络不难看出,在构成标准必要专利侵权的情况下,可以说最高人民法院在本案中确立了我国标准必要专利许可费之诉的审判框架,这是本案判决的最大亮点。为清晰明了地展现这个审判框架,以表 7－1 加以列示说明。

表 7－1 高清公司诉 OPPO 公司案审判框架

(在构成标准必要专利侵权情况下)

审理要点	分析方法	分析步骤		考量因素
FRAND 原则	诚信原则	重点考察遵守诚信进行善意谈判的情况,以及未能善意谈判的缔约过失责任情况		双方是否善意谈判
许可谈判	缔约过错程度	第一步	释明许可谈判的 7 个一般性环节	(1)权利人发出侵权书面通知;(2)实施人回复获得许可意愿;(3)权利人发出许可要约;(4)实施人回复意见或反要约;(5)权利人澄清或接受反要约;(6)或权利人回复意见或提出新要约;(7)或权利人不同意实施人提存反要约许可费
		第二步	释明谈判过错的双方考量因素	权利人过错:(1)是否直接诉讼;(2)是否直接拒绝许可;(3)是否反复以诉讼禁令相威胁;(4)是否无正当理由中断谈判;(5)是否拒绝披露必要信息;(6)是否拒绝公开许可费的计算依据或方式;(7)是否不公平报价并拒绝说明理由;(8)是否拖延反馈;(9)是否无正当理由拒绝澄清

续表

<table>
<tr><th>审理要点</th><th colspan="2">分析方法</th><th colspan="2">分析步骤</th><th>考量因素</th></tr>
<tr><td rowspan="3">许可谈判</td><td colspan="2" rowspan="3">缔约过错程度</td><td>第二步</td><td>释明谈判过错的双方考量因素</td><td>实施人过错:(1)是否及时回应侵权通知书或告知不同意谈判;(2)是否及时回应权利人要约;(3)是否及时提出反要约或许可建议或提存反要约许可费;(4)是否无正当理由拖延或中断谈判;(5)是否提出明显不合理条件,但声明保留质疑专利权合法有效性的除外</td></tr>
<tr><td>第三步</td><td>分析本案中的双方谈判意愿表现</td><td>结合本案查明的双方诉前、诉中许可谈判沟通情况,具体分析认定:(1)双方是否展现出达成许可协议的真诚意愿(列举主要行为表现);(2)双方是否均具有一定过错表现,且这些过错表现均对最终未能达成许可协议具有重要影响(列举主要行为表现)</td></tr>
<tr><td>第四步</td><td>分析认定双方谈判中的过错表现及责任</td><td>综上分析,就双方对未能达成涉案许可协议是否均有过错、过错程度及责任分配情况作出认定</td></tr>
<tr><td rowspan="4">损害赔偿</td><td rowspan="4">确定许可费</td><td rowspan="4">可比协议法</td><td>第一步</td><td>释明比较的一般性重点考量因素</td><td>(1)许可谈判环境;(2)许可主体的相似性;(3)许可专利的相似性;(4)许可条款相似性</td></tr>
<tr><td>第二步</td><td>聚焦本案比较应重点考量的因素</td><td>结合案情及在案证据确定本案重点考量因素:(1)许可标的(如是否仅包括涉案专利);(2)被许可方情况(如是否与被许可方同属行业领域知名企业);(3)许可地域范围(如是否仅限中国范围还是全球范围);(4)许可谈判环境(如是否在许可谈判过程中存在相关诉讼);(5)专利实施规模(如产品销量规模差异)</td></tr>
<tr><td>第三步</td><td>分析确定本案最具可比性协议</td><td>根据上述分析:(1)给出排除其他许可协议比较的分析和理由;(2)认定本案最具可比性的许可协议并阐明分析和理由</td></tr>
<tr><td>第四步</td><td>分析确定本案单位许可费率</td><td>(1)根据所确定的最具可比性协议计算其单位许可费率;(2)根据所计算的最具可比性单位许可费率,酌定本案适用的单位许可费率</td></tr>
</table>

续表

审理要点	分析方法		分析步骤		考量因素
损害赔偿	按权利人实际损失	假想谈判法	第一步	假设:未发生纠纷情况下双方自愿真实谈判达成的许可费	按本案适用的单位许可费率计算出权利人应得的总许可费,作为假设在未发生纠纷情况下实施人支付的“一揽子”一次性许可费定数
			第二步	现实:双方未能缔约形成侵权,按缔约过错大小承担损失	(1)以上述确定的一揽子总许可费为本金计算应付未付期间的 LPR 银行利息;(2)按前述确定的双方缔约过错大小确定实施人应承担的利息损失

由表 7 - 1 可见,最高人民法院在本案判决中确立的审判框架从整体上厘清了标准必要专利使用费纠纷案件的审理逻辑,包括审理重点、分析方法、分析步骤、考量因素等诸环节,为法院审理同类案件提供了审判范式和类案指导,使后续同类案件判决得以在此基础上再进行有针对性的补充和完善,以促进中国标准必要专利案件审判理念和司法技术的快速进步。

三、小结

最高人民法院作为中国最高审判机关,在本案中基于对技术和法律的深刻理解,首次对标准必要专利使用费纠纷案件审判中的相关重点、难点、热点问题进行了示范性回应,开辟了我国标准必要专利使用费纠纷案件审判的新思路。特别是在国际上已就标准必要专利案件审理形成较为成熟的审判流程和审判经验的情况下,为解决中国标准必要专利纠纷重难点问题进行了开拓性探索,为中国标准必要专利的司法实践进步作出了重要贡献,“这也意味着中国对标准必要专利案件的审判理念和司法技术迈入国际领先水平”[1]。

---

[1] 黄武双:《中国标准必要专利审判实践的创新与发展——评高清公司诉 OPPO 案》,载微信公众号“知产力”2024 年 3 月 1 日,https://mp.weixin.qq.com/s/fqtCb7QPsYfIuvqIncQg - g。

第二节　法院确定FRAND费率中国第一案：华为公司诉IDC公司案

一、基本案情[1]

华为公司和美国IDC公司同为ETSI成员。IDC公司宣称自己在2G、3G、4G和IEEE802领域拥有很多标准必要专利，华为公司认可IDC公司这些必要专利已被纳入中国无线通信标准，而且自己的产品必须符合这些标准。2008年9月~2012年8月，IDC公司先后四次给华为公司发送书面授权要约。第一次和第二次书面要约中，IDC公司希望从华为公司获得的2009年至2016年的权利金相当于同期给美国苹果公司的100倍，相当于同期给韩国三星公司的10倍；第三次书面要约中IDC公司希望从华为公司获得的权利金相当于同期IDC公司给苹果公司的35倍；第四次书面要约中IDC公司希望从华为公司获得的权利金相当于同期IDC公司给苹果公司的19倍。在这四次要约中，IDC公司明确表示，对任何一个具体要约条款的拒绝意味着对整个要约的拒绝。为了迫使华为公司接受其要约授权条件，2011年7月和9月，IDC公司分别向美国国际贸易委员会（ITC）和美国联邦地方法院特拉华州法院投诉和起诉，控告华为公司的通信产品侵犯其专利权，要求颁发禁令，禁止华为公司产品出口至美国境内以及销售。此外，华为公司提供了美国著名数据调查分析公司Strategy Analytics的分析报告，该公司分析了全球顶尖的移动电话公司从2007年到2012年的出货量、市场份额、净销售额等，诺基亚、三星、苹果、LG、RIM、摩托罗拉、HTC、索尼等均在其分析名单之列，但华为公司并没有进入该分析名单。据此，华为公司于2011年12月向深圳市中级人民法院对IDC公司提起了确定许可费率之诉和反垄断之诉。

---

〔1〕 参见广东省高级人民法院民事判决书，（2013）粤高法民三终字第305号；广东省高级人民法院民事判决书，（2013）粤高法民三终字第306号。

二、案例评析

(一)许可费率之诉

华为公司控告IDC公司的四次要约都违反FRAND原则,请求判令:按照公平、合理、无歧视(FRAND)条件判决确定IDC公司就其中国标准必要专利许可华为公司的许可费率或费率范围。一审中,华为公司明确其请求判决确定许可华为公司许可费率或费率范围对象为:IDC公司的全部中国标准必要专利(IDC公司持有的,对应中国无线通信标准的,包括2G、3G、4G在内的中国标准必要专利及专利申请)。该案被称为“中国标准必要专利第一案”[1]。

1. 明确FRAND许可使用费(率)的考量因素

本案中,华为公司和IDC公司均是欧洲电信标准化协会的成员。根据欧洲电信标准化协会知识产权政策第6.1条规定:当与某特定标准或技术规范有关的基本知识产权引起ETSI的注意时,ETSI总干事应当立即要求知识产权所有者在3个月内以书面形式给予不可撤回的承诺,该承诺须说明知识产权所有者将准备根据该知识产权中所规定的公平、合理和无歧视条件来授予不可撤销的许可。因此,IDC公司负有许可华为公司实施其标准必要专利的义务。关于使用费或者使用费率的问题,双方应当按照公平、合理和无歧视条款即FRAND条款进行协商,协商不能时,可以请求人民法院裁决。

法院认为,关于标准必要专利使用费数额的确定,应当符合公平、合理和无歧视的条件。根据标准必要专利的特点,在确定合理的使用费时,至少应考量以下因素:(1)许可使用费数额的高低应当考虑实施该专利或类似专利所获利润,以及该利润在被许可人相关产品销售利润或销售收入中所占比例。技术、资本、被许可人的经营劳动等因素共同创造了一项产品的最后利润,专利许可使用费只能是产品利润中的一部分而不应是全部,且单一专利权人并未提供产品全部技术,故该专利权人仅有权收取与其专利比例相

---

〔1〕 章宁旦、林劲标:《华为叫板美国IDC标准必要专利费率胜诉》,载中国法院网2014年4月18日,https://www.chinacourt.org/article/detail/2014/04/id/1278466.shtml。

对应的利润部分。(2)专利权人所作出的贡献是其创新的技术,专利权人仅能就其专利权而不能因标准而获得额外利益。(3)许可使用费的数额高低应当考虑专利权人在技术标准中有效专利的多少,要求标准实施者就非标准必要专利支付许可使用费是不合理的。(4)专利许可使用费不应超过产品利润一定比例范围,应考虑专利许可使用费在专利权人之间的合理分配。

关于"无歧视"条件的问题,尽管标准必要专利许可使用费的收费模式各有不同,有收取固定许可使用费模式,也有按照销售额比例收取使用费模式,而且不同的交易基础也可能有不同的许可费率。但是,在交易条件基本相同的情况下,应当收取基本相同的许可费或者采用基本相同的许可使用费率。在判断是否符合无歧视的条件时,往往需要通过比较的方法才能确定。在基本相同的交易条件下,如果标准必要专利权利人给予某一被许可人比较低的许可费,而给予另一被许可人较高的许可费,通过对比,后者则有理由认为其受到了歧视待遇,则标准必要专利权利人就违反了无歧视许可的承诺。

2. 确定本案可参照的适当许可费率

法院认为,参考 IDC 公司与苹果公司以及三星公司通信领域标准必要专利的许可使用费,对本案的使用费予以确定,是符合公平、合理和无歧视条款的。众所周知,苹果公司、三星公司、诺基亚公司、摩托罗拉公司、华为公司均生产和销售手机等通信设备,而且从统计数据看,苹果公司、三星公司、诺基亚公司、摩托罗拉公司手机销量一直名列前茅,他们在生产通信设备时也必然要使用 IDC 公司的标准必要专利,双方也确定了相应的标准必要专利使用费。因此,在华为公司实施 IDC 公司同样的标准必要专利时,IDC 公司与苹果公司、三星公司等之间的标准必要专利许可费率具有重要的参考价值。根据 FRAND 条款的内涵,在确定本案可参照的许可费率时还应充分考虑以下因素:许可使用费数额与相关产品销售利润或销售收入的关系;标准必要专利对技术创新的贡献率;扣除非标准必要专利以及其他知识产权应当支付的许可使用费;标准必要专利权利人不能因为专利技术纳入相关标准而获得额外利益;标准必要专利的数量和质量等因素对使用费的影响等。考虑到本案的实际情况,由于三星公司与 IDC 公司的专利许可费率的达成是在诉讼背景下达成的，而苹果公司与IDC公司之间的专利许可费率完全系双方平等、自愿、协商达成的，因此，主要参考IDC公司与苹果公司之间的专利许可费率，是适当的。

3. 认定IDC公司的行为违反FRAND原则

IDC公司在与华为公司就标准必要专利使用费协商过程中，IDC公司的每次报价均不符合FRAND条件。而且，在双方就相关专利许可谈判过程中，IDC公司却于2011年7月针对华为公司提起侵权之诉，要求美国相关法院及美国国际贸易委员会对华为公司作出禁令。IDC公司提出的条件和进行的诉讼行为，明显不符合FRAND的要求，导致双方谈判难以继续，始终不能就标准必要专利使用费达成一致意见。

IDC公司给华为公司的许可费报价远远高于该公司与苹果公司以及三星公司之间的专利许可使用费。根据IDC公司在美国证券交易委员会的财务报告显示，2007年9月6日，IDC公司方与苹果公司方签订在全球范围内的、不可转让的、非独占的、固定许可费用的专利许可协议，许可期间从2007年6月29日始，为期7年，许可的专利组合覆盖当时的iPhone和某些将来的移动电话技术，许可使用费为每季度200万美元，总额为5600万美元。2007年9月11日，新浪网发布报道《苹果公司5600万美元购买3G专利 iPhone将支持HSDPA》，该报道和苹果公司方的财务报告内容相吻合，因此，应认定IDC公司授权给苹果公司方的专利许可协议之内容属实。根据Strategy Analytics研究机构对全球手机市场的分析，苹果公司2007~2012年手机销售总额为1916.92亿美元。IDC公司对其向苹果公司收取的专利费没有异议，对苹果公司2007~2012年的销售总额也没有提出相反意见。由于苹果公司仍在生产销售，该公司2013年和2014年仍有销售收入，根据苹果公司历史销售业绩数据并参考华为公司的保守计算，2007~2014年苹果公司的销售收入至少应达到3000亿美元，以此计算，IDC公司许可给苹果公司的专利许可费率仅为0.0187%左右。根据IDC公司2010年年报公布的内容，2009年，IDC公司方与三星公司及其子公司签订专利许可协议"2009年三星公司PLA"，授权三星公司非独占性、全球范围内之2G、3G标准下的终端设备和基础设施的固定专利权使用，使用费总额为4亿美元，许可期间截至2012年。根据Strategy Analytics研究机构对全球手机市场的分析，三星公司2007～2011年的销售额分别为242.13亿美元、262.22亿美元、274.78亿美元、330.34亿美元、451.94亿美元，Strategy Analytics研究机构预计三星公司2012年销售额为536.10亿美元。按照许可费率计算，IDC公司许可三星公司的专利许可费率应当在0.19%左右。

4. 确定华为公司的许可使用费率

考虑到在IDC公司与苹果公司和三星公司之间的专利许可中，许可使用的专利是全球范围内的，而本案华为公司要求IDC公司许可的专利仅仅是指IDC公司在中国的标准必要专利，故根据以上情况，综合考虑它们之间专利许可实际情况的差别，以及华为公司如果使用IDC公司在中国之外的标准必要专利还要另行支付使用费的情况，为避免专利使用费的过高堆积，人民法院在IDC公司许可苹果公司的许可费率即0.0187%的基础上，将专利许可使用费率确定为0.019%，是适当的。

综上，两审法院认为：华为公司的诉讼请求成立，应予支持；IDC公司的抗辩主张缺乏事实及法律依据，不应被采信。判令被告IDC公司方就中国标准必要专利及标准必要专利申请给予原告华为公司许可，许可费率以相关产品实际销售价格计算，不超过0.019%。

（二）反垄断之诉

华为公司与上述的许可费率之诉一并提起的反垄断之诉请求法院判令：IDC公司立即停止垄断民事侵权行为，包括停止过高定价行为、停止差别定价行为、停止搭售行为、停止附加不合理交易条件行为以及停止拒绝交易行为；IDC公司方连带赔偿华为公司经济损失人民币2000万元。

IDC公司方共同答辩称：（1）不认可华为公司所主张的相关市场的划分。仅凭IDC公司自身的必要专利涵盖的技术不可能制造任何终端产品。本案中相关的地域市场应该是全球市场，而不是华为公司所划分的中国市场和美国市场。（2）IDC公司在相关市场中不具有市场支配地位，不具有排除或限制竞争的能力。（3）IDC公司没有实施任何违反反垄断法（从事限制竞争）的行为等。

1. 界定相关产品市场

（1）从必要专利的基本属性与特征分析。法院认为，当某一专利技术成为必要专利被选入标准后，参与该行业竞争的产品制造商/服务提供商就必须提供符合标准的商品/服务，这意味着其不得不实施相关必要专利技术，而无法做规避设计以绕过该必要专利。这种标准带来的封锁效应与专利权自身具有的法定垄断属性相结合，使必要专利成为产业参与者唯一且必须使用的技术，产业参与者不得不寻求必要专利权利人的许可，否则将丧失参与竞争的前提和条件。因此，必要专利与一般专利不同，其并不存在充足的实际的或潜在的近似替代品。这是本案所必须重点把握的商品属性与特质。

（2）从需求替代分析。本案各方当事人均认可，IDC 公司在中国和美国分别享有 3G 无线通信技术 WCDMA、CDMA2000、TD－SCDMA 标准下的大量必要专利。由于每个必要专利技术均是 3G 无线通信标准体系所必不可少的组成部分，拒绝任何一个必要专利的许可均将导致相关产品制造商无法使用相关技术，从而无法生产出符合标准的产品，被排除在目标市场的准入之外，因此，涉案必要专利技术成为华为公司唯一且必须使用的技术，并无其他技术可供替代。而标准被选择后，产业参与者须设计、调试和生产与标准相一致的产品。在标准设立之初，产业参与者尚可轻易放弃一个技术而转向另一个技术，但随着转移到标准中的资源增加和转换到另一个标准成本的升高，这种转换是困难的。2G、4G 标准与 3G 标准是无线通信领域不同技术发展阶段设立的不同标准，在各标准下的每一个必要专利都是唯一的、不可替代的。本案中，华为公司为了执行 3G 无线通信技术标准，已经做出了大量先期投入，这些成本投入不可撤回，若立即放弃该标准而转向其他标准，不仅需承受上述先期投入的成本，还需承受巨大的转换成本和市场风险，这显然是难以执行甚至不可能的。

（3）从供给替代分析，如前所述，专利与标准相结合后，必要专利成为唯一的且必须实施的技术，必要专利权利人成为所涉技术市场唯一的供给方。故在涉案必要专利许可市场，并不存在可与 IDC 公司相竞争的经营者。同时，因必要专利自身固有的法定垄断性，亦不存在其他经营者通过短期的合理投入即可转向成为必要专利经营者的可能。

因此,IDC公司在中国和美国的3G无线通信技术标准(WCDMA、CD-MA2000、TDSCDMA)中的每一个必要专利许可市场,均构成一个独立的相关市场。

2. 界定相关地域市场

地域市场指需求者获取具有较为紧密替代关系的商品的地理区域。由于知识产权具有地域性,在不同的法域,其存在及使用必须符合当地的法律。因此,在专利许可市场中,其许可范围必然与相关专利权所及的地域范围相关。就这个意义而言,IDC公司在每个国家所获取的相关必要专利,即使技术方案的内容一致,相关的权利也是相互独立的,其存在的基础以及行使的范围均不相同,因此彼此之间并不构成竞争关系或者替代关系。本案中,华为公司所主张的相关市场为IDC公司在中国的3G无线通信技术标准(WCDMA、CDMA2000、TD－SCDMA)中的每一个必要专利许可市场(地域范围是中国),以及在美国的3G无线通信技术标准(WCDMA、CDMA2000、TD－SCDMA)中的每一个必要专利许可市场(地域范围是美国),两者各自在其权利所及地域范围内(分别为中国和美国)构成独立的地域市场。IDC公司在中国和美国各自拥有3G无线通信技术标准(WCDMA、CDMA2000、TD－SCDMA)必要专利权利,其对中国必要专利的授权许可经营行为,相关权利的行使和行为的发生均在中国境内,依法应受中国反垄断法规制。而其对美国必要专利的授权许可经营行为,直接可对华为公司等国内企业在中国境内的生产活动、出口机会以及出口贸易产生重大的、实质性的、可合理预见的排除、限制影响,故依法亦受中国反垄断法的规制。

3. 认定IDC公司的市场支配地位

法院认为,本案的相关市场是各独立相关市场的集合。在知识产权与标准相结合的情况下,产品制造商要生产符合标准的产品,实施必要专利必不可少且不可替代,必要专利的专利权人从而可获得超越专利权内涵的市场支配力量。IDC公司作为涉案必要专利许可市场唯一的供给方,其在3G标准中的每一个必要专利许可市场具有完全的份额,故其完全具有阻碍或者影响其他经营者进入相关市场的能力。而且,由于IDC公司仅以专利授权许可作为其经营模式，自身并不进行任何实质性生产，不需依赖或者受制于3G标准中其他必要专利权利人的交叉许可，故其市场支配力未受到有效制约。因此，IDC公司在相关必要专利许可市场具有市场支配地位。

4. 认定IDC公司滥用市场支配地位行为

(1)过高定价行为。法院认为，从IDC公司对华为公司就涉案必要专利许可费的报价来看，均明显高于IDC公司对其他公司的专利许可费，且IDC公司亦始终无法否认，即使就同样方式授权许可的专利使用费来看，IDC公司拟对华为公司一次性收取的固定专利许可使用费，亦均明显不合理地高于其授权给苹果公司的一次性专利许可使用费，而IDC公司对华为公司收取过高的专利许可费缺乏正当性。本案所涉商品是IDC公司在3G无线通信领域的相关必要专利，作为一种已被专利所固定下来的技术，其投入的产生主要发生在技术研发、专利申请以及纳入标准等时期，当其成为必要专利后，其成本已经基本稳定。而且，IDC公司在其2011年年报中亦自认，IDC公司在2009~2011年所收取的专利使用费逐年下降，在此情况下，IDC公司仍对全球手机销售量排名、综合实力远远不及美国苹果公司、韩国三星公司等的华为公司提出收取过高许可费，显然缺乏合理性和正当性。从后果来看，IDC公司对华为公司不公平地征收高价许可费的行为，将导致华为公司要么放弃相关终端市场的竞争，要么不得不接受不公平的定价条件，从而使华为公司在相关终端市场竞争中的成本增加、利润减少，直接制约其竞争能力。

此外，IDC公司在美国提起相关诉讼，进一步加强了过高定价的不合理性和不公平。本案中，IDC公司不仅要求华为公司支付高昂的许可费，还强迫华为公司给予其相关专利的免费交叉许可，而IDC公司所要求的免费交叉许可，其数量与价值远远高于IDC公司的专利许可，这显然将进一步提高华为公司为获取必要专利许可而付出的对价，加剧了不公平的过高定价，违反反垄断法相关规定。与此同时，IDC公司不履行其公平、合理、无歧视的授权许可义务，无视华为公司在许可谈判过程中的诚意和善意，不仅不合理调整相关报价，而且在美国提起必要专利禁令之诉，表面上是在行使合法诉讼手段，实际上却意图通过诉讼手段威胁强迫华为公司接受过高的专利许可条件,逼迫华为公司就必要专利之外因素支付相应对价,故该行为不具有正当性,应予否定。

综上,综合考虑相关许可费的比对、其他公司实际情况、交叉许可情况以及IDC公司相关诉讼情况等各因素,应认定IDC公司就涉案必要专利许可对华为公司的报价,构成不公平的过高定价。

(2)搭售行为。与标准技术条件下的必要专利具有唯一性和不可替代性不同,IDC公司要求搭售许可给华为公司的某些专利一般都存在可替代性。将可替代性专利捆绑销售,将导致必要专利权利人在必要专利许可市场上的市场力量延伸到搭售专利市场,从而阻碍或限制该市场的竞争。本案中,IDC公司声称该等捆绑销售构成对华为公司的强制性"一揽子"许可,这将导致无论华为公司是否需要,只要其欲获取必要专利的许可,则必须同时购买所搭售的技术,该行为构成滥用市场支配地位。

关于IDC公司另将"某"[1]范围内的必要专利捆绑搭售行为,法院认为,标准技术条件下的必要专利本身具有唯一性和不可替代性,因此无论是2G、3G还是4G标准下的必要专利均不具有可替代性,将某范围内的必要专利一起捆绑销售不仅符合效率,而且不会产生如非必要专利般的在某技术市场上的支配力不当延伸、限制相关市场竞争问题。而华为公司在其确定许可费率之诉案[前述(2013)粤高法民三终字第305号案]中的诉讼请求是要求法院按FRAND原则判定IDC公司等就其全部中国标准(包括2G、3G、4G标准在内)的必要专利许可华为公司的许可费率或费率范围,此亦证明将某范围内的必要专利进行捆绑许可并未违背华为公司意愿,不具有强迫性。对于将该某范围内的必要专利捆绑销售问题,IDC公司已经提供证据证明,一并予以全球许可是市场上常见的且广泛采用的交易模式。本案证据也显示,IDC公司对苹果公司、三星公司等其他跨国公司就某范围内的必要专利授权许可也均是全球范围许可。而且从无线通信领域来看,由于必要专利在各个地域均形成不同的权利,对某范围内的必要专利进行打包许可符合效率原则,特别对跨国公司而言有利于降低成本进而有利于提高消费

[1] 此处内容因涉保密信息,原判决书未予公开,下同。

者福利。在华为公司没有就此提出反驳证据的情况下，不宜认定该行为限制竞争、违反反垄断法。据此法院认为，IDC 公司将某范围内的必要专利进行捆绑行为以及在某范围内对必要专利捆绑搭售行为不构成滥用市场支配地位。华为公司关于该两行为违反反垄断法的主张不能成立。

综上，一审法院判决 IDC 公司方立即停止针对华为公司实施的过高定价和搭售的垄断民事侵权行为，并连带赔偿华为公司经济损失人民币 2000 万元。二审维持原判。

三、小结

本案的标准必要专利许可费率之诉，是我国第一件由法院确定具体 FRAND 许可费率的标准必要专利许可案。在欠缺可借鉴司法经验以及受限于原被告双方所举证据的情况下，法院作出大胆尝试，探索有关 FRAND 许可费的计算方法，最终适用"可比协议法"确定了华为公司的许可费率，对我国标准必要专利许可使用费案件的审判实践具有开拓性意义。当然，本案在适用"可比协议法"确定许可费率的说理中，对于确定"主要参考 IDC 公司与苹果公司之间的专利许可费率，是适当的"这一认定结果的论证，主要侧重于单就 IDC 公司与苹果公司、三星公司之间的具体许可费率进行分析比较，但就比较各方之间在许可范围、计价方式等方面的差异没有展开针对性论证，对排除 IDC 公司与三星公司许可协议的理由也没有加以有说服力的阐释或说明，说理显得有些不足。此外，有观点认为〔1〕：一审法院虽然提出了计算标准必要专利合理许可费的"注意要点"，但未能就这些要点进行进一步的论证分析，使得要点并未能落实到具体审判之中。事实上所述要点所指引的方向应该是专利价值评估法，鉴于两种方法的理论基础并不相同，所以相对而言，似乎阐述采用"可比协议法"的理论基础比论证"注意要点"更能支撑案件判决的结论。另外，法院虽然分析了全球部分著名手机生产厂商的市场数据分析报告，但是以被许可人的经营和盈利状况取代"相似

---

〔1〕 参见赵启杉：《标准必要专利合理许可费的司法确定问题研究》，载《知识产权》2017 年第 7 期。

交易条件”的分析似有不妥。但瑕不掩瑜,作为我国法院首次为标准必要专利FRAND许可费率“司法定价”的开拓性尝试和积极探索,该案的审判对我国乃至全球的标准必要专利许可费之诉的审判实务都产生了重要影响。

本案的反垄断之诉,与华为公司的许可费之诉一并受理、分案判决。比较两案的审判思路可以看出,标准必要专利许可费之诉的审理是围绕IDC公司给出的许可费率报价是否符合公平、合理、无歧视的原则重点展开的,法庭通过“可比协议法”认定IDC公司的报价明显违反FRAND原则,进而据此依法为华为公司确定了涉案标准必要专利许可的FRAND费率。从许可费之诉的判决时间看,当时最高人民法院《侵犯专利权纠纷解释(二)》还没有发布,该解释发布后第24条第3款规定的“本条第二款所称实施许可条件,应当由专利权人、被诉侵权人协商确定。经充分协商,仍无法达成一致的,可以请求人民法院确定”,以司法解释的形式明确了标准必要专利许可费的“可诉性”。可以说,正是广东省高级人民法院当时受理此案“许可费之诉”的大胆尝试和积极探索,某种程度上促成了该司法解释及时出台的必要性和可行性,实属不易。

而反垄断之诉的审判思路则是依据我国《反垄断法》的相关规定,围绕界定IDC公司涉案标准必要专利的“相关市场”以及认定其是否“具有市场支配地位和滥用市场支配地位行为”而展开。根据《反垄断法》规定,经营者实施垄断行为,给他人造成损失的,依法承担民事责任。最高人民法院《关于审理垄断民事纠纷案件适用法律若干问题的规定》进一步规定,被告实施垄断行为,给原告造成损失的,根据原告的诉讼请求和查明的事实,人民法院可以依法判令被告承担停止侵害、赔偿损失等民事责任。据此,反垄断之诉判决IDC公司“立即停止针对华为公司实施的过高定价和搭售的垄断民事侵权行为,并连带赔偿华为公司经济损失人民币2000万元”。

比较两案的判决结果,难免会引发一些思考:其一,如果IDC公司履行了许可费之诉判决的义务,即按照法院判决的FRAND许可费率执行对华为公司涉案标准必要专利的许可,那么是否可以视为IDC公司也同时履行了反垄断之诉判决的“立即停止针对华为公司实施的过高定价垄断行为”的义务呢?其二,在判决IDC公司执行法院确定的FRAND许可费率的同时,再判决其赔偿华为公司经济损失2000万元,是否会造成“重复处罚”呢?本书认为,对于第一问的思考,答案应该是“肯定的”,即IDC公司执行了许可费之诉判决的FRAND许可费率,当然也就消解了反垄断之诉所认定的“针对华为公司实施过高定价”的垄断行为及后果,二者之间是“前者执行吸收或合并后者执行”的法律效果。反之,如果IDC公司拒不执行所判决的许可费率而继续施行过高定价,则应视为其同时违反了两案判决的义务。而对于第二问的思考,答案则应当是“否定的”,即IDC公司执行法院确定的FRAND许可费率,不能代替赔偿因其垄断行为而给华为公司造成的损失。因为许可费率与损失赔偿二者基于不同的事实和法律关系,二者的法律属性不同。许可费率之诉是“给付之诉”,所作判决是基于FRAND原则和义务决定“应付未付许可费”合理支付标准的处理结果;而反垄断之诉则是“侵权之诉”,所作判决是根据反垄断法制止垄断侵权行为并追偿“已然侵权损失”的处理结果。二者是两个不同的法律关系,不存在“相互替代”的法律依据。因此,反垄断之诉判决的“赔偿损失”自然不能导出许可费率之诉所确定的“许可费率”,同理,许可费率之诉确定的所应支付的许可费自然也不涉及对垄断行为已经造成的实际损失的赔偿。“目前我国也尚没有以标准必要专利权利人滥用市场支配地位为由判决使用费(率)的判例”[1]。这也提示标准必要专利实施人:如果要在反击标准必要专利权利人的“专利劫持”而请求法院判决FRAND许可费(率)的同时,一并处理搭售等垄断问题以及因垄断造成的实际损失问题(包括维权相关费用等),则需要分别提出许可费(率)之诉和反垄断之诉,以通过本节案例的“一并受理、分案判决”的方式实现标准必要专利实施人“完整维权”的诉讼目的。

此外,本书在第四章第三节中已述及,在华为公司对IDC公司的标准必要专利许可费之诉及反垄断之诉审理过程中,国家发改委原价格监督检查与反垄断局于2013年6月依法启动了对IDC公司涉嫌价格垄断行为的调查。国家发改委介入调查后,IDC公司积极配合调查,其间提出了中止调查的申请,并主动作出了具有针对性、有效性和可行性的整改措施承诺,使该

---

[1] 马海生:《标准必要专利许可费司法定价之惑》,载《知识产权》2016年第12期。

反垄断行政执法案件出现了转折点。国家发改委在查明事实、充分论证的基础上，依法作出了中止调查的决定，同时通过监督 IDC 公司切实履行承诺，有效制止涉嫌垄断行为的发生，消除涉嫌垄断行为的后果，保护市场公平竞争，实现了反垄断执法的目的。这也是我国首次对涉及标准必要专利滥用市场支配地位行为进行反垄断行政执法并取得实质性成效的典型案例，充分彰显了我国尊重和保护知识产权，鼓励创新，但坚决反对滥用知识产权排除、限制竞争的决心。

第三节 中国标准必要专利禁令第一案：西电捷通公司诉索尼(中国)公司案

一、基本案情[1]

原告西电捷通公司拥有“一种无线局域网移动设备安全接入及数据保密通信的方法”(涉案专利权)，该专利已纳入我国无线局域网产业广泛采纳的标准，为芯片厂商、运营商、终端设备制造商等从业者所采用并得到广泛应用。原告认为被告索尼(中国)公司作为移动通信设备(手机)制造商，通过其生产并销售的 L39h、XM50t、S39h 等 35 款手机实施了涉案专利权利要求 1、2、5、6 的技术方案，并在其生产研发活动中普遍使用。2015 年 7 月，原告将被告诉至法院，请求判令被告立即停止使用原告涉案专利，立即停止生产、销售使用原告涉案专利的手机产品，并赔偿原告相关经济损失。

二、案例评析

(一)认定涉案标准实施情况

一审法院审理中向全国信息技术标准化技术委员会调取《关于两项国家标准可能涉及相关专利权的声明》，证实该声明由原告向全国信息技术标

---

[1] 参见北京知识产权法院民事判决书，(2015)京知民初字第 1194 号。

准化技术委员会出具,其上记载:西电捷通公司作为标准起草组成员之一,参与了国家标准《信息技术系统间远程通信和信息交换局域网和城域网特定要求第 11 部分:无线局域网媒体访问控制和物理层规范》《信息技术系统间远程通信和信息交换局域网和城域网特定要求第 11 部分:无线局域网媒体访问控制和物理层规范:2.4GHz 频段较高速物理层扩展规范》的起草工作。在上述标准中,实现的技术方案有可能涉及西电捷通公司的技术专利权。如涉及,西电捷通公司声明如下:在全国信息技术标准化技术委员会的监督管理下,在西电捷通公司的权利范围内,西电捷通公司或其委托授权的第三方愿意与任何将使用该标准专利权的申请者,在合理的无歧视的期限和条件下协商专利授权许可。经庭前质证,原被告双方对涉案专利有效,涉案专利需要通过终端 MT、接入点 AP 和认证服务器 AS 三个物理实体方能实施不持异议。双方确认涉案专利为 GB15629.11－2003/XG1－2006《信息技术　系统间远程通信和信息交换　局域网和城域网　特定要求　第 11 部分:无线局域网媒体访问控制和物理层规范第 1 号修改单》的标准必要专利。

庭审中,被告确认自 2009 年前后开始,智能手机只有通过 WAPI 检测才能获得工业和信息化部批准的电信设备型号和入网许可,故涉案标准已经事实上强制实施。原告将公证机构购买的被诉产品 L50t、XM50t、S55t、L39H 型号的手机各一部送交国家无线电监测中心检测中心,检验该四款手机是否具备 WAPI 功能。国家无线电监测中心检测中心出具了检验报告和原始数据。根据检验报告的记载,L50t、XM50t、S55t、L39H 型号的手机均进行了 WAPI 功能检测,且均具备 WAPI 功能。

(二)认定被告的 FRAND 谈判过错情况

原告的证据显示 2009 年 3 月至 2015 年 3 月,原、被告双方通过电子邮件就涉案专利许可的问题进行了多次协商,但被告最终表示在被告全面评估原告主张的专利并认定该等专利具有合理价值前,不能与原告进行任何商业谈判。鉴于涉案标准于 2009 年左右就已事实上强制实施,原告在与被告协商的过程中解释了 WAPI 相关技术,提供了专利清单和许可合同文本,被告再要求原告提交权利要求对照表并非合理，具有拖延谈判的故意。而原告在同意提供权利要求对比表的基础上，根据实务中的通常做法要求签署保密协议是合理的。据此，双方当事人迟迟未能进入正式的专利许可谈判程序，过错在被告。

（三）认定被告构成标准必要专利侵权

一审法院认为，原告依据涉案专利权利要求1、2、5、6主张权利，被告确认被诉侵权的L39h等35款手机具有WAPI功能，并且认可L50t、XM50t、S55t、L39H型号的手机通过WAPI功能选项接入无线局域网的方法步骤与涉案专利权利要求1、2、5、6的技术方案相同。在被告未举证证明L50t、XM50t、S55t、L39H型号之外的其余型号的手机WAPI功能选项接入无线局域网的方法步骤有何特殊性的情形下，应合理推定涉案被诉侵权的35款手机WAPI功能选项接入无线局域网的方法步骤与涉案专利权利要求1、2、5、6的技术方案相同，即落入涉案专利权利要求1、2、5、6的保护范围。同时，被告在涉案手机的设计研发、生产制造、出厂检测等过程中进行了WAPI功能测试，故其测试行为也使用了原告的涉案专利方法。

关于FRAND声明，一审法院认为，原告所作出的"愿意与任何将使用该标准专利权的申请者在合理的无歧视的期限和条件下协商专利授权许可"的声明，即被告所称的FRAND许可声明，仅系专利权人作出的承诺，系单方民事法律行为，该承诺不代表其已经作出了许可，即仅基于涉案FRAND许可声明不能认定双方已达成了专利许可合同。因此，涉案专利纳入国家强制标准且原告已作出FRAND许可声明不能作为被告不侵权的抗辩事由。

（四）考量并支持原告的停止侵权请求（颁发"禁令"）

一审法院认为，双方争议的"禁令救济"在我国法律体系中体现为"停止侵害"。根据《侵权责任法》第15条[1]的规定，承担侵权责任的方式包括停止侵害。被诉侵权人构成对专利权的侵犯，权利人请求判令其停止侵权行

---

〔1〕《侵权责任法》已于2020年因《民法典》施行而失效，相关规定参见《民法典》第179条。

为的，人民法院应予支持，但基于国家利益、公共利益的考量，人民法院可以不判令被诉侵权人停止被诉行为，而判令其支付相应的合理费用。可见，在我国法律框架中，专利侵权案件适用停止侵害的侵权责任承担方式是一般规则，不适用是例外。但是，本案有其特殊之处，即涉案专利为标准必要专利。原告在向全国信息技术标准化技术委员会出具的《关于两项国家标准可能涉及相关专利权的声明》中，承诺其"愿意与任何将使用该标准专利权的申请者在合理的无歧视的期限和条件下协商专利授权许可"。在此情形下，被告作为涉案专利的潜在被许可方，基于对原告承诺的"合理的无歧视的期限和条件"进行专利授权许可的信赖，而实施涉案专利有其合理性基础。但是，该合理性基础的前提是双方善意协商。在双方协商未果的情形下，被告实施涉案专利能否绝对排除原告寻求停止侵害救济的权利，仍需要考虑双方在专利许可协商过程中的过错。具体来讲：在双方均无过错，或者专利权人有过错，实施人无过错的情况下，对于专利权人有关停止侵权的诉讼请求不应支持，否则可能造成专利权人滥用其标准必要专利权，不利于标准必要专利的推广实施；在专利权人无过错，实施人有过错的情况下，对于专利权人有关停止侵权的诉讼请求应予支持，否则可能造成实施人对专利权人的"反向劫持"，不利于标准必要专利权的保护；在双方均有过错的情况下，则应基于专利权人和实施人的过错大小平衡双方的利益，决定是否支持专利权人有关停止侵权的诉讼请求。

本案中，双方当事人自 2009 年 3 月至 2015 年 3 月就涉案专利许可的问题进行了协商。基于双方的协商过程及上述意见分歧，本案需要讨论：被告要求原告提交权利要求对照表是否合理；原告要求签署保密协议是否合理。首先，本案中涉案专利为 WAPI 技术的核心专利，且为标准必要专利，涉案标准于 2009 年左右就已事实上强制实施，原告在与被告协商的过程中解释了 WAPI 相关技术，提供了专利清单和许可合同文本，在此基础上，被告理应能够判断出其涉案手机中运行的 WAPI 功能软件是否落入涉案专利的权利要求保护范围，而非一定需要借助于原告提供的权利要求对照表。但是，被告在协商过程中反复提及"不认同其现在或者计划中的产品用到了 WAPI 专利""没有发现索尼移动需要获得西电捷通专利授权许可的理由""我们还没有识别出这些专利和我们的产品是相关的"等内容,明显具有拖延谈判的故意。因此,被告要求原告提交权利要求对照表并非合理。其次,根据实务中的通常做法,权利要求对照表需要对专利权利要求覆盖的技术特征与被诉侵权产品的技术特征进行比对,并且可能包含专利权人的相关观点和主张,在此情形下,专利权人要求双方签署保密协议的主张具有合理性。因此,原告在同意提供权利要求对照表的基础上要求签署保密协议是合理的。据此,双方当事人迟迟未能进入正式的专利许可谈判程序,过错在专利实施方,即本案被告。在此基础上,原告请求判令被告停止侵权具有事实和法律依据,应予支持。

(五)确定许可费数额

本案中,原告主张以 1 元/件的标准确定许可费,并主张以许可费的 3 倍确定赔偿数额。原告提交的四份与案外人签订的专利实施许可合同,有相关履行发票予以佐证,被告亦未对真实性提出疑问,对其真实性应予以确认。而被告主张原告 1 元/件的许可标准不符合 FRAND 原则。经查,四份合同分别于 2009 年、2012 年签订于西安和北京,其适用地域和时间范围对本案具有可参照性。四份合同约定的专利提成费为 1 元/件,虽然该专利提成费指向的是专利包,但该专利包中涉及的专利均与 WAPI 技术相关,且核心为涉案专利。因此,上述四份合同中约定的 1 元/件的专利提成费可以作为本案中确定涉案专利许可费的标准。考虑到涉案专利为无线局域网安全领域的基础发明、获得过相关科技奖项、被纳入国家标准以及被告在双方协商过程中的过错等因素,对原告"以许可费的 3 倍确定赔偿数额"的主张应予支持。据此一审法院判决被告索尼公司自判决生效之日起,立即停止实施侵犯原告涉案标准必要专利权的行为,并赔偿原告相关经济损失 900 余万元。

(六)二审意见[1]

关于被告索尼方的上诉意见,二审法院认为,一审判决关于索尼公司的

〔1〕 参见北京市高级人民法院民事判决书,(2017)京民终 454 号。

行为构成帮助侵权行为的认定有误，应予纠正。索尼公司关于其不构成帮助侵权的上诉主张成立，予以支持。

关于 FRAND 承诺，二审法院认为，标准必要专利侵权案件有别于普通专利侵权案件。其区别主要在于：专利纳入技术标准且该标准被广泛使用后使得该专利具有了“锁定效应”，并具备一定的公共利益属性；专利权利效力上承载专利权人作出的不可撤销承诺对专利权利的行使产生一定的拘束力。这就导致标准必要专利侵权案件的审理具有其独特的审理思路。在标准必要专利的许可谈判中，谈判双方应本着诚实信用的原则进行许可谈判。作出公平、合理和无歧视许可声明的专利权人应履行该声明下所负担的相关义务；请求专利权人以公平、合理和无歧视条件进行许可的被诉侵权人也应以诚实信用的原则积极进行协商以获得许可。由于权利人在标准必要专利上作出公平、合理、无歧视许可声明，因此，标准必要专利侵权民事责任的承担应当考虑双方谈判的过程和实质条件，由此判断由哪一方为谈判破裂承担责任。

最终，二审法院认为，索尼公司部分上诉理由成立，但不影响本案的判决结果，法院对其上诉主张不予支持，判决驳回上诉，维持原判。

三、小结

本案系我国首例法院判决认定标准必要专利实施人构成侵权并被依法颁布永久禁令的标准必要专利侵权案件，同时也是为数不多的标准必要专利权利人系中国企业并最终胜诉的案件。[1] 本案在标准必要专利侵权案件的审理规则和责任承担方面也进行了积极探索，特别是就“FRAND 承诺”的法律属性给出了判例解释。两审法院就此有不同看法，一审法院认为，原告所作出的 FRAND 许可声明，仅系专利权人作出的承诺，系单方民事法律行为，该承诺不代表其已经作出了许可，即仅基于涉案 FRAND 许可声明不能认定双方已达成了专利许可合同。二审法院则认为，作出 FRAND 承诺的专

〔1〕 参见《“一种无线局域网移动设备安全接入及数据保密通信的方法”发明专利侵权纠纷案》，载石家庄职工服务网 2024 年 1 月 9 日，https://sjz. hebzgfw. cn/wqal/202401/t20240109_1032745. html? _passport_user_info_ = null。

利权人和请求 FRAND 许可的被诉侵权人双方在许可谈判中均应本着诚实信用的原则进行许可谈判,侵权责任的承担应考虑双方谈判的过程和实质条件,由此判断由哪一方为谈判破裂承担责任。也就是说,FRAND 义务是双边义务,是双边诚信谈判的义务。本案两审法院对我国标准必要专利案件相关特有问题所做有益尝试和探索,为今后此类案件的审理积累了经验。

第四节 4G 标准必要专利“反向劫持”中国第一案:华为公司诉三星(中国)公司案

一、基本案情[1]

2016 年 5 月,华为公司起诉三星(中国)公司、惠州三星公司等四名被告侵犯其 3GPP LTE 通信标准必要专利,请求判令被告立即停止侵害原告涉案发明专利权的行为,包括但不限于停止制造、销售、许诺销售以及进口被诉侵权产品的行为。

华为公司主张,其名称为“一种无线网络通信装置”的发明专利,该专利技术方案已被标准制定组织 3GPP 采纳,作为通信协议 3GPP LTE 通信标准的必选技术方案。因此,涉案专利构成 3GPP LTE 通信标准的必要专利,任何遵循该标准的 LTE 终端都必然使用原告涉案专利的技术方案。该专利共有 12 项权利要求,华为公司在本案中主张权利要求 1、2、9、10。作为标准必要专利权利人,华为公司对于标准必要专利的许可一贯遵循公平、合理和无歧视的许可承诺。就本案而言,在标准必要专利谈判过程中,华为公司自始至终遵循了公平、合理、无歧视的原则,在技术谈判过程中提供了大量的示例性的权利要求比照表以及标准必要专利清单,数次提供公平、合理、无歧视的许可要约,在谈判无法取得进展的情况下,华为公司提出通过第三方仲裁的方式确定公平、合理、无歧视的许可条件。但被告三星公司在近 5 年的

[1] 参见广东省深圳市中级人民法院民事判决书,(2016)粤 03 民初 816、840 号。

许可谈判中一直拒绝善意进行许可谈判，采用拖延策略，违背诚信原则，导致无法达成专利实施许可协议，且其继续实施涉案专利而拒不支付许可费。被告已严重侵犯原告的合法权益，若不及时制止被告的侵权行为，将会使原告的合法权益受到难以弥补的损害，严重破坏市场秩序。因此，被告应当承担停止侵权的法律责任。

原告指控被告侵权的原因是，三星公司未经许可实施原告的标准必要专利，在与原告进行标准必要专利交叉许可谈判时，存在违反 FRAND 原则，恶意拖延谈判的情形，故请求本院责令被告停止专利侵权行为。根据原告的诉讼请求及被告的抗辩，本案涉及两大问题，一是 FRAND 问题，二是技术事实的查明与认定问题。关于 FRAND 问题，涉及双方在进行标准必要专利交叉许可谈判时，对于许可协议无法达成，原告和三星公司谁存在过错的问题。关于技术事实的查明与认定问题，涉及原告在本案中要求保护的专利是否为 4G 标准必要专利，被告是否实施了侵害原告专利权的行为，以及被告的抗辩主张能否成立等问题。

二、案例评析

（一）认定被告存在 FRAND 谈判过错

关于 FRAND 问题，法院认为，当今社会的信息传递依赖无线通信技术，国际社会通过推行无线通信技术标准来实现信息的互联互通。当专利技术被纳入标准，标准必要专利随即产生。标准必要专利具有强制性、不可替代性和必然实施性的特点，为了保证技术标准的推广应用和标准必要专利制度的健康运行，标准必要专利权利人和标准必要专利的实施人均有按照 FRAND（公平、合理、无歧视）原则进行标准必要专利许可谈判的义务。标准必要专利具有地域性，各国专利授予与实施均受该国专利法的规制。为了解决在全球范围内的标准必要专利的授权许可问题，华为公司和三星电子株式会社分别代表自己和各自的关联公司，进行全球范围内的标准必要专利交叉许可谈判。华为公司和三星电子株式会社之间的标准必要专利交叉许可谈判，对其自己和各自的关联公司都具有同样的法律效力。根据标准必要专利交叉许可谈判的国际规则，母公司代表自己和其关联公司与他人进行谈判时,母公司遵循 FRAND 义务,也视为其关联公司遵循 FRAND 义务。例如,根据 ETSI 知识产权政策,FRAND 义务及于标准必要专利声明人及其关联公司。

从双方标准必要专利交叉许可谈判的程序方面来看,三星公司存在明显过错,违反了 FRAND 原则,而原告华为公司没有明显过错,没有违反 FRAND 原则,理由如下:

(1)三星公司在标准必要专利交叉许可谈判的范围、前提条件方面,坚持将标准必要专利、非标准必要专利打包捆绑谈判,拒绝仅就标准必要专利进行交叉许可谈判,从而导致双方之间的标准必要专利交叉许可谈判被严重拖延。且原告华为公司与三星公司之间的标准必要专利交叉许可谈判,首先是由三星公司向华为公司提出谈判请求,也就是说双方谈判的发起方是三星公司。

(2)三星公司在与华为公司进行标准必要专利交叉许可谈判时的技术谈判方面,始终未对华为公司提交的标准必要专利权利要求对照表进行积极回应,从而导致双方之间的标准必要专利交叉许可谈判被严重拖延。

(3)三星公司在报价方面消极懈怠,既不积极向华为公司报价,也不积极针对华为公司的报价进行反报价,这说明三星公司存在恶意拖延谈判的主观过错。

(4)从双方谈判过程来看,华为公司按照谈判惯例,试图通过中立第三方仲裁的方法来促成双方达成标准必要专利交叉许可,三星公司无正当理由拒绝,这说明三星公司存在恶意拖延谈判的主观过错。

(5)从法院组织双方进行标准必要专利交叉许可谈判的过程来看,三星公司没有提出实质性调解方案,明显恶意拖延谈判,在主观上有过错。

从双方谈判报价的实体方面来看,三星公司存在明显违反 FRAND 原则的行为,而原告华为公司没有明显违反 FRAND 原则。理由如下:

(1)从华为公司和三星公司所拥有的 3G 和 4G 标准必要专利的实力看,无线通信领域里的技术标准制定的程序为,首先由标准化组织的会员提交大量技术提案,然后由标准化组织通过召集会员开会协商等方式采纳技术提案制定相应的技术标准,这些会员在提交技术提案之前通常会事先将涉及标准提案的技术申请专利。会员基于逐利等方面的动机，通常有可能对其所拥有的标准必要专利进行过度声明。无线通信领域里的标准化组织通常只制定标准必要专利实施的 FRAND 原则，而并不对会员所拥有的专利是否为标准必要专利进行判断。由于对标准化组织中所有会员所声明的标准必要专利的必要性进行评判，需要耗费巨大的人力、物力、财力，在事实上是无法做到的，所以国际上没有任何一个机构或组织，能够对标准化组织中所有会员所声明的标准必要专利的必要性进行准确评判。由于各会员被国际标准化组织所采纳的技术提案数，通常与该会员所拥有的标准必要专利的数量成正比，因此，获批提案数通常是衡量各会员所拥有的标准必要专利实力的一个重要指标。虽然可能存在会员对其所拥有的标准必要专利的数量过度声明的情况，但该指标信息仍然是衡量各会员所拥有的标准必要专利实力的一个重要指标。同时，无线通信技术领域的专业研究机构，通过采用抽样评估等方法，对会员所声明的标准必要专利的必要性进行分析判断的研究报告，通常亦是评判各会员所拥有的标准必要专利实力的一个重要依据。本案中，华为公司称，华为公司和三星公司在全球所拥有的标准必要专利实力相当，其在中国所拥有的标准必要专利的实力强于三星公司。从法院查明的事实来看，华为公司和三星公司被 3GPP 国际标准化组织所采纳的 4G 获批提案数、在 ETSI 声明的 3G、4G 标准必要专利的数量、上述双方在 ETSI 声明的 3G、4G 标准必要专利的必要性评估的第三方报告等证据，能够相互印证，华为公司上述关于双方标准必要专利的实力主张应予采信。

（2）华为公司根据自己所拥有的标准必要专利的实力，向三星公司给出的报价符合 FRAND 原则，而三星公司根据双方所拥有的标准必要专利的实力，向华为公司给出的报价不符合 FRAND 原则。要判断华为公司给三星公司的报价是否符合 FRAND 原则，除要考虑华为公司所拥有的 3G、4G 标准必要专利的实力，同时还要考虑作为被许可方三星公司所生产、销售 3G、4G 手机的市场价格，以及 3G、4G 标准必要专利累计许可费率，以避免许可费率过高导致超出该行业的正常利润水平。根据法院查明的事实，从许可费率方面来看，华为公司在 3G 的标准必要专利的实力相当于 3G 全球标准必要专利总量的 5% 左右，而 3G 的累积许可费率为 5%。华为公司在 4G 的标准必要专利的实力相当于4G全球标准必要专利总量的10%左右，而4G的累积许可费率在6%~8%。

基于以上事实，法院认为，华为公司作为标准必要专利权利人给予三星公司的报价，包括许可费率和每部手机的许可费，是符合FRAND原则的。华为公司作为标准必要专利权利人给出的报价在法律性质上属于要约，华为公司的上述报价是根据其全球范围内标准必要专利的实力，及3G和4G领域标准必要专利累积的许可费率，以及三星公司手机的市场销售信息等考量因素，给出的报价（要约），该报价是根据华为公司所拥有的标准必要专利的实力在合理范围内给出的报价，并不明显背离华为公司所拥有的标准必要专利的实力，作为被要约人的三星公司仍有部分讨价、还价的余地和空间，因此应认定华为公司的报价符合FRAND原则。而三星公司向华为公司给出的报价则不符合FRAND原则。从三星公司给予华为公司的报价来看，其向华为公司收取的许可费率是华为公司向其收取许可费率的3倍。同时，三星公司在全球范围内拥有的3G/UMTS标准必要专利的实力弱于其拥有的4G/LTE标准必要专利的实力，但三星公司于2011年7月25日向苹果公司提出单方UMTS标准必要专利许可费率为2.4%，将该许可费率与三星公司向华为公司给出的3G、4G标准必要专利许可费进行对比，高出近X倍（具体倍数判决书应当事人保密要求未予公开）。标准必要专利报价的费率与最终达成协议的费率可以有一定范围的差别，报价费率可以随谈判进程来相应调整，从而给许可谈判讨价还价留下空间，但报价费率不应严重背离标准必要专利的价值及双方标准必要专利的实力，三星公司的报价明显背离华为公司和三星公司所拥有的标准必要专利的实力，其报价明显不符合FRAND原则，且三星公司在主观上存在恶意。

（二）认定被告对原告4G标准必要专利构成侵权

关于技术事实问题，法院认为，根据我国工业和信息化部以及中国电信、中国联通、中国移动等电信运营商的规范性文件，以及根据我国无线通信企业生产、销售3G、4G终端产品的商业实践，基于实现互联互通的通信需求，在原告涉案专利申请日之后、专利授权日之前，与原告专利技术相对应的3GPP技术标准,已事实上成为我国无线通信产业的行业标准和企业标准。通过对比,原告在本案中要求保护的涉案专利技术,与3GPP的相对应的技术标准之技术特征形成一一对应关系,落入了原告涉案专利权的保护范围。原告要求保护的涉案专利技术为4G标准必要专利技术。被告在我国生产、销售4G终端产品时,一定会使用原告的涉案专利技术,因此,在原告取得涉案发明专利权以后,被告未经许可在我国实施原告的涉案专利技术,侵犯了原告的专利权。

(三)判令被告停止侵权,如双方达成许可协议可不执行停止侵权

考虑到本案的专利为4G标准必要专利,在停止侵权问题上和非标准必要专利不同。在法院责令被告停止侵权的判决生效后,华为公司和三星公司仍可以进行标准必要专利交叉许可谈判,如果原告和三星公司达成标准必要专利交叉许可协议或经原告同意,不执行本院停止侵权的判项,应予准许。据此,一审法院判决三星(中国)公司等四被告立即停止以制造、销售、许诺销售的方式侵害原告华为公司涉案标准必要专利权的行为。三星公司不服提出上诉,经广东省高级人民法院多次主持调解,双方最终在二审期间"达成全球和解"。[1]

三、小结

本案是我国4G移动通信领域标准必要专利反击"反向劫持"第一案,此案使华为公司"向世界展示了我国民族企业日渐丰满的创新之翼和数量可观的知识产权储备"。被告三星(中国)公司的母公司三星公司作为成立于20世纪30年代的韩国大型跨国公司,自20世纪80年代进入全球通信市场开始,就以其技术优势在世界范围内逐渐确立领先地位,在智能手机领域,三星公司的全球市场占有率一直位居前列。在新技术行业知识产权较量的战场上,华为公司多年来一直被动挨打、费力防守。近年来,华为公司知识

〔1〕 参见《华为与三星专利侵权纠纷系列案调解结案》,载中国法院网2019年5月15日,https://www.chinacourt.org/article/detail/2019/05/id/3894999.shtml。

产权实力与日俱增,在专利诉讼与交易舞台的角色开始转变,被动应战已渐渐成为过去式。[1] 此次华为公司对三星公司的标准必要专利"反向劫持"主动发起反击并初战告捷,令业界刮目相看。

本案判决呈现三个方面的"亮点",一是大篇幅展开采证、认定说理过程。判决围绕FRAND问题和技术事实的查明与认定问题展开大篇幅的采证、认定详细论证,判决书全文长达353页。其中,FRAND问题部分重点阐明被告三星公司在近5年的许可谈判中一直拒绝进行善意许可谈判的过错表现;技术事实查明部分详细论证了在认定原告要求保护的涉案专利技术为4G标准必要专利技术的基础上,被告在我国生产销售4G终端产品时一定会使用原告的涉案专利技术,因而落入原告涉案专利权保护范围构成侵权的采证认定过程。二是详细列出了通信标准必要专利侵权判定特有的"侵权比对表"。即将原告在本案中要求保护的涉案标准必要专利技术特征,与3GPP标准对应的技术标准的技术特征逐项进行具体详细比对,并将此比对的三个"专利与标准的侵权比对表"附件附于判决书正文之后,以证明二者之间形成一一对应关系,从而证明被告生产销售符合该标准的通信终端产品侵犯原告的涉案标准必要专利权。此通信标准必要专利侵权判定特有的"侵权比对表",也为后续同类案件的审理提供了可资参照的样板。三是首次对"反向劫持"作出"附条件执行"的禁令即停止侵权的判决。如前所述,业内通常把标准必要专利权利人违反其FRAND承诺义务、以禁令相威胁对许可费漫天要价的行为称为"专利劫持",而把标准必要专利实施人违反FRAND谈判义务故意拖延谈判、拒不签订许可协议的行为称为"反向劫持"。本案基于华为公司和三星公司仍有进行标准必要专利交叉许可谈判的需要和可能,法院准许在责令被告停止侵权的判决生效后,双方如果达成标准必要专利交叉许可协议或经原告同意,可不再执行停止侵权的禁令。与前述西电捷通公司诉索尼(中国)公司案中法院对索尼公司的"反向劫持"直接发出停止侵权的永久禁令相比,本案的"附条件执行"停止侵权禁令将原则性和灵活性相结合,显得更有张力,也显示出我国法院对涉及标准必要

---

〔1〕 参见郭雨洒:《华为诉三星专利侵权案之评析与启示》,载《中国发明与专利》2016年第12期。

专利案件禁令问题的审理在态度上的审慎把握和在经验上的日渐成熟。而在本案一审判决(2018 年)之前,在无线星球公司诉华为公司案的一审判决(2017 年)中,对法庭在 FRAND 承诺约束下就专利案件所颁发的正确形式的最终禁令,比尔斯法官称之为"FRAND 禁令",认为 FRAND 禁令在采取正常形式限制专利侵权时,应当包括附带条件,即如果被告签订该 FRAND 许可,则该禁令将不再生效。对与此相关的损害赔偿,如果被告没有根据法庭认定的 FRAND 条款签订和解协议,则损害赔偿将到期支付,法庭并应作出损害赔偿令,该赔偿令的格式也应与 FRAND 禁令相同,如果被告达成该和解协议,则赔偿令不再具有效力。法庭最终判决:对被告签发 FRAND 禁令;如果被告达成 FRAND 许可,那么该 FRAND 禁令将被解除;该 FRAND 禁令将在上诉期间中止。相比之下,本案的禁令也可以视为借鉴了无线星球公司诉华为公司案的一个"FRAND 禁令"。

第五节　中国第一张"禁诉令":华为公司诉康文森公司案的"禁诉令"

一、基本案情[1]

2018 年 1 月,原告华为公司及其中国关联公司向南京市中级人民法院对被告康文森公司提起诉讼(以下简称中国诉讼),请求判令:(1)确认原告不侵犯康文森公司的三项中国标准必要专利权;(2)就康文森公司涉及 2G、3G、4G 标准的全部中国必要专利,确认其许可条件(包括费率)符合 FRAND 原则。2019 年 9 月,南京市中级人民法院作出一审判决:对原告第一项"确认不侵犯被告专利权"的诉讼请求不予支持;对原告第二项诉讼请求予以支持,并判决确认了康文森公司就其涉案标准必要专利应按 FRAND 原则给予华为公司及其中国关联公司的许可条件,包括许可专利、许可产品、许可行为以及许可费率等。康文森公司不服一审判决向最高人民法院提出上诉。

---

〔1〕 参见最高人民法院民事裁定书,(2019)最高法知民终 732、733、734 号之一。

2018 年 4 月，在最高人民法院审理此案的二审期间，康文森公司向德国杜塞尔多夫地区法院针对华为公司及其德国关联公司提起侵害三项欧洲标准必要专利权诉讼（以下简称德国诉讼）。该三项欧洲专利与前述中国诉讼中的三项中国专利为同族专利，其中一项欧洲专利的中国同族专利，已于 2018 年 8 月经中国国家知识产权局作出的无效宣告请求审查决定宣告其中国专利权全部无效。康文森公司不服，向北京知识产权法院提起行政诉讼，该专利确权行政案件也在审理中。康文森公司请求杜塞尔多夫地区法院禁止华为公司及其德国关联公司销售、使用、进口或拥有相关移动终端产品，告知相关侵权行为和销售行为、赔偿侵权损害、销毁并召回侵权产品等。2020 年 8 月，杜塞尔多夫地区法院作出一审判决，认定华为公司及其德国关联公司侵害了康文森公司一项欧洲专利，判令禁止华为公司及其德国关联公司提供、销售、使用或为上述目的进口或持有相关移动终端，禁止向客户提供或者交付带有 UMTS 标准功能的手机和平板电脑，并应提供相关侵权行为和销售行为信息，销毁并召回侵权产品等。该判决可以在提供 240 万欧元后获得临时执行。该判决同时认定，康文森公司向华为公司提出的标准必要专利许可费率要约未违反公平、合理、无歧视（FRAND）原则。

2020 年 8 月，华为公司向最高人民法院申请行为保全，请求责令被申请人康文森公司在前述中国诉讼在最高人民法院的终审判决作出之前，不得申请执行德国杜塞尔多夫地区法院就德国诉讼作出的停止侵权的判决（对康文森公司申请“禁诉令”）。华为公司并为其该行为保全申请依法提供了担保。

二、案例评析

（一）指出申请域外行为保全（“禁诉令”）的考量因素

最高人民法院经审查认为，华为公司关于禁止康文森公司在中国诉讼终审判决作出之前申请执行杜塞尔多夫地区法院判决的申请，性质上属于行为保全申请。对于禁止申请执行域外法院判决的行为保全申请，应当考虑的因素包括：（1）被申请人申请执行域外法院判决对中国诉讼的影响；（2）采取行为保全措施是否确属必要；（3）不采取行为保全措施对申请人造成的损害是否超过采取行为保全措施对被申请人造成的损害;(4)采取行为保全措施是否损害公共利益;(5)采取行为保全措施是否符合国际礼让原则等,应根据上述因素进行综合判断。

（二）逐项考量分析本案申请域外行为保全(“禁诉令”)的具体因素

1. 关于康文森公司申请执行域外法院判决对中国诉讼的影响

首先,从诉讼主体看,两国诉讼的当事人基本相同。其次,从审理对象看,存在部分重合。最后,从行为效果看,一旦康文森公司申请执行杜塞尔多夫地区法院的停止侵权判决并获得准许,将对中国诉讼的审理造成干扰,并很可能会使中国诉讼的审理和判决失去意义。因此,康文森公司申请执行杜塞尔多夫地区法院停止侵权判决的行为将对中国诉讼的审理推进和裁判执行产生实质消极影响,华为公司申请禁止康文森公司实施上述行为具备该类行为保全的前提条件。

2. 关于采取行为保全措施是否确属必要

因杜塞尔多夫地区法院的停止侵权判决已经作出,一旦康文森公司提出申请并得以执行,在此紧急情形下,华为公司及其德国关联公司将仅有两种选择:要么被迫退出德国市场,要么被迫接受康文森公司要价并与之达成和解。对于前者,华为公司及其德国关联公司因退出德国市场所遭受的市场损失和失去的商业机会难以在事后通过金钱获得弥补;对于后者,华为公司及其德国关联公司迫于停止侵权判决的压力,不得不接受康文森公司高达中国诉讼一审法院确定的标准必要专利许可费率18.3倍的要价,并可能被迫放弃中国诉讼中获得法律救济的机会。无论中国诉讼如何认定中国费率,判决事实上都将难以获得执行。无论发生上述何种情形,华为公司所受损害均难以弥补,因而中国诉讼具备采取行为保全措施的必要性,且情况确属紧急。

3. 关于对华为公司和康文森公司相关利益的合理权衡

如前所述,一旦康文森公司申请执行杜塞尔多夫地区法院的停止侵权判决并获得准许,如不采取相应行为保全措施,则华为公司将遭受被迫退出德国市场或者被迫接受许可要价、放弃在中国法院的法律救济等难以弥补的损害。相反,如采取行为保全措施,对康文森公司的损害仅仅是暂缓执行杜塞尔多夫地区法院的一审判决。杜塞尔多夫地区法院的判决并非终审判决,暂缓执行该判决并不影响康文森公司在德国的其他诉讼权益。同时,康文森公司系标准必要专利权利人,其在德国诉讼的核心利益是获得经济赔偿,暂缓执行杜塞尔多夫地区法院的停止侵权判决对于康文森公司造成的损害较为有限,两者相比较,不采取行为保全措施对华为公司造成的损害明显超过采取行为保全措施对康文森公司的损害。故采取行为保全措施具有合理性。同时,华为公司的行为保全申请已提供了相应担保,可依法保障康文森公司的利益。

4. 关于采取行为保全措施是否会损害公共利益

鉴于中国诉讼以及关联的德国诉讼主要涉及华为公司和康文森公司的利益,同时,中国诉讼中,行为保全的对象是禁止康文森公司在法院终审判决作出前申请执行杜塞尔多夫地区法院的停止侵权判决,故中国诉讼中采取行为保全措施不会损害公共利益。

5. 关于国际礼让因素的考量

考虑国际礼让因素时,可以考察案件受理时间先后、案件管辖适当与否、对域外法院审理和裁判的影响是否适度等。从受理时间看,中国诉讼一审的受理时间为 2018 年 1 月,杜塞尔多夫地区法院受理关联德国诉讼的时间为 2018 年 4 月,中国诉讼受理在先。同时,禁止康文森公司在中国诉讼终审判决作出之前向杜塞尔多夫地区法院申请执行有关判决,既不影响德国诉讼的后续审理推进,也不会减损德国判决的法律效力,仅仅是暂缓了其判决执行,对杜塞尔多夫地区法院案件审理和裁判的影响尚在适度范围之内。

(三)裁定发出“禁诉令”(暂时禁止康文森公司申请执行德国判决)

据此,最高人民法院于 2020 年 8 月 28 日依法作出裁定:康文森公司不得在本院就中国诉讼作出终审判决前,申请执行德国杜塞尔多夫地区法院作出的一审停止侵权判决。如违反本裁定,自违反之日起,处每日罚款人民币 100 万元,按日累计。裁定立即开始执行。因情况紧急,法院必须在 48 小时内作出裁定,故事先未听取康文森公司意见。康文森公司在收到裁定后如不服,可自收到裁定书之日起5日内向最高人民法院申请复议一次,复议期间不停止裁定的执行。

三、小结

本案是我国最高人民法院针对域外当事人首次发出知识产权案件“禁诉令”,对于我国司法合理应对和妥善处理域外法院的“长臂管辖”,有效维护涉案当事人合法诉讼权益以及国家司法主权,具有标杆性意义。长臂管辖是美国民事诉讼中的一个概念,指如果被告有意地在法院地作出产生责任的行为,并有权依据法院地法律取得权利或利益,法院就对由该行为引起的诉讼拥有管辖权。“长臂管辖”最初是用于法院对人的管辖权,可以及于本州以外的外州人,主要用于交易行为和侵权行为;后来演变到不仅适用于美国州际的诉讼,也扩大到了国际范围,包括对外国国民的“长臂管辖”。[1]近年来,域外法院的“长臂管辖”行为也引起了我国法院的警惕和反思。一方面,这种做法可能侵犯我国企业的合法权益;另一方面,也可能加剧国际知识产权纠纷的复杂性和不确定性。此案的禁诉令,不由让人联想起上一节介绍的案例:2018年2月,三星公司曾向美国加利福尼亚州北区法院申请禁诉令,要求禁止华为公司申请执行深圳市中级人民法院对华为公司诉三星(中国)公司标准必要专利侵权案的判决。而该法院支持了三星(中国)公司的申请并颁发了禁诉令,裁定在该院审理双方争议之前,华为公司不得申请执行其深圳市中级人民法院关于三星公司停止侵犯中国专利的判决。由此可见,知识产权诉讼中的“长臂管辖”与禁诉令适用问题,事关国家司法主权和司法公信,需要有效应对并从立法、司法层面建立长效机制。

2018年12月12日,最高人民法院发布《关于审查知识产权纠纷行为保全案件适用法律若干问题的规定》,该规定自2019年1月1日起施行。该规定第7条规定了人民法院审查知识产权纠纷行为保全申请,应当综合考量的5项因素,包括:(1)申请人的请求是否具有事实基础和法律依据,包括请求保护的知识产权效力是否稳定;(2)不采取行为保全措施是否会使申请人的

---

〔1〕 参见邹瑜、顾明主编:《法学大辞典》,中国政法大学出版社1991年版,第12页。

合法权益受到难以弥补的损害或者造成案件裁决难以执行等损害;(3)不采取行为保全措施对申请人造成的损害是否超过采取行为保全措施对被申请人造成的损害;(4)采取行为保全措施是否损害社会公共利益;(5)其他应当考量的因素。第10条规定了认定知识产权与不正当竞争纠纷行为保全案件中有关“难以弥补的损害”情形,包括:(1)被申请人的行为将会侵害申请人享有的商誉或者发表权、隐私权等人身性质的权利且造成无法挽回的损害;(2)被申请人的行为将会导致侵权行为难以控制且显著增加申请人损害;(3)被申请人的侵害行为将会导致申请人的相关市场份额明显减少;(4)对申请人造成其他难以弥补的损害。此外,为防止申请人滥用诉权申请行为保全进行不正当竞争或者损害公共利益,在明确上述审查行为保全申请考量因素的同时,也在第16条规定了认定“申请有错误”的情形,且对申请有错误的认定采用客观归责,该情形包括:(1)申请人在采取行为保全措施后30日内不依法提起诉讼或者申请仲裁;(2)行为保全措施因请求保护的知识产权被宣告无效等原因自始不当;(3)申请责令被申请人停止侵害知识产权或者不正当竞争,但生效裁判认定不构成侵权或者不正当竞争;(4)其他属于申请有错误的情形。

本案是上述行为保全规定实施后,我国最高人民法院司法实践首次颁发“禁诉令”的判例,是中国知识产权审判领域的一个重要创新,体现了我国对于保护国内企业合法权益、维护司法主权的决心和态度,同时也是对国际知识产权纠纷处理机制的一种补充和完善。此案是知识产权国际平行诉讼适用行为保全的“释法性”裁决,对审查涉及标准必要专利纠纷国际平行诉讼中行为保全考量因素进行了系统分析,阐释了法律适用标准,为此类案件的裁决提供了清晰的指引。具体而言,一是通过判例明确了域外法院长臂管辖中常用的“禁诉令”,其相当于我国民事诉讼法律规制中“行为保全措施”。二是给出了法院颁发此类“禁诉令”应当综合考量的因素,包括申请执行域外判决对本国诉讼的影响、颁发“禁诉令”是否确属必要、“禁诉令”对于对抗双方利益影响的合理权衡、“禁诉令”是否会损害公共利益以及国际礼让因素等。三是首次适用了“按日计罚”的民事制裁措施。为确保裁定中的行为保全措施得到有效执行,最高人民法院在本案裁定中还明确了当事人拒不执行的法律后果："自违反之日起，处每日罚款人民币 100 万元，按日累计。"在禁诉令和反禁诉令中采取按日计罚措施属于国际通行做法，英国、美国、德国、法国等西方国家法院在以往的相关案例中均采取了该计罚措施。本案中，最高人民法院知识产权法庭创造性用足用好民事诉讼法中的行为保全相关制度，作出我国知识产权诉讼首例具有"禁诉令"性质的行为保全裁定，并首次探索日罚金制度，有力维护了我国国家利益、司法主权和企业合法权益。

第六节　中国"禁诉令"组合拳：三星公司诉爱立信公司案的"禁诉令"

一、基本案情[1]

申请人三星公司及其关联公司总部位于韩国京畿道水原市，1996 年在中国北京成立三星（中国）公司，2011 年在中国武汉成立三星（武汉）公司。被申请人爱立信公司总部位于瑞典斯德哥尔摩，系通信解决方案以及专业服务供应商，加入了多个无线通信标准组织，参加了 2G、3G、4G 和 5G 无线通信标准的制定，拥有 GSM/GPRS/EDGE、WCDMA/HSPA、LTE 和 NR 等无线通信标准下的大量标准必要专利，并向标准组织承诺将以公平、合理和无歧视条件许可他人实施其无线通信标准必要专利。三星公司及其关联公司与爱立信公司及其关联公司在 2007 年和 2014 年曾就有关 2G、3G、4G 标准必要专利达成过许可协议，其中 2014 年签订的协议将于 2020 年底期限届满。2020 年 1 月，双方就 2014 年许可协议到期后被申请人持有或控制的 4G、5G 标准必要专利展开许可磋商，经多次磋商双方未能就有关专利达成许可协议，也未就将争议提交第三方仲裁机构达成协议。为此，三星公司及其关联公司向湖北省武汉市中级人民法院起诉，请求按公平、合理、无歧视原则判决确定被申请人及其子公司所持有或控制的 4G、5G 标准必要专利对

---

〔1〕 参见湖北省武汉市中级人民法院民事裁定书，(2020)鄂 01 知民初 743 号。

申请人通信产品的全球许可条件，包括许可费率。湖北省武汉市中级人民法院于 2020 年 12 月 7 日立案受理后，爱立信公司及其关联公司于 2020 年 12 月 11 日在美国得克萨斯州东区联邦地区法院起诉三星公司及其关联公司，请求确认其报价符合公平、合理、无歧视（FRAND）原则，并确认其谈判行为符合 FRAND 承诺及 ETSI 知识产权政策。

二、案例评析

（一）三星公司及其关联公司申请五项“禁诉令”

为此，三星公司及其关联公司于 2020 年 12 月 14 日向湖北省武汉市中级人民法院提出行为保全申请，请求依法判令：（1）禁止爱立信公司及其关联公司在本案审理期间至案件裁判生效时，就涉案标准必要专利向中国或其他国家和地区的法院、海关、行政执法机关或通过任何其他程序寻求针对三星公司及其关联公司，以及涉及制造、使用、许诺销售、销售、进口三星通信产品的其他主体的临时禁令救济、永久禁令救济或行政措施，责令爱立信公司及其关联公司立即撤回或中止已经提起的此类请求；（2）禁止申请执行针对三星公司及其关联公司，以及涉及制造、使用、许诺销售、销售、进口三星通信产品的主体已经获得或可能获得的临时禁令救济、永久禁令救济或行政措施；（3）禁止请求裁定许可条件（包括许可费率）或许可费，责令其立即撤回或中止已经提起的此类请求；（4）禁止要求确认爱立信公司及其关联公司在目前谈判中是否履行公平、合理、无歧视义务的法律程序，责令其立即撤回或中止已经提起的此类请求；（5）禁止请求责令三星公司及其关联公司撤回本行为保全申请或禁止三星公司及其关联公司申请执行针对上述 1 ~4 项保全事项依法作出的行为保全民事裁定书，责令其立即撤回或中止可能或已经提起的此类请求，立即撤销可能或已经获得的此类法院裁判文书并不得针对三星公司及其关联公司申请执行可能获得的此类法院裁判文书。

（二）法院依法审查“禁诉令”申请

法院依据《民事诉讼法》及前述最高人民法院《关于审查知识产权纠纷

行为保全案件适用法律若干问题的规定》的相关规定,从以下几个方面对申请人的上述行为保全申请进行分析:其一,本案是否存在因被申请人行为导致判决难以执行的情形;其二,不采取行为保全措施是否会使申请人的合法权益受到难以弥补的损害;其三,不采取行为保全措施对申请人造成的损害是否超过采取行为保全措施对被申请人造成的损害;其四,采取行为保全措施是否损害社会公共利益和国际民事诉讼秩序;其五,申请人是否为行为保全申请提供了有效的担保。湖北省武汉市中级人民法院认为,本案存在不采取行为保全措施将导致判决难以执行且申请人利益受到难以弥补损害的情形,在采取行为保全措施不会对被申请人利益造成重大损害且申请人提供了有效担保的情况下,对申请人提出的主要保全申请事项应予同意。

(三)法院核准"禁诉令"申请

最终,法院经合议核准了申请人三星公司及其关联公司的上述申请,并依法作出五项"禁令"裁定,即被申请人爱立信公司及其关联公司在本案审理期间至案件裁判生效时:(1)不得就涉案专利向中国或其他国家和地区的法院、海关、行政执法机关或通过其他程序寻求针对申请人及其相关主体的临时禁令救济、永久禁令救济或行政措施,并立即撤回或中止已经提起的此类请求;(2)不得申请执行已经获得或可能获得的临时禁令救济、永久禁令救济或行政措施;(3)不得向中国或其他国家和地区的法院请求裁定许可条件(包括许可费率)或许可费,并立即撤回或中止已经提起的此类请求;(4)不得向中国或其他国家和地区的法院要求确认其是否履行FRAND谈判义务的法律程序,并立即撤回或中止已经提起的此类请求;(5)不得向中国或其他国家和地区的法院请求责令申请人撤回本保全申请或禁止申请人申请执行本裁定,并立即撤回或中止可能或已经提起的此类请求。如被申请人爱立信公司违反本裁定,法院将根据《民事诉讼法》第十章的有关规定予以处罚。

三、小结

在三星公司及其关联公司在先向湖北省武汉市中级人民法院就涉案标准必要专利提起全球许可费之诉的情况下,爱立信公司及其关联公司又在美国就同案相同或关联事项提起国际平行诉讼。法院依申请人三星公司及其关联公司的申请,依法裁定向被申请人爱立信公司及其关联公司发出五项“禁令”。这五项“禁令”大体可以分为三种类型(参见本书第三章第一节),第一类是“禁诉令”,这是源自英美法系的一项诉讼制度,指在特定条件下由一国法院签发的,禁止当事人在他国另行提起或继续相关诉讼的禁令,包含“作为”或“不作为”两方面。如前述裁定中属于“不作为”的禁令包括第1、3、4项,其中第1项是禁止向其他司法、执法主体或通过其他程序寻求临时禁令、永久禁令或行政措施,第3项是禁止向中国或其他国家和地区的法院请求裁定许可条件(包括许可费率)或许可费,第4项是禁止向中国或其他国家和地区的法院要求确认其是否履行FRAND谈判义务的法律程序。属于“作为”的禁令均要求其立即撤回或中止可能或已经提起的此类请求。第二类是“反禁令”,或称“禁执令”,指一国法院签发的,禁止当事人申请执行其在另一国法院申请或获得的特定司法禁令的命令。如前述裁定中第2项的禁止申请执行已经获得或可能获得的临时禁令、永久禁令或行政措施。第三类是“反反禁诉令”,“反禁诉令”是指一国法院对他国法院作出的禁诉令的反对,以作为对禁诉令制度的反制措施,而“反反禁诉令”则又是对“反禁诉令”的反对。如前述裁定中第5项的禁止向中国或其他国家和地区的法院请求责令申请人撤回本保全申请或禁止申请人申请执行本裁定,并立即撤回或中止可能或已经提起的此类请求,其中,“本裁定”是湖北省武汉市中级人民法院对被申请人发出的“禁诉令”,而如果其他法院应被申请人请求发出“责令申请人撤回本保全申请或禁止申请人申请执行本裁定”的命令,则是针对本裁定“禁诉令”的“反禁诉令”。现在“本裁定”是要禁止(反对)被申请人去申请这样的“反禁诉令”,则相当于“本裁定”是向被申请人发出了“反反禁诉令”。

在无线通信领域,由于通信标准的全球互联互通以及专利的全球“专利族”布局,使得一项通信标准必要专利涉及多个国家和地区。而实施无线通信标准的生产和销售移动通信终端的企业,也往往是全球布局的跨国企业。因此当标准必要专利权利人与实施人因无法达成标准必要专利许可协议而产生纠纷时,双方都有可能选择包括中国在内的多个国家的法院提起诉讼,此即为标准必要专利的国际平行诉讼。一方面，双方提起诉讼仅是手段，目的均是为了促成双方达成标准必要专利许可协议，包括一方利用国际平行诉讼来增加己方的许可谈判筹码或消解对方以禁令相威胁的压力；另一方面，此行为也引发了国与国之间发生禁诉令与反禁令颁发的冲突，在一定程度上导致了在本国处理纠纷的国际主导权和话语权的竞争。本案中的原告三星（中国）公司及三星（武汉）公司选择在中国的湖北省武汉市中级人民法院，对域外的被告爱立信公司及其关联公司提起标准必要专利许可费之诉。而为了制衡三星公司，爱立信公司则在美国得克萨斯州东区联邦地区法院提起国际平行诉讼起诉三星公司，请求美国法院确认爱立信公司的报价符合 FRAND 原则，以及确认其与三星公司的谈判行为符合 FRAND 承诺及 ETSI 知识产权政策等。在此情况下，三星公司则向湖北省武汉市中级人民法院申请了"一套"禁诉令、禁执令、反禁诉令的"组合拳"并获准颁发。但据悉，爱立信公司也向美国的法院申请紧急单方临时禁止令和反干预禁止令（反禁诉令）。[1] 美国法院接受了爱立信公司的两项申请，裁定在湖北省武汉市中级人民法院的诉讼中，三星公司不得采取任何行动干扰美国法院确立爱立信公司或三星公司是否履行或违反 4G、5G 标准必要专利相关的 FRAND 义务的管辖权，或者干扰美国法院审理任何其他诉讼请求，以及不得采取任何行动剥夺爱立信公司向美国联邦法院、海关或行政机关主张其全部美国专利权的权利等，该禁令被称为"反干预禁令"。

由此可见，当国际平行诉讼中的一国法院基于当事人的申请适用禁诉令制度时，就会引发禁诉令与反禁诉令颁发的冲突问题，也必然会对他国民事诉讼当事人权利的行使和法院依法行使司法管辖权带来直接或间接的影响或干扰。对我国而言，在对待禁诉令与反禁诉令冲突的问题上，一方面要坚持维护国家司法主权，对损害我国国家利益的行为进行有效反制；另一方面也要坚持遵守国际礼让原则，避免与其他国家的司法管辖权产生不必要冲突，积极维护公平有序的国际司法环境。

---

〔1〕 参见祝建军：《标准必要专利禁诉令与反禁诉令颁发的冲突及应对》，载《知识产权》2021 年第 6 期。

第八章 国外通信标准必要专利典型案例实证评析

全球范围内标准必要专利诉讼案件呈现复杂多变的特点，涉及的主要问题包括侵害专利权禁令救济、许可费问题、滥用市场支配地位等。同时，这些诉讼案件不仅涉及技术层面的争议，还涉及法律制度和国际合作层面的争议，如禁诉令制度的构建和适用。美国、欧盟和日本在处理通信标准必要专利诉讼案件时，虽然都遵循 FRAND 原则，但在实施细节、禁令救济的限制以及政策指导和指导意见的发布等方面存在一定的差异，这些差异反映了各自司法体系的特点以及对标准必要专利问题处理的不同侧重点。其中，美国侧重于平衡专利权人与标准实施者的利益，既保障标准的技术价值，又促进标准的可实施性，以保护标准生态中的创新并维护竞争秩序。欧盟通过竞争法的传统优势和高度有效的执行机制来处理标准必要专利问题，欧盟委员会、欧盟法院及成员国司法与反垄断执法机构共同发挥作用，以确保标准必要专利许可谈判过程中的侵权诉讼不会成为对许可的阻碍，进而促进技术创新和市场竞争。日本司法审判中有国际影响力的标准必要专利诉讼案件虽不多见，但也涉及 FRAND 原则考量、反垄断法应用以及禁令适用等基本问题，同样展示了全球化背景下解决此类纠纷的复杂性。本章分别选取了美国、欧盟、日本涉及通信标准必要专利的诉讼案件中有代表性的五个典型案例[1]加以介绍、实证解读和评析。

第一节　FRAND 许可费率的考量计算框架：微软公司诉摩托罗拉公司案

一、基本案情

2010 年 10 月，摩托罗拉公司致函微软公司，称其在国际电信联盟（ITU）制定的 H.264 数字视频编解码标准，以及美国电器和电子工程师协会（IEEE）制定的 802.11 无线标准中拥有必要专利，因微软公司的 Windows 和 Xbox 等产品使用了摩托罗拉公司的所述标准必要专利，故要求微软公司以其最终产品价格的 2.25% 支付许可费，并要求微软公司就其拥有的 H.264 和 802.11 标准必要专利进行回授许可。微软公司则于 2010 年 11 月以摩托罗拉公司、摩托罗拉移动和通用仪器公司（为简洁表述，以下统一以摩托罗拉公司代称）的许可费要约违反其对标准化组织的 FRAND 承诺为由，向美国华盛顿西区联邦地区法院提起诉讼，要求摩托罗拉公司以 FRAND 条件进行许可。摩托罗拉公司则提起反诉，要求确认自己未违反 FRAND 承诺，以及确认微软公司拒绝摩托罗拉公司履行 FRAND 义务所产生的利益因而无权取得摩托罗拉公司的上述两项标准必要专利许可。2011 年 7 月，本案被告之一的通用仪器公司在德国单独起诉本案原告微软公司，称其侵犯了摩托罗拉公司拥有的两项欧洲 H.264 标准必要专利，并请求禁令救济，要求禁止微软公司在德国销售侵犯其该两项欧洲专利的设备及软件。2012 年 3 月，微软公司在本案中请求临时禁诉令，要求禁止摩托罗拉公司执行其在德国的诉讼中可能取得的任何禁令救济。

---

[1] 本章微软公司诉摩托罗拉公司案、Innovatio 公司案、无线星球公司诉华为公司案、苹果公司诉摩托罗拉公司案四个案例判决书的中文译文，参见马一德主编：《FRAND 案例精选》，科学出版社 2018 年版。

二、案例评析

(一)关于802.11标准必要专利许可费(率)的审理[1]

本案由美国华盛顿西区联邦地区法院审理。作为判例法国家,主审的罗伯特法官在援引Georgia - Pacific案所确立的计算普通专利侵权损害赔偿的15项因素[2]的基础上,提出了本案确定标准必要专利FRAND许可费率的框架:一是确定FRAND许可费率应考虑专利对于标准的重要性以及专利对于产品的重要性;二是采用假想谈判方式,以专利池费率为参考,以最小可销售专利实施单元为费率基础,确定FRAND许可费率。

1.通过“假想谈判法”推断涉案专利对于标准及产品的重要性

罗伯特法官在判决中指出,Georgia - Pacific因素被广泛接受,假想谈判中的许可费通常通过评估该案中提出的要素来确定。假想谈判法也被称为“双方自愿许可法”,该方法假设在侵权开始前,当事人通过成功谈判达成一致的许可费,尽可能重建事前的许可谈判情景及描述所达成的协议。在充分考察、权衡了双方提供的证据及其主张的基础上,罗伯特法官认为,关于

---

[1] 该案涉及H.264和802.11两个标准的涉案标准必要专利。限于篇幅,本书只摘要介绍与通信标准相关的涉案802.11标准必要专利许可费率的审判思路。

[2] Georgia - Pacific案所确立的计算普通专利侵权损害赔偿的15项因素如下[参见马一德主编:《FRAND案例精选》(第1卷),科学出版社2018年版,第104页]:

(1)针对涉案专利权人收取过的许可费,证明或倾向于证明既定许可费;(2)被许可人对于与涉案专利可比的其他专利曾支付的许可费率;(3)许可的性质以及许可范围;(4)许可人为维护其专利垄断性而既定的政策和市场营销计划,其手段可以是不许可他人使用该项发明或在维护其专利垄断地位的特殊条件下授予许可;(5)许可人与被许可人之间的商业关系,如是否为同一地域的同一行业的竞争对手,或者是否为发明者与推广者之间的关系;(6)销售专利产品对被许可人其他产品产生的促销效果,该发明对于发明人的现有价值是否促进了发明人的非专利项目销售的增加,以及是否扩大了此类衍生品或搭售的范围;(7)专利权期限和许可期限;(8)专利产品的既定获利、商业上的成就、受顾客欢迎的程度;(9)专利产品相对于具有类似效果的旧式模式或设备(如有)的效用和优点;(10)专利发明的性质,许可人拥有和生产该发明的商业实施的特征如何,以及为使用该发明的用户带来的好处;(11)侵权者利用该发明的程度,以及任何关于使用价值的证据;(12)在某一产业或其类似产业中,使用该发明或类似发明通常可以获得的利润;(13)该发明所贡献的部分的可获得利润,其应与非专利要素部分、制造过程商业风险或侵权者添附的重要特征或者其改进区分开来;(14)适格的专家证人的证词和观点;(15)许可人和被许可人在合理且自愿的情况下尝试达成协议时(从侵权之日起算)所合意达成的金额。

摩托罗拉公司涉案必要专利对于802.11标准的重要性，双方都没有证明存在或缺乏摩托罗拉公司的标准必要专利的可行替代技术方案，法庭因此推断：在假想谈判中，双方根本不能就摩托罗拉公司的标准必要专利技术对802.11标准所做的技术贡献达成一致。关于摩托罗拉公司涉案专利对于微软公司涉案产品Xbox电脑（其主要功能是运行视频游戏）的重要性，法庭推断涉案必要专利许可的假想谈判各方会认为这些专利对802.11标准核心功能的贡献不大甚至微乎其微，但其中某些贡献将在某些情况下被Xbox电脑使用。而摩托罗拉公司认为其中某些涉案必要专利支持和使用802.11b和802.11g版本的能力，能为微软公司的Xbox产品带来价值，尽管802.11b、802.11g等版本正变得越来越不流行。

2. 摩托罗拉公司要求的许可费率存在"许可费堆叠"问题

法庭结合FRAND原则修改前述Georgia－Pacific因素并分析认为，摩托罗拉公司提交法庭的许可协议，或者没有确定FRAND许可费率，或者缺乏与涉案专利组合相当的可比性，因此不能作为参考。并且，摩托罗拉公司要求的费率还将引发"许可费堆叠"问题。本案双方提供的证据显示，拥有802.11标准必要专利的实体至少有92家，如果这92家实体中每家要求的许可费率都与摩托罗拉公司按最终产品价格要求的费率相类似，则执行802.11标准（仅Xbox产品的一个特征）的总许可费将超过总产品价格。如此明显堆叠的许可费率显然不应当是FRAND许可费率，因为其将会阻碍标准的广泛采用。而鉴于前述的802.11标准必要专利组合对802.11标准的贡献并不大，这种情况下的堆叠问题就更加突出。据此可判定摩托罗拉公司对涉案标准必要专利组合要求的许可费率超出了FRAND许可费范围。

3. 以微软公司提供的专利池作为可比专利池推算可能的最高许可费

关于802.11标准必要专利组合的许可费率和范围，双方均提交了其声称的可比协议和专利池作为证据。对微软公司提供的并声称最好的且可对比摩托罗拉公司802.11标准必要专利的专利池，即Via Licensing 802.11专利池，罗伯特法官结合双方证据分析认为，专利池一般由两个以上标准必要专利权利人创建和自愿加入，独立于标准制定组织，特定专利池（如本案涉案的MPEG LA H.264特定池）及其专利池许可，池中的每个专利作为专利计数系统的一部分应分摊许可费。该框架通常为池中的任何给定专利提供平等补偿,而不考虑每个专利的技术、优点、重要性或对标准的贡献。而MPEG LA H.264 专利池拥有 1100 多个被许可人这一事实表明,专利池中包含大量重要技术缓解了被许可人担忧的“堆叠”问题。法庭因此决定将微软公司提供的 Via Licensing 802.11 专利池,作为对摩托罗拉公司主张的802.11 标准必要专利组合的 FRAND 许可费率的参考,虽然其参考作用不如 MPEG LA H.264 专利池那么强。本案证据显示,微软公司为 MPEG LA H.264 专利池支付的金额,大约是其收取自身 H.264 标准必要专利许可费的两倍,据此可认为,微软公司把拥有该专利池成员资格视为能为其带来相当于其所收许可费率至少两倍价值的途径。因而相应地也应认为,Via Licensing 802.11 专利池的成员资格,将会为摩托罗拉公司提供其从该专利池收到的许可费率的两倍的价值。

庭审中,摩托罗拉公司声称其有 24 个美国专利且其对于 802.11 标准是必要的,微软公司声称其有 7 个是必要的。微软公司专家证人林德博士提供的评估报告显示,除双方当事人各自声称的必要专利外,802.11 标准已声明为必要的还有 186 个标准必要专利,以及 Via Licensing 802.11 专利池中还有现存的 35 个标准必要专利。林德博士的报告同时展示了标准必要专利全球利润共享的算法,包括国家权重因子。林德博士无争议地使用国家权重因子来分配上述 802.11 标准必要专利的总权重,即将上述各个必要专利数分别乘以各自分配的“国家权重因子”,计算 Via Licensing 802.11 专利池的标准必要专利总权重为:(2400 + 700 + 18110.66 + 2338)。鉴于 Via Licensing 802.11 专利池的分摊算法是根据专利持有者的专利比例权重来确定许可费率,故摩托罗拉公司在该专利池的专利比例权重可以其所声称的 24 个必要专利组合的权重 2400 除以上述专利池的总权重,得出该权重比例为10.19%,即摩托罗拉公司的专利按“国家权重”调整后,将占总的 Via Licensing 802.11 专利池的 10.19%。同时,根据庭审证据可无可争议地计算出,微软公司 2011 年向该专利池支付的总费用为 285.26 万美元,摩托罗拉公司如收取其中的 10.19% 就是 29.068 万美元,将此摊算到微软公司同年度的合标产品数量上,则 2011 年摩托罗拉公司对微软公司的每件商品将收取每单元 2.038 美分的单价许可费。而如前所述,该单价还应当加上摩托罗拉公司拥有 Via Licensing 802.11 专利池成员资格将获得的相当于其许可费两倍的价值,因此摩托罗拉公司可从微软公司收取的其 Via Licensing 802.11 标准必要专利组合的许可费单价将达到 6.114 美分(2.038 + 2 × 2.038)。鉴于上述许可费的计算并没有考虑其他 59 个已提交总括性保证书给标准组织的 802.11 标准必要专利持有者的必要专利,而其中许多专利持有者都是无线通信行业的领先者(如索尼、IBM、高通、Atheros 等),以及摩托罗拉公司并没有证据证明其涉案的标准必要专利组合比 Via Licensing 802.11 专利池的专利更有价值,且被诉产品 Xbox 电脑仅使用了摩托罗拉公司声称的其 24 个必要专利中的 11 个,这 11 个必要专利对于 802.11 标准的价值也很小,因此上述计算的 6.114 美分的单价许可费,可能代表了接近最高许可费率的值,需要结合其他指导参考向下调整,进而确定适用于涉案摩托罗拉公司 802.11 标准必要专利组合的 FRAND 许可费率及其上限和下限费率。

4. 以实施标准的 Wi – Fi 芯片知识产权付费推算涉案许可费率的合理“高上限”

本案中微软公司还主张使用第三方公司美满电子公司(Marvell Semiconductor)的许可费率,支付其 Wi – Fi 芯片的知识产权费用。法庭同意基于假想谈判的 Georgia – Pacific 因素 12,美满电子公司的许可费率可以为 802.11 标准的 FRAND 许可费率提供参考,因为美满电子公司作为第三方公司其趋向于在半导体许可行业建立行业惯例。美满电子公司制造 Wi – Fi 芯片的目的就是实施 802.11 标准,在过去美满电子公司对出售给微软公司的每个 Wi – Fi 芯片收取 3 ~4 美元的费用,而美满电子公司也需要向 ARM 公司(一家英国软件设计公司)生产的每个芯片支付 3 ~4 美元。其中 ARM 公司为美满电子公司提供专利许可和美满电子公司生产 802.11 芯片所需“设计和技术”,作为交换,美满电子公司则向 ARM 公司支付芯片购买价格的 1% 作为许可费(每个芯片 3 ~4 美分)。美满电子公司的专家证人奥克斯女士认为该 1% 的许可费应该是一家半导体公司支付其知识产权许可费率的一个合理的“高上限”。因为 ARM 公司的许可不仅包括专利,而且还包括设计芯片所需元素的指导,如果只针对专利许可则其许可费率还应低于

1%。此外,该许可费率应是基于芯片的出售价格,而不是基于嵌入芯片的终端产品的出售价格,因为如果是昂贵的终端产品即便是收取较低的许可费率也会很快超过美满电子公司出售芯片的利润,况且美满电子公司在出售自己的芯片时通常是不知道客户将来如何使用这些芯片的,因此按用户终端产品价格计算许可费率也是不切实际的。据此法庭认定美满电子公司和 ARM 公司的1%许可费率代表半导体知识产权许可费率的合理"高上限",并据此将假想谈判中考虑的 Georgia - Pacific 因素 12,由原来的"在某一产业或其类似产业中,使用该发明或类似发明通常可以获得的那部分利润或售价",修正为:"此要素需从涉及 FRAND 承诺的商业实践的角度来看待,应关注作出 FRAND 承诺的专利的商业许可惯例,非 FRAND 承诺专利的许可费不能构成比较的基础。"〔1〕

5. 引入第三方咨询机构分析评估摩托罗拉公司提出的许可费率

作为摩托罗拉公司 802.11 标准必要专利组合 FRAND 许可费率的第三个指导,法庭调查了一家名为 InteCap 的咨询公司所做的分析。该公司曾于 2003 年为摩托罗拉公司的 802.11 标准必要专利开发了一套专利评估模型。法庭决定将 InteCap 公司的许可费模型作为假想谈判中 FRAND 许可费率的参考。InteCap 公司对制造使用 802.11 标准的产品(如笔记本电脑、台式机、游戏机)评估的许可费率为 0.1%,而此类产品中包括的涉案微软公司产品 Xbox 游戏机的售价一般在 200~400 美元,因而按 InteCap 公司作为参考的许可费率 0.1% 计算的 FRAND 许可费率就是每单元 20~40 美分。但法庭认为,InteCap 公司评估的 0.1% 许可费率,是基于 InteCap 公司认为摩托罗拉公司的专利组合占整个 802.11 标准价值的 25%,而该占比过高评估了摩托罗拉公司专利组合对 802.11 标准的重要性,而在假想谈判中微软公司和

---

〔1〕 根据标准必要专利具有 FRAND 承诺的特性,罗伯特法官对 Georgia - Pacific 案所确立的计算普通专利侵权损害赔偿的 15 项因素中的 12 项作出了适应性修改,修改主要可概括为三方面[参见马一德主编:《FRAND 案例精选》(第 1 卷),科学出版社 2018 年版,第 104~107 页]:一是鉴于 FRAND 许可原则最基本要求,不再考虑拒绝发放许可的商业好处或者许可人与被许可人之间的商业关系;二是对于与专利价值相关的诸多考量因素,在考察中应重点关注专利技术自身的价值,需排除因专利技术被纳入标准而带来的价值;三是许可费的参照对象应考虑在 FRAND 许可或者类似谈判中("假想谈判中")达成的许可费。

摩托罗拉公司可能看到的摩托罗拉公司涉案专利组合的重要性要远低于 InteCap 公司的评估，因此法庭最终将 InteCap 公司评估的许可费率向下调整为每单元 0.8～1.6 美分。

6. 认定摩托罗拉公司向微软公司提出的许可费要约违反 FRAND 承诺

综上，罗伯特法官在援引并修正 Georgia－Pacific 案确立的计算普通专利损害赔偿的 15 项因素的基础上，采用假想谈判的方式，以 Via Licensing 802.11 专利池、美满电子 Wi－Fi 芯片和 InteCap 公司评估三个参考为指导，分别估算出了涉案的摩托罗拉公司 802.11 标准必要专利组合可参照的三个 FRAND 许可费率：即 Via Licensing 802.11 专利池的 FRAND 许可费率每单元 6.114 美分，美满电子 Wi－Fi 芯片的 FRAND 许可费率每单元 3～4 美分，以及 InteCap 公司评估的下调许可费率每单元 0.8～1.6 美分。而这三个可参照的 FRAND 许可费率，均远低于摩托罗拉公司要求微软公司以其最终产品价格的 2.25% 支付的许可费率（折合向微软公司的每件涉案 Xbox 产品收取 6～8 美元）。因此，法庭判定摩托罗拉公司向微软公司提出的关于收取 Xbox 产品使用其涉案 802.11 标准必要专利组合的许可费的要约，违反了摩托罗拉公司向标准化组织声明的公平、合理、无歧视的 FRAND 承诺。

7. 确定摩托罗拉公司涉案 802.11 标准必要专利组合 FRAND 许可费的平均值及其上、下限值

罗伯特法官进一步确定了假想谈判中的摩托罗拉公司和微软公司针对 Xbox 产品可以准确计算的 FRAND 许可费率的方式，即取上述三种参考指导的 FRAND 费率的平均值，其中 Wi－Fi 芯片 3～4 美分的区间值取其中间值 3.5 美分，InteCap 公司评估取其下限 0.8 美分，从而得出三项参考指导费率的平均值为 3.471 美分[（6.114＋3.5＋0.8）÷3]。而关于摩托罗拉公司涉案 802.11 标准必要专利组合 FRAND 许可费率的上限，鉴于微软公司根据自己对 Via Licensing 802.11 专利池计算的结果已向法庭提出了每单元 6.5 美分的许可费率，而如前所述，法庭已认定该专利池成员资格具有相当于其许可费两倍的价值，因此微软公司提出的每单元 6.5 美分的许可费率价值应增加为 19.5 美分（6.5＋2×6.5），法庭认为该费率即应为微软公司支付摩托罗拉公司涉案 802.11 标准必要专利组合 FRAND 许可费率的上限。

而关于其下限，鉴于本案没有其他证据，罗伯特法官直接采用了前述经修正下调的 InteCap 公司评估的参考 FRABD 许可费率中的每单元 0.8 美分，作为本案摩托罗拉公司涉案 802.11 标准必要专利组合 FRAND 许可费率的下限，同时说明该下限的每单元 0.8 美分适用于除 Xbox 产品之外的所有使用 802.11 标准的微软公司产品。

据此，华盛顿西区联邦地区法院对涉案的摩托罗拉公司 802.11 标准必要专利组合 FRAND 许可费率作出如下判决：摩托罗拉公司的 802.11 标准必要专利组合 FRAND 许可费率为每单元 3.471 美分；摩托罗拉公司的 802.11 标准必要专利组合 FRAND 许可费率的上限为每单元 19.5 美分；摩托罗拉公司的 802.11 标准必要专利组合 FRAND 许可费率的下限为每单元 0.8 美分。该许可费率和范围应用于微软公司的 Xbox 产品。对于其他使用 802.11 标准的微软公司产品，许可费率将采用每单元 0.8 美分。判决后摩托罗拉公司不服提出上诉，联邦第九巡回上诉法院予以维持。

（二）关于临时禁诉令的审理

2012 年 4 月，华盛顿西区联邦地区法院批准了微软公司的临时禁诉令请求，禁止摩托罗拉公司执行其在德国的诉讼中可能获得的与涉案欧洲必要专利相关的任何禁令救济，有效期至 2012 年 5 月 7 日（后经听证又予以延期），同时要求微软公司提供 1 亿美元的保证金作为担保。法庭在确定是否给予该临时禁诉令时综合考量了以下因素：

一是在美国的诉讼和在德国的诉讼中的当事人及问题相同或基本相同。

二是继续进行在德国的诉讼将妨碍在美国的诉讼的管辖法院政策，如避免判决不一致、择地行诉、重复诉讼和滥诉等。

三是对司法礼让的影响在可容忍范围内。本案是两家美国公司在美国的诉讼，不存在国际问题，不牵涉外国政府，且在德国的诉讼晚于在美国的诉讼。

四是如不进行临时救济，申请人可能遭受的损害将无法弥补。本案微软公司提供的有说服力的证据证明，一旦执行在德国的诉讼判决对微软公司产品禁售，微软公司将失去难以重新夺回的市场份额且使商业信誉严重受损。

五是公平权衡双方利益。如果微软公司在德国被禁售，其将面临两难选择：要么被禁止在德国销售产品和软件，由此遭受无法弥补的损害；要么接受德国禁令威胁下自己处于谈判劣势的摩托罗拉公司许可谈判要价。因此，如不颁发临时禁诉令，微软公司无论作何选择都将面临重大损失。而与此相反，颁发临时禁诉令对摩托罗拉公司几乎没有损害，仅仅是暂缓执行其在德国的判决，而且还有微软公司提供的1亿美元保证金作为对其可能造成损失的担保。

六是颁发临时禁诉令可使微软公司继续其商业运作，依赖于微软公司技术和服务的客户可以不中断地开展其业务，因而符合公共利益等。基于上述考量，法院批准了微软公司申请对摩托罗拉公司在德国的诉讼的临时禁诉令。

摩托罗拉公司针对上述临时禁诉令不服提出“中间上诉”，联邦第九巡回上诉法院予以维持。

三、小结

微软公司诉摩托罗拉公司案是美国历史上首次由法院判定标准必要专利FRAND许可费率的案例，它开创了利用司法手段解决标准必要专利FRAND许可费（率）问题的新模式，为全球知识产权保护和标准化进程提供了新的思路。本案不仅在美国国内产生了深远影响，也对全球范围内的标准必要专利FRAND许可费（率）的确定产生了重要影响。特别是在推动标准化组织制定更加明确和可执行的FRAND条款方面，该案被视为一个重要的里程碑。该案的最大亮点是建立了标准必要专利FRAND许可费（率）的考量计算框架，即通过修正1970年美国Georgia－Pacific案所确立的审理一般专利侵权案件计算损害赔偿的15项因素（Georgia－Pacific因素），结合“假想谈判法”将其运用到标准必要专利FRAND义务下的许可费（率）考量、计算方法中。本案先选择适当的评算基准来衡量假想谈判下对微软公司而言使用涉案必要专利的价值，得到参考许可费（率）。然后根据案件具体情况与评算基准的差异,分析各 Georgia – Pacific 因素对许可费(率)所产生的影响,据此再对参考许可费(率)进行相应调整,最后得到许可费(率)的取值范围(上限、均值和下限),从而初步建立了标准必要专利 FRAND 许可费(率)的考量计算框架。有学者将之归纳为是对“基础许可费 + 调整”[1]的许可费计算方法的运用。

综上,微软公司诉摩托罗拉公司案不仅是美国乃至全球知识产权法律实践中的一个重要里程碑,更为后续解决标准必要专利 FRAND 许可费(率)问题提供了宝贵的经验和参考。从判决作出的时间看,该案的一审判决时间是 2013 年 4 月 25 日,二审维持原判的判决时间是 2015 年 7 月 30 日。本书第七章第二节介绍的我国审理的华为公司诉 IDC 公司案,广东省深圳市中级人民法院作出一审判决的时间是 2013 年 2 月,广东省高级人民法院二审维持原判的判决时间是 2013 年 10 月 16 日。因此也可以说,我国审理的华为公司诉 IDC 公司案,是略早于微软公司诉摩托罗拉公司案的全球第一件由法院确定具体 FRAND 许可费率的标准必要专利许可案。

第二节 “自上而下”FRAND 许可费计算法:Innovatio 公司案

一、基本案情

原告 Innovatio 公司拥有 IEEE 开发的 802.11 无线标准若干标准必要专利,并曾对 IEEE 作出过 FRAND 许可承诺。该公司起诉多个酒店、餐厅、咖啡店、超市及运输公司等“无线网络用户”因向客户提供无线网络服务而侵害其涉案标准必要专利。因这些无线网络用户所使用的相关电子设备的制造商为思科公司、摩托罗拉公司、惠普公司等多家公司,故后者的“制造商”向法院提起确认不侵权之诉(宣告式判决之诉),要求宣告制造商的产品以

[1] 张吉豫:《标准必要专利“合理无歧视”许可费计算的原则与方法——美国“Microsoft Corp. v. Motorola Inc.”案的启示》,载《知识产权》2013 年第 8 期。

及这些产品所属的网络或系统不侵犯 Innovatio 公司的专利。Innovatio 公司遂转而起诉这些制造商侵犯了 Innovatio 公司针对所述无线网络用户所主张的涉案标准必要专利。该案由美国伊利诺伊州北区联邦地区法院东分院审理，由该联邦地区法院法官霍尔德曼主审。本案中，各方均放弃要求陪审团审判的权利，同意由法院裁定所争议的损害赔偿问题。

原告 Innovatio 公司主张，法院应按具有无线功能的最终产品的售价的百分比来计算许可费，这些最终产品包括笔记本电脑、平板电脑、打印机、接入点等，其中最终产品的售价应通过“Wi－Fi 特征因子”进行折算，折算时应考虑最终产品中 802.11 标准必要专利的功能性的贡献价值。例如，具有无线功能的笔记本电脑“Wi－Fi 特征因子”为 10%，意味着笔记本电脑只有 10% 的价值是由 Wi－Fi 功能贡献的；而接入点的特征因子为 95%，则意味着接入点的 95% 的价值都是由原告所提供的 Wi－Fi 功能贡献的。在将特征因子乘以被告制造商对最终产品收取的价格后，再乘以 6% 的基准许可费率，就得出原告 Innovatio 公司主张的侵权赔偿许可费，而该 6% 的基准许可费率是通过与原告主张的作为其他 802.11 标准必要专利组合的“可比协议”的比较而得到的。据此，原告计算的平均许可费为：每个接入点约 3.39 美元，每台笔记本电脑约 4.72 美元，每台平板电脑约 16.17 美元，每台库存跟踪设备（如条形码扫描器）约 36.90 美元。

被告制造商则抗辩认为，法院应按制造商为每个无线芯片所支付的价格的百分比来计算许可费，该无线芯片是插入最终产品笔记本电脑或无线接入点的小型硅器件，由其给设备提供无线功能，涉案最终产品都包含至少一个 Wi－Fi 芯片。法院应就 Wi－Fi 芯片随时间的加权平均售价进行认定，然后再就该价格对芯片制造商的平均营业利润的贡献比例进行认定，该比例体现了最高可用的知识产权许可费，之后再将得出的代表所有 802.11 标准必要专利的最高许可费的数额分摊到涉案专利技术中。此即“自上而下”的许可费计算方法，据此计算出的每个芯片的许可费应在 0.72～3.09 美分，远低于原告 Innovatio 公司所主张的许可费。

法院于 2013 年 9 月 27 日发出备忘录意见书，沿用前述微软公司诉摩托罗拉公司案判例中的假设性双边谈判方式，并结合本案加以必要修正，在综合考虑 Georgia - Pacific 案确立的 15 项因素以及避免专利劫持、许可费堆叠等因素的基础上，重点分析了基于最小可销售专利实施单元来计算涉案专利许可费的问题。

二、案例评析

（一）从最小可销售专利实施单元的 Wi - Fi 芯片入手计算许可费

霍尔德曼法官认为，Innovatio 公司主张的按最终产品售价的百分比来计算许可费是分两步进行的，第一步是计算出“Wi - Fi 特征因子”，第二步是根据“可比协议”确定适用的基准许可费率。在对所有证据进行评估后，法庭认定 Innovatio 公司未能令人信服地完成该两步中的任何一步的举证。关于计算专利损害赔偿许可费基础的争议并非 FRAND 情形下所独有，在不涉及 FRAND 的专利案件中也很常见。在激光动态公司诉广达电脑公司案（Laser Dynamic *v.* Quanta Computer USA Inc.）的判例中，美国联邦巡回上诉法院认为，当由多部件组成的产品中的小的元件被诉侵权时，如果基于整个产品计算许可费，会导致对专利权人不当地补偿该产品的未侵权部件的风险，因此法院在计算许可费时不应基于整个产品，而应基于“最小可销售专利实施单元”。鉴于 Innovatio 公司对其主张的证据不足，法庭别无选择，只能基于 Wi - Fi 芯片计算许可费。

（二）从 Wi - Fi 芯片平均价格，到其平均销售利润，到涉案专利的数量，再到涉案标准的必要专利总数，“自上而下”地计算 FRAND 许可费

鉴于法庭认定原告 Innovatio 公司提出的五种可比许可协议和被告制造商提出的两种可比许可协议，均不能作为本案确定 FRAND 许可费的可比协议，霍尔德曼法官认为前述微软公司诉摩托罗拉公司案中罗伯特法官第一次尝试采用“基础许可费 + 调整”的许可费计算方法，给出了涉案标准必要专利组合所应适用的 FRAND 许可费率及其上限、下限和适用范围，而本案在没有可用“可比协议”的情况下，必须考虑其他方法来计算 FRAND 许可费，如“自上而下”的 FRAND 许可费计算方法。该方法将假设在 Innovatio 公司的涉案专利于 1997 年被纳入 802.11 标准之前，双方进行事先协商而最

可能达成的协议。“自上而下”的方法基于 Wi－Fi 芯片的平均价格，根据该平均价格计算出每个芯片销售的平均利润，再以可用的平均利润乘以 Innovatio 公司涉案专利的数量，最后再除以 802.11 标准必要专利的总数，由此得出 Innovatio 公司涉案标准必要专利的 FRAND 许可费。

霍尔德曼法官认为“自上而下”法具有明显优点：一是将芯片销售的平均利润作为最大的、无差别的潜在许可费，可以体现 FRAND 的无歧视原则，因为基于芯片利润而非整个被诉产品利润将有利于避免因被诉产品的市场地位而对其被许可人区别对待；二是解决了许可费堆叠问题，可以体现 FRAND 的合理性原则，因为在假想谈判中如果许可费高出芯片销售的最大利润，则显然芯片制造商不会接受此等专利许可，甚至会因此退出芯片制造业；三是该方法将平均利润乘以 Innovatio 公司涉案专利的数量，再除以 802.11 标准必要专利的总数，分摊了 Innovatio 公司的专利功能价值，而不必依赖于关于其他“可比或不可比”许可协议的信息，具有一定程度的定量和分析的严谨性。

第一，确定 Wi－Fi 芯片的平均价格。霍尔德曼法官根据被告制造商的专家证人莱纳德博士提供的业内认可的市场研究公司 ABI 公司的研究报告提供的芯片销售相关数据，以假想的双方许可谈判开始时的 1997 年为起点，考察至 Innovatio 公司涉案专利有效期到期时或即将到期的 2013 年年底，推算出 1997～2013 年的平均价格为 14.85 美元（其中 1997 年的芯片单价最高，为 37.00 美元；2013 年最低，为 3.05 美元），并以此作为具有涉案专利无线功能的 Wi－Fi 芯片的价格。

第二，确定 Wi－Fi 芯片的平均销售利润率。莱纳德博士审查的博通公司在 2000～2012 年销售 Wi－Fi 芯片的营业利润的年平均利润率为 12.1%，另一位制造商的专家证人林德博士评估的博通公司及另一家芯片制造商美满电子公司的证据显示出 Wi－Fi 芯片的利润率在 9.4%～14.4%，同时也证实了莱纳德博士认定的 12.1% 的利润率数值，霍尔德曼法官据此将 12.1% 作为 Wi－Fi 芯片销售的利润率。

第三，确定 802.11 标准必要专利的总数。莱纳德博士提供了 PA 管理咨询公司于 2013 年 7 月作出的 PA 报告，该报告根据对 802.11 标准相关关键词的所有专利进行的检索以及对检索结果进行的相关技术分析，认为可能对 802.11 标准属于必要的专利共有 3106 项，莱纳德博士因此建议将 802.11 标准必要专利的总数合理估计为 3000 个。但该报告没有对这些专利对标准的必要性进行完整法律分析，其结论只是这些专利可能是潜在的必要专利。霍尔德曼法官采纳了将 3000 个作为 802.11 标准“潜在的”必要专利的总数，但同时考虑不能保证这些 3000 个潜在的必要专利事实上也是必要的这一因素。

第四，确定原告 Innovatio 公司的涉案标准必要专利数。Innovatio 公司主张的涉案专利组合中包括 23 个专利，审理中经各方同意确定本案的 FRAND 费率中不必考虑其中的 4 个专利，因此法庭确定将使用 19 个而不是 23 个作为按“自上而下”法计算 Innovatio 公司专利 FRAND 许可费的分子项。此外，莱纳德博士提供的证据显示，所有电子领域前 10% 的专利占有所有电子领域专利价值的 84%。霍尔德曼法官根据本案证据认为，Innovatio 公司专利对于标准的价值都是中等至中高等重要的，能为标准带来重大价值，而任何带来重大价值的专利都可能在所有 802.11 标准必要专利的前 10%，因为电子领域专利价值的 84% 是包含在前 10% 专利中的，据此则可认定 Innovatio 公司的专利处于全部 802.11 标准必要专利的前 10%。而前述 3000 个潜在标准必要专利中的很大一部分对于标准的价值则比 Innovatio 公司的专利更低，故其必要性尚未确定。

第五，计算原告涉案 802.11 标准必要专利组合的 FRAND 许可费率。最终，霍尔德曼法官根据上述确定的“自上而下”FRAND 许可费计算方法，计算出每个 Wi-Fi 芯片的 FRAND 许可费为 9.56 美分，并以此作为 Innovatio 公司涉案 802.11 标准必要专利组合的 FRAND 许可费率。其计算过程为：(1) 以 Wi-Fi 芯片的平均价格 14.85 美元，乘以其平均利润率 12.1%，得出每个芯片的平均利润为 1.80 美元，该 1.80 美元为芯片制造商的可得总利润，涉案知识产权许可费应从中支付；(2) 电子领域专利价值的 84% 包含在前 10% 专利中，故将 1.80 美元的芯片总利润乘以 84%，得出的 1.51 美元即为所有 3000 个802.11 标准必要专利的前 10% 专利即 300 个专利的价值；(3) 再以该前 10% 的 300 个专利的价值 1.51 美元，乘以 Innovatio 公司涉案专利数量 19 个，再除以前 10% 的专利数 300 个，即得出所有 802.11 标准必要专利的前 10% 专利中 Innovatio 公司的 19 个专利组合价值的分摊为 9.56 美分。计算公式可列为：Wi－Fi 芯片平均价格 14.85 美元 × 其平均利润率 12.1% ×84% ×19 个 ÷（3000 个 ×10%）。

（三）验证上述“自上而下”法计算的原告 FRAND 许可费率

霍尔德曼法官还在案件分析的最后，将上述“自上而下”法确定的 9.56 美分许可费率，与前述微软公司诉摩托罗拉公司案中罗伯特法官确定的摩托罗拉公司涉案 802.11 标准必要专利组合许可费率每台 3.471 美分及其 FRAND 许可费率的合理范围每台 0.8～19.5 美分进行了比较验证，认为本案确定的 9.56 美分位于罗伯特法官确定的 0.8～19.5 美分的合理范围内。而本案的 9.56 美分大概相当于罗伯特法官确定的 3.471 美分的 3 倍，因为罗伯特法官认定摩托罗拉公司的专利对标准的价值极小，且其主张的 24 项专利中只有不到一半的 11 项专利用于被诉产品 Xbox。而本案认定的 Innovatio 公司专利对标准具有中等至中高等的重要性，且其主张的 23 项专利中有 19 项在 FRAND 许可费率范围内，故大约 3 倍的倍数是两个许可费之间的合理差值，说明 Innovatio 公司专利对于 802.11 标准更具重要性。因此通过罗伯特法官确定的 FRAND 许可费率计算方式，可以验证本案确定费率的合理性。

三、小结

从全球范围有关确定标准必要专利 FRAND 许可费（率）案件的司法实践看，“可比协议法（包括可比专利池法）”和“自上而下法”是最常用的两种审判思路。本章第一节的微软公司诉摩托罗拉公司案中，罗伯特法官结合“假想谈判法”和“可比专利池法”确定了摩托罗拉公司涉案 802.11 标准必要专利组合 FRAND 许可费的平均值及其上、下限值。本案中，霍尔德曼法官在原告提出的五种可比许可协议和被告制造商提出的两种可比许可协议，均不能作为本案确定 FRAND 许可费的可比协议的情况下，采用“自上而下法”结合“假想谈判法”，确定了原告涉案 802.11 标准必要专利组合的

FRAND 许可费率为 9.56 美分,并通过微软公司诉摩托罗拉公司案中罗伯特法官所确定的 0.8 ~ 19.5 美分的合理 FRAND 许可费率范围,验证本案 FRAND 许可费率确定的合理性。

由此可见,"自上而下法"首先着眼于与某个标准相关的标准必要专利的整体许可费("自上"),也就是所累积的最大合理许可费,因为许可费显然不能超出专利所在的产品本身的利润;其次将整体许可费合理分配给所有符合条件的每个标准必要专利("向下");最后再按涉案专利在所有符合条件的标准必要专利总数中的占比,确定该涉案专利权人应得的份额("再向下")。这种计算方式显然可以有效避免"专利费堆叠",因为不管某个标准涵盖多少必要专利,这些数量众多的标准必要专利在要求支付许可费时,都会受到整体许可费的制约。正如霍尔德曼法官在判决中所总结的那样,"自上而下法"具有明显优点:一是通过将芯片销售的平均利润作为最大的、无差别的潜在许可费,可以体现 FRAND 的无歧视原则;二是将许可费分摊到占涉案标准所涉所有专利价值 84% 的前 10% 的标准必要专利中,从而解决了许可费堆叠问题,可以体现 FRAND 的合理性原则;三是通过将平均利润乘以原告涉案专利数量,再除以涉案标准前 10% 的标准必要专利总数,最终可以确定原告专利所应分摊的体现其功能价值的许可费率,而不必依赖于"可比许可协议",可体现出 FRAND 的公平性原则。因此,"自上而下法"不仅解决了涉案的特定问题,还推动了专利许可费计算方法的发展和完善。

总之,Innovatio 公司案采用"自上而下法"来计算合理许可费,这一做法被广泛认为是合理的。该方法的应用不仅解决了专利费堆叠问题,有助于平衡各方利益,还对标准必要专利定价方法产生了重要影响,为标准必要专利的价值评估和许可使用费计算提供了新的视角和工具,对后续案件产生了深远的影响。

第三节　专利贡献度与许可费堆叠：苹果(日本)公司诉三星公司案

一、基本案情[1]

2014 年 5 月，日本知识产权高等裁判所审理的苹果(日本)公司诉三星公司案，被称为"日本标准专利第一案"。涉案专利为国际通信标准组织 3GPP 制定的 UMTS 通信标准中三星公司的第 4642898 号必要专利，专利名称为"使用移动通信系统中预设的长指示器来接收发包数据的方法和装置"。三星公司向 ETSI 作出了 FRAND 承诺。苹果公司生产、销售的 iPhone 3G、iPhone 4、iPad Wi－Fi＋3G 和 iPad 2 Wi－Fi＋3G 四款产品均使用了上述通信标准 UMTS。2011 年 4 月，三星公司向东京地方裁判所起诉苹果(日本)公司在其系列产品中侵犯涉案标准必要专利，请求颁发临时禁令并判决苹果(日本)公司给予侵权赔偿。苹果(日本)公司随后则对三星公司提起"债务不存在的消极确认之诉"，请求法院确认三星公司不具有以苹果公司生产、销售的四款产品使用本案专利技术为由，向苹果公司要求损害赔偿的权利。2013 年 2 月，一审法院认定苹果公司生产、销售的所述四款产品中的 iPhone 4、iPad 2 Wi－Fi＋3G 两款产品使用了涉案专利技术，但三星公司一直未向苹果(日本)公司提供将涉案专利许可给其他公司的相关信息，使得苹果(日本)公司无法判断其许可给苹果公司的许可费是否符合 FRAND 承诺，判决三星公司寻求临时禁令的行为构成权利滥用，驳回了三星公司的全部诉讼请求。三星公司不服日本知识产权高等裁判所作出的判决而提起上诉，该案由时任首席法官饭村主审。[2]

日本知识产权高等裁判所维持了一审法院关于三星公司请求临时禁令

---

〔1〕 参见刘影：《日本标准必要专利损害赔偿额的计算》，载《知识产权》2017 年第 3 期。

〔2〕 See Takanori Abe, *IP High Court Rules in Apple v. Samsung FRAND Case*, Managing IP Correspondent (Sep. 1, 2014), https://www.managingip.com/article/2a5cjj2edmcwlssm28a9s/japan－ip－high－court－rules－in－apple－v－samsung－frand－case.

的行为构成权利滥用的判决，但同时认为三星公司有权要求苹果(日本)公司就其侵权行为支付相当于符合 FRAND 承诺的合理许可费的侵权损害赔偿。

二、案例评析

(一)通过涉案专利对标准的贡献度计算 FRAND 许可费

在确定损害赔偿额时，饭村大法官首先计算出 UMTS 标准对于苹果公司 iPhone 4、iPad 2 Wi－Fi＋3G 两款产品营业额的贡献度(此贡献度的计算过程判决书未公开)，然后计算出涉案必要专利对 UMTS 标准的贡献度，该贡献度还应考虑许可费率堆叠问题。对后一个贡献度，日本知识产权高等裁判所通过 Fairfield 公司发布的关于 UMTS 标准的调查报告(截至 2008 年 12 月)，认定 UMTS 标准中的必要专利为 529 件，同时明确涉案必要专利与 UMTS 标准中其他必要专利的关系。鉴于涉案专利说明书第[0011]段的记载，该案发明仅在有限情况下才能发挥有益技术效果，故应认定该专利对 UMTS 标准的贡献度并不是很高，同时也缺乏能够证明其他必要专利对于 UMTS 标准贡献度的证据。据此，日本知识产权高等裁判所最终认定这 529 件必要专利对 UMTS 标准的贡献度相同。此外，为了核定涉案专利的许可费率堆叠问题，日本知识产权高等裁判所以类案作为参考，如持有 UMTS 标准较多必要专利的诺基亚公司曾提议将 WCDMA 相关知识产权总许可费率设定为该标准对于产品销售额贡献度的 5%，以及该案三星公司代理人在美国 ITC 的公众听证会上，提及对于 UMTS 标准的全部参加企业的总许可费率设定为终端产品的 5% 较为合理等，认定在计算许可费率时应在 UMTS 标准对 iPhone 4、iPad 2 Wi－Fi＋3G 两款产品销售额贡献度的基础上乘以 5%，以防止许可费率堆叠。据此，涉案专利许可费计算公式为：UMTS 标准对涉案产品销售额的贡献度 ×1/529 ×5%。该案最终判定苹果公司就其两款产品合计应赔偿三星公司不超过 996 万日元(约合 10 万美元)。

(二)界定 FRAND 承诺的具体标准

本案中，日本知识产权高等裁判所界定 FRAND 承诺的具体标准主要有以下几点：一是将 FRAND 原则视为合同交涉义务，强调双方的自愿协商；二是要求专利权人遵守 FRAND 承诺，实施者对自己符合 FRAND 承诺条件的举证证明，也可以考量专利权人遵守 FRAND 承诺的情况；三是强调双方在 FRAND 谈判中的善意态度，以及专利权人不得无正当理由限制标准实施者的权利。FRAND 承诺的这些标准旨在确保标准必要专利的公平、合理及非歧视性使用，以促进技术的广泛应用和发展。因此，FRAND 承诺的实现依赖于双方的善意协商，双方在 FRAND 谈判中均应保持善意。进一步地，日本知识产权高等裁判所认定苹果公司在 FRAND 谈判中没有过错，是善意的一方，而三星公司未能证明自己的善意，且其根据附有 FRAND 承诺的标准必要专利对善意的标准实施者寻求不合理的限制或要求，因而是过错的一方。

（三）认为损害赔偿额等于符合 FRAND 承诺的许可使用费

日本知识产权高等裁判所认为，三星公司有权要求苹果（日本）公司就其侵权行为支付相当于符合 FRAND 承诺的合理许可费的侵权损害赔偿，这表明其认为标准必要专利的侵权损害赔偿额等于符合 FRAND 承诺的专利许可费，故需要将涉案标准必要专利可能因标准而溢价的部分从损害赔偿额中完全剔除，而超出 FRAND 承诺范围请求损害赔偿应属于权利滥用行为。基于这样的角度和立场，二审法院最终判决了一个较低的损害赔偿额（仅 995 万日元）。[1]

三、小结

本案的标准必要专利法律纠纷，主要涉及智能手机和平板电脑的相关通信标准及其必要专利的 FRAND 许可问题。本案首先明确了 FRAND 原则在解决标准必要专利纠纷中的应用，特别是对 FRAND 承诺义务是双边善意谈判义务进行了解释和界定，这对后续标准必要专利案件涉及的 FRAND 原则的理解和适用问题具有重要借鉴意义。其次，明确具体地提出了计算

---

〔1〕 参见刘影：《日本标准必要专利损害赔偿额的计算》，载《知识产权》2017 年第 3 期。

标准必要专利 FRAND 许可费应当考量的因素：一是涉案标准对于被诉产品营业额的贡献度；二是涉案标准必要专利对该标准的贡献度；三是该贡献度还应考虑许可费率堆叠（重复计算）问题，为此需要考查该标准中所涵盖的全部标准必要专利数量以及涉案标准必要专利与该标准中其他标准必要专利的关系，包括各自贡献度的大小；四是按标准对被诉产品销售额贡献度设定 FRAND 总许可费率，以解决许可费率堆叠问题等。但该案认为标准必要专利的侵权损害赔偿额等于符合 FRAND 承诺的专利许可费，超出 FRAND 承诺范围请求损害赔偿属于权利滥用行为，该观点是否会导致对被纳入标准的必要专利权利人激励不足的问题，以及是否存在对预防潜在的专利侵权行为警示威慑不足的问题，尚有待于进一步探讨和求证。

总之，苹果（日本）公司诉三星公司案对全球范围内标准必要专利 FRAND 许可费案件的审理产生了重要影响，推动了对标准必要专利许可费司法裁定的框架及方法问题的深入研究和探讨，能够更好地应对专利劫持问题，促进技术创新和市场竞争。同时，该案对全球智能手机和平板电脑市场的行业发展方向和竞争态势也产生了深远影响，使得无线移动通信行业更加重视标准必要专利的特殊性和重要性，有利于尊重知识产权和保护创新，促进整个行业的健康发展。

第四节　标准必要专利的全球许可费：无线星球公司诉华为公司案

一、基本案情[1]

原告无线星球公司拥有全球专利组合，其中包含多件被声明为 2G/GSM、3G/UMTS、4G/LTE 电信标准的必要专利，且大部分相关专利组合是

[1] See *Unwired Planet International Ltd. v. Huawei Technologies Co. Ltd*, *Royal Courts of JHP*, https://www. judiciary. uk/wp - content/uploads/2017/04/unwired - planet - v - huawei - 20170405. pdf.

从爱立信公司收购来的，无线星球公司的业务是向制造和销售移动电话、基础设施等电信设备的公司许可这些专利。2014 年 3 月，无线星球公司向英国高等法院起诉华为公司、三星公司和谷歌公司侵犯其专利组合中的 6 项英国专利，并主张其中有 5 项为标准必要专利。在审理过程中，谷歌公司、三星公司先后与无线星球公司达成和解而退出诉讼，华为公司则对涉案专利的有效性和标准必要性提出疑问，并坚持仅就英国范围内的标准必要专利组合讨论许可，同时反诉无线星球公司的报价不符合 FRAND 原则，请求法院判决无线星球公司申请禁令的行为违反反垄断法。法院经 5 次"技术庭审"确定华为公司侵犯了无线星球公司 2 项标准必要专利，并根据双方当事人在诉讼过程中分别多次提出的要约和反要约，认为双方的分歧点不仅在于 FRAND 具体费率报价的差异，更聚焦于无线星球公司主张的按全球标准必要专利组合给予许可，以及华为公司主张的按英国范围内的标准必要专利组合给予许可。

主审此案的比尔斯法官深入分析了 FRAND 原则及其适用的相关问题，具体讨论了确定涉案专利组合 FRAND 许可费率的两种方法：自上而下法和可比协议法，最终支持了无线星球公司关于按全球标准必要专利组合给予华为公司 FRAND 许可的主张。

二、案例评析

（一）关于 FRAND 承诺及其适用

1. FRAND 承诺构成"第三方受益合同"

比尔斯法官认为，根据 ETSI 的知识产权政策相关规定，一旦某项知识产权被其所有人向 ETSI 声明为必要知识产权，ETSI 将要求该所有人以书面方式作出其将按 FRAND 条款和条件授予不可撤销许可的承诺。对于该承诺，声明者是否是 ETSI 成员无关紧要，只要其向 ETSI 作出所述必要知识产权声明，就均需作出 FRAND 承诺。其中涉及三方主体关系，即 ETSI、声明人和潜在的被许可人，且需要考虑两个方面的问题，即声明人对 ETSI 的声明和承诺是否构成合同，以及该 FRAND 承诺是否可由第三方的潜在被许可人（如本案中的华为公司）要求执行。比尔斯法官分析认为，针对标准必要专利进行 FRAND 许可并非 ETSI 独创,FRAND 这一概念源自美国反垄断法。ETSI 作为一个欧洲组织,其范围是国际性的,FRAND 承诺的根本目的在于实现专利权人和实施者之间适当的平衡,既要避免专利权人的“劫持”也要避免实施者的“反向劫持”。ETSI 是基于法国法而组建的一家协会,其知识产权政策第 12 条也规定其受法国法管辖。法国有关协会的法律规定“协会是一种合同”,其未涉及向 ETSI 作出标准必要专利声明的效力。本案中无线星球公司不是 ETSI 成员,但其向 ETSI 作出了标准必要专利的声明,ETSI 在收到该等声明后会将所声明的必要专利纳入 ETSI 的必要知识产权数据库中,而 ETSI 的登记政策明确规定,数据库中知识产权的所有人应在此之前已经作出了 FRAND 承诺。因此,一旦专利权人向 ETSI“声明”其必要专利,则作为该声明的“对应行为”,ETSI 会将其必要专利纳入数据库,而纳入数据库的前提是该专利权人已作出了 FRAND 承诺,根据法国法,这一过程意味着具有约束力的合同将成立,无论声明者是否为 ETSI 成员均是如此。而根据法国法关于“第三方受益合同”的规则,当专利权人声明其专利对于 ETSI 标准而言为必要时,ETSI 要求其作出的 FRAND 承诺是为了使第三方(如潜在被许可方)受益的承诺,因此法国法关于“第三方受益合同”的规则适用于 FRAND 承诺,该承诺可由第三方执行。也就是说,为避免专利劫持情况的出现,实施者有权要求标准必要专利持有人承担 FRAND 义务。

2. FRAND 要约意味着“双边”公平协商

在涉案相关专利已被法庭判定为有效、必要且被实施者侵权的情况下,本案面临的问题是:专利权人和实施者同时都给出了各自主张的 FRAND 许可要约即“双边”FRAND 要约。无线星球公司主张专利权人的义务仅限于根据其 FRAND 承诺给出 FRAND 要约(指其“全球许可”的要约),而并非必须接受被许可人给出的 FRAND 条款。因此法院应当支持专利权人的要约,且应当针对被告发出禁令。华为公司则主张 FRAND 系统是为了保护实施者的利益以便于其使用技术,因此法院应当支持实施者的要约(指其“英国范围内许可”的要约),专利权人不接受被许可人的 FRAND 条款,其禁令应当被驳回。而许可协议的全球性质意味着其不可能是 FRAND,因为这已构成非法捆绑。比尔斯法官认为,在给定情况下应该仅存在一套 FRAND 条款，这将提高 FRAND 的确定性和规范性，使得 FRAND 承诺的执行在概念上变得明确。根据 FRAND 条款公平、合理且无歧视的定义，其并不限于给出 FRAND 报价，还包括订立符合 FRAND 条款的许可协议的义务，对专利权人和实施者均是如此。虽然 FRAND 承诺是专利权人的义务，但它还具有创建适用于实施者的义务的效力，其为具有真实意愿的许可人和被许可人在不存在诸如劫持和反向劫持的不相关因素情况下通过谈判而达成一致的条款。作为实施者，虽然对 ETSI 不承担合同义务，但 FRAND 承诺的逻辑意味着，如果实施者希望利用专利权人的 FRAND 承诺而约束专利权人，那么实施者就必须与专利权人进行公平协商。因此在许可协议缔结过程中，实施者有权要求专利权人按其承诺给出 FRAND 条款，同样专利权人也有权要求在该许可协议中达成 FRAND 条款。若不愿公平协商的实施者并非意愿被许可人，将可能遭受禁令。FRAND 承诺并非仅为了保护实施者的利益，而且可以在专利权人和实施者各自的权利之间实现平衡。

（二）通过“自上而下法”和“可比协议法”确定 FRAND 许可费率

比尔斯法官指出，FRAND 许可费率反映了对许可所涉及的许可人专利组合的价值评估，该费率的确定在本案和其他案件中采用了两种方法。一种方法为“自上而下法”，其从一个代表了特定标准下适当总体累计许可费负担（将其称为 T）开始，按照每个许可人专利组合的价值在所有标准必要专利组合的总价值中所占的份额（称为 S），将许可费分摊至各个许可人，FRAND 费率为上述两个数字的乘积（T × S）。另一种方法是“可比协议法”，最直接的可比协议就是专利权人就涉案专利组合已订立的许可，本案中存在的两项可比协议为 2014 年的“无线星球公司—联想公司”许可和 2016 年的“无线星球公司—三星公司”许可。由于无线星球公司的相关专利均来自爱立信公司，这就决定了爱立信公司的许可协议与本案的相关性。因此，如果爱立信公司专利组合的费率为 E，且无线星球公司的专利组合对于爱立信公司的专利组合的相对价值为 R，则无线星球公司的费率为 E × R。而为了确定上述的 S（无线星球公司专利组合价值在总数中所占份额）、R（无线星球公司专利组合相对于爱立信公司专利组合的价值）的具体数值，需要计算相关标准必要专利的数量；为了确定 E（爱立信公司专利组合的费率），则需要考虑可比许可协议。其中的 R 和 S，是将无线星球公司的相关标准必要专利数量（分子），除以另一个许可人（如爱立信公司）或整个行业的标准必要专利总数（分母）而获得的比例。华为公司使用被称为 HPA 的专利分析法来计算所述的分子项和分母项，无线星球公司使用被称为 MN-PA 的改良数字比例法来计算该分子项和分母项。

比尔斯法官同时注意到了标准必要专利的“过度声明”问题，即声明为必要的专利远远多于真正必要的专利，因为 ETSI 的知识产权政策要求成员及时声明必要专利，即使不确定是否构成标准必要专利，也可以先声明，而且有把握地确定必要性也并非易事。此外，许可费率需要通过计算专利数量来协商确定这一事实也不当地刺激了必要专利的声明，从而使得过度声明的情况更加严重。无线星球公司和华为公司各自的方法在分子项的数量（无线星球公司专利组合中的相关标准必要专利数量）上相差无几，但在分母项的数量（其他公司专利组合或整个行业相关标准必要专利数量）方面分歧很大。

第一，确定分子项（无线星球公司相关标准必要专利数量）。华为公司 HPA 法的统计结果为，无线星球公司在 2G、3G、4G 手机相关标准中的必要专利族数分别为 1、2、6 项；而无线星球公司 MNPA 法的统计结果分别为 2、1、6 项。可见双方在分子项的分歧不大，比尔斯法官最终使用了无线星球公司统计的分子数。

第二，确定分母项（整个行业相关标准必要专利数量）。华为公司 HPA 法的统计结果为，整个行业 2G、3G、4G 手机相关标准中的必要专利族数分别为 350、1089、1812，而无线星球公司根据其修订后的 MNPA 法统计的结果分别为 102、324、355，可见双方在分母项的分歧很大。比尔斯法官采取了折中的办法，例如，关于 4G 标准所有标准必要专利的数量，比尔斯法官认为华为公司所主张的 1812 项专利族数量过高，而无线星球公司主张的 355 项专利族又太低，两个数字都偏离了至少 50%。1812 的一半是 906，而 355 的 2 倍是 710，求其平均值认定 4G 标准所有标准必要专利的数量为约 800 项是比较合适的[（906 + 710）/2]，这一折中数大约相当于华为公司 HPA 法统计数值的44%(800/1812)。

第三,确定多模设备加权。比尔斯法官在判决中介绍了本案涉及的相关术语,如术语2G、3G、4G有时分别用术语GSM、UMTS(或WCDMA)和LTE来指代不同的标准,4G/LTE手机通常也可以用更早的标准(2G/GSM和3G/UMTS)工作,因此它是“多模的”。故将某手机称为4G或LTE可能会出现歧义,因为它可能是多模设备。多模是实际用于手机而非基础设施的一个概念,FRAND方法可用于对手机许可费率加权,而不是基础设施许可费率,因为多模手机十分普遍(指针对中国),而多模基础设施则不然。为了处理多模设备,若双方当事人都同意有必要采用某种加权法,则双方采用相同的基本方法,对于多模LTE设备,为LTE/UMTS/GSM赋予70∶20∶10的权重,对于多模UMTS设备,为UMTS/GSM赋予67∶33的权重。

第四,确定无线星球公司在总数中所占份额S和无线星球公司相对于爱立信公司专利组合的比例R。比尔斯法官在对华为公司HPA法统计的分母项进行调整后,分别得出了无线星球公司的手机专利份额S和无线星球公司相对于爱立信公司专利组合的比例R,如表8-1、表8-2所示。

表8-1　无线星球公司的手机专利份额S

项目	无线星球公司专利	华为公司HPA法分母	调整后分母	S
2G	2	350	154	1.30%
3G	1	1089	479	0.21%
4G	6	1812	800	0.75%
多模				
2G/3G				0.57%
2G/3G/4G				0.70%

表8-2　无线星球公司相对于爱立信公司专利组合的比例R

项目	无线星球公司专利	华为公司HPA法 爱立信公司专利	调整后 爱立信公司专利	R
2G	2	32	21	9.52%

续表

项目	无线星球公司专利	华为公司 HPA 法 爱立信公司专利	调整后 爱立信公司专利	R
3G	1	63	42	2.38%
4G	6	101	67	8.95%
多模				
2G/3G				4.76%
2G/3G/4G				7.69%

注:这些表格是比尔斯法官推演 S、R、E 值进而推导出本案 FRAND 费率的关键步骤。本案例中引述的比尔斯法官的全部判案表格,均为本案原英国判决书中的表格,表 8-1、表 8-2 的中文翻译引自马一德主编:《FRAND 案例精选》(第 2 卷),科学出版社 2018 年版,第 218~219 页。收录时对表格体例未作任何调整修改。

根据表 8-1、表 8-2 可知,比尔斯法官的结论是:对于 4G 多模手机,无线星球公司在总专利池中所占的份额 S 为 0.70%,而无线星球公司与爱立信公司专利组合的比例 R 为 7.69%。

第五,筛选可比协议确定爱立信专利组合的费率 E。对可比协议的筛选,比尔斯法官认为,2014 年无线星球公司与联想公司的许可协议涉及专利转让事宜,但在专利收购和专利许可之间分摊一次性支付款项是不可靠的,难以区分专利许可费与专利转让费;2016 年无线星球公司与三星公司的许可协议涉及三星公司向无线星球公司转让 20 个专利族,以换取无线星球公司标准必要专利和非标准必要专利组合的全球许可,并被免除针对以往损害的赔偿,而当时无线星球公司濒临破产,有关协议合意不能代表无线星球公司专利组合的真实价值;2016 年爱立信公司与华为公司间的许可为仲裁后达成的协议,因为看不到具体许可费仲裁理由,也不能以此作为可比较许可协议;而 2009 年爱立信公司与华为公司签订的许可协议许可费率较高,2013 年前后因相关法律发生了变更爱立信公司的许可费率普遍调低,如采用将 2013 年之前的费率减半的方法则过于简单。此外,关于一些外国法院判例的借鉴,比尔斯法官认为,微软公司诉摩托罗拉公司案、Innovatio 公司案和爱立信公司诉 D-Link 公司案的各判决主要涉及 IEEE 的 802.11 标准,与本案的 2G、3G、4G 技术无关,其相关费率不具可比性;日本法院判决的苹果(日本)公司诉三星公司案和中国法院判决的华为公司诉 IDC 公司案,其相关费率也与本案所涉标准必要专利组合缺乏关联性,但其中值得注意的是,日本法院和中国法院已使用与本案讨论的相同方法确定 FRAND 费率。最终,比尔斯法官确定 2014 年爱立信公司与三星公司签订的许可协议是可比较的许可协议,认为该协议有力地证明了行业中具有合理想法的人会如何行事,且双方当事人经济实力大致相当,谈判是自由进行的而非由仲裁员决定。尽管在达成该协议之前爱立信公司与三星公司之间有诉讼,但能够根据该协议推断出该许可下的专利组合的公平、合理的价值。根据该可比协议,比尔斯法官确定了爱立信公司标准必要专利组合的基准费率 E:2G/3G/4G 为 0.8%,2G/3G 为 0.67%。结合由表 8-1、表 8-2 得出的无线星球公司与爱立信公司专利组合比例 R 为 7.69%,可得出无线星球公司 4G 多模手机的基准许可费率 E×R 为 0.062%(0.8%×7.69%)。该基准许可费率除以由表 8-1、表 8-2 得出的无线星球公司 4G 多模手机占标准必要专利份额 S 的 0.70%,即得到前述总许可费率负担 T 为 8.8%(0.062%÷0.70%)。

第六,确定无线星球公司 3G、4G 多模手机 FRAND 基准费率。根据上述讨论分析,比尔斯法官确定的无线星球公司 3G、4G 多模手机 FRAND 基准费率,如表 8-3 所示。

表 8-3　无线星球公司基准 FRAND 费率

手机(3G 和 4G 多模式)					
项目	爱立信公司费率	强度比	基准费率	比例	隐含总许可费负担
	(E)	(R)	(E×R)	(S)	(T)
2G	0.67%	9.52%	0.064%	1.30%	4.9%
2G/3G	0.67%	4.76%	0.032%	0.57%	5.6%
2G/3G/4G	0.80%	7.69%	0.062%	0.70%	8.8%

注:本案例中引述的比尔斯法官的全部判案表格,均为本案原英国判决书中的表格,表 8-3 的中文翻译引自马一德主编:《FRAND 案例精选》(第 2 卷),科学出版社 2018 年版,第 235 页。收录时对表格体例未作任何调整修改。

比尔斯法官认为,表 8 - 3 中的基准费率属于 FRAND 的公平、合理且一般性无歧视[1]的费率,且隐含总许可费负担 T 处于适当的范围内,其中 3G 多模 T 值为 5.6%,与日本知识产权高等裁判所判决的苹果(日本)公司诉三星公司案采用的 5% 相差不多。

(三)关于支持无线星球公司的全球许可及其全球许可费率

除了费率,许可范围也是本案争议的重要焦点。比尔斯法官分析了双方截然不同的观点后认为,涉案的每个专利许可都是全球专利组合合同,且绝大多数属于全球许可。要求全球许可本身并不会扭曲竞争,如果要求的全球费率过高,那也只是与费率相关的问题。假设许可人拥有全球范围的标准必要专利组合,那么要求被许可人接受全球许可不可能成为滥用支配地位行为。仅有英国的许可只是基于英国专利作出的许可,而逐个国家进行许可对于跨国移动通信设备等产品而言效率低下。而以专利族为基础评估专利组合,不可避免地会涉及将一国专利与另一国专利进行捆绑。鉴于全球许可以及基于专利族评估的普及性,也不应将一国标准必要专利许可与另一国标准必要专利许可进行搭售,否则会在本质上形成对竞争的封锁效应。此外,FRAND 全球许可应该建立一个合适的机制来处理实际上不具有专利的国家的许可情形,FRAND 许可也不应当阻止被许可人对所许可专利的有效性或必要性提出挑战。比尔斯法官最终对此的结论是:全球许可不违反竞争法,各方只要有意愿且理智都会同意采用全球许可。像无线星球公司这样的专利组合和华为公司这样的实施者,全球许可就是 FRAND 许可。因此无线星球公司有权坚持全球许可,而华为公司主张的英国专属许可并不是 FRAND 许可。

关于全球许可费率,比尔斯法官在表 8 - 3 的无线星球公司 3G、4G 多模

---

[1] 本案中,华为公司主张无线星球公司有义务向华为公司提供与 2016 年"无限星球公司—三星公司"许可协议给予三星公司的延长许可条款规定相同或相近的费率,华为公司称之为"硬性无歧视"。为此,比尔斯法官将确定基准费率时应对各被许可人(包括新的市场参与者)一视同仁称为"一般性无歧视",而将考虑特定被许可人的地位(如本案被许可人华为公司、三星公司这样的主要参与者)称为"硬性无歧视",并驳回了华为公司的该观点。

手机 FRAND 基准费率的基础上做了相关调整：一是鉴于中国的费率往往比世界其他地区低，因此将中国 FRAND 许可的系数（E×R 项）调整为 50%，即 2G 减半为 0.032%、2G/3G 减半为 0.016%、2G/3G/4G 减半为 0.031%。二是考虑无线星球公司的专利组合在中国的规模比其他地区小，其在中国的相关标准必要专利数量也应少于用于设定上述基准费率所需的数量，相应地，对于多模技术将参考相关标准中相关必要专利的最高数量，而不是重新计算加权，即将中国相关标准必要专利族数由原来 2G 的 2 个调整为 1 个。相应地，基准费率也由上述调整后的 0.032% 再减半为 0.016%；2G/3G 的专利族数保持不变，其基准费率也仍维持上述调整后的 0.016%；2G/3G/4G 由 6 个调整为 5 个，相应地，基准费率也由上述调整后的 0.031% 乘以 5/6 减为 0.026%。三是将中国以外的世界其他地区划分为主要市场（MM）和其他市场（OM），其中无线星球公司的 2G、3G 标准必要专利阈值在两个或以上，4G 标准必要专利阈值在三个或以上的国家和地区属于主要市场，低于这些阈值的则属于其他市场，属于主要市场的国家和地区适用相同的费率，中国和其他市场适用同一费率。鉴于大多数 4G 主要市场国家和地区有 5 个相关标准必要专利（包括正在申请的），而有 5 个相关标准必要专利的市场属于世界上最有价值的市场，FRAND 方法应当根据 4G/LTE 有 5 个相关标准必要专利来设定系数，因此将主要市场 2G/3G/4G 的专利族数由原来的 6 个调整为 5 个，相应地，其基准费率也由原来的 0.062% 乘以 5/6 减为 0.052%，而对 2G、3G 的基准费率则没有必要再进行类似的调整。

比尔斯法官同时指出，由于 FRAND 方法需要在评估时纳入相关标准必要专利的未授权专利申请，因此如果某国的任何声明的标准必要专利被相关法院判定为无效或非必要，则其将不再被视为声明的标准必要专利，这是确保被许可人在协议生效时可以质疑专利有效性、必要性的简单方法，如果后续加入新的声明，标准必要专利则可再进行适当调整，而主要市场或其他市场的国家和地区名单也应每年调整一次。

最终，比尔斯法官确定的无线星球公司全球许可费率，如表 8-4 所示。

表 8-4　无线星球公司全球许可费率

区域类型	主要市场		中国和其他市场	
	手机	基础设施	手机	基础设施
2G/GSM	0.064%	0.064%	0.016%	0.032%
3G/UMTS	0.032%	0.016%	0.016%	0.004%
4G/LTE	0.052%	0.051%	0.026%	0.026%

注:本案中引述的比尔斯法官的全部判案表格,均为本案原英国判决书中的表格,表 8-4 的中文翻译引自马一德主编:《FRAND 案例精选》(第 2 卷),科学出版社 2018 年版,第 300 页。收录时对表格体例未作任何调整修改。

(四)关于损害赔偿和禁令救济

鉴于华为公司拒绝签订无线星球公司有权主张的全球 FRAND 许可,自涉案 FRAND 许可生效日期 2013 年 1 月 1 日起,将产生侵权损害赔偿问题。比尔斯法官认为,专利侵权的损害赔偿是补偿性的,无线星球公司认为针对具体专利的侵权损害赔偿不应受 FRAND“一揽子”许可中可用折扣影响的观点是错误的,因为专利权人的实际损失就是其本应从许可中赚取的金额,解决的方式就是有意愿的双方在所有情况下实际上达成共识,而这种共识下达成的许可与本案认定的 FRAND 许可是完全相同的。因此,在需要判定损害赔偿的情况下,损害赔偿将与适当的 FRAND 费率相等。专利权人的损失是其本应根据许可及侵权行为而赚取的金额,该金额就是适用于英国销售的主要市场的许可费率。本案中,比尔斯法官认为按国家进行许可的 FRAND 费率应统一上涨 100%,故认定英国专利组合许可中的费率相对于基准费率将提高 1 倍。

鉴于无线星球公司已确定华为公司侵犯了其两项有效标准必要专利,而华为公司尚不准备根据法庭认定的 FRAND 条款接受许可,又由于无线星球公司并没有违反竞争法,比尔斯法官认为,应当签发禁令以限制华为公司对这两项专利的侵权。对法庭在 FRAND 承诺约束下就专利案件所颁发的正确形式的最终禁令,比尔斯法官称之为“FRAND 禁令”,FRAND 禁令在采取正常形式限制专利侵权时,应当包括附带条件,即如果被告签订该 FRAND 许可,则该禁令将不再生效,对与此相关的损害赔偿,如果被告没有根据法庭认定的 FRAND 条款签订和解协议,则损害赔偿将到期支付,法庭并应作出损害赔偿令,该赔偿令的格式也应与 FRAND 禁令相同,而如果被告达成该和解协议,则赔偿令不再具有效力。2017 年 6 月 7 日,法庭最终判决:对被告签发 FRAND 禁令;如果被告达成 FRAND 许可,那么该 FRAND 禁令将被解除;该 FRAND 禁令将在上诉期间中止。

判决后华为公司不服,提出上诉〔1〕,认为一审法院判决的全球许可费率不是 FRAND 费率,其涉嫌捆绑垄断,因为华为公司大部分业务是在中国开展,而且在涉案专利的有效性和必要性尚未经全球许可的不同国家认定之前,就让实施者事先为其支付许可费属于不合理负担等。2020 年 8 月 26 日,英国最高法院对该案作出终审裁决〔2〕,驳回了华为公司的上诉请求。在上诉审理中,一审法院法官确定的许可费率未被异议,但鉴于 FRAND 许可的全球定性遭到质疑,上诉法院审理并认同比尔斯法官关于全球许可是 FRAND 许可的认定。上诉法院认为,一审法院考虑到了无线星球公司标准必要专利组合的规模和范围以及华为公司业务的跨国性质,逐个国家进行许可是非理性的,这样的方法是非必要且低效率的,因为需要费力地去谈判达成众多的许可协议,而且还要关注众多不同的费率计算和支付。因此,一审法院经过大量听证得出的这个结论并无不妥。此外,上诉法院不同意一审法院关于在既定情况下只有一套符合 FRAND 的许可条款的观点,但认为这对一审判决的结论没有实质影响。上诉法院认为,专利许可是复杂的,在考虑到参与企业的商业优先事项以及所涉个人经验和偏好的情况下,其可能会以不同的方式进行安排,例如,具体的缔约方、被纳入许可的权利、许可的地理范围、被许可的产品、许可费率及其如何评估以及付款条件等,而诸如公平、合理的概念也难以适应一套僵化的方法,如果有不止一套符合 FRAND 的条款,标准必要专利权利人可以选择发出要约所依据的条款。因此,如果全球许可和国家许可都是 FRAND 许可,那么只要标准必要专利权

---

〔1〕 See A3/2017/1784 – *England and Wales Court of Appeal* (*Civil Division*) *Decisions*, BAILII (Oct. 23, 2018), https://www.bailii.org/ew/cases/EWCA/Civ/2018/2344.pdf.

〔2〕 See [2020] *UKSC* 37, BAILII (Aug. 26, 2020), https://www.bailii.org/uk/cases/UKSC/2020/37.pdf.

利人愿意,可以只提供全球许可,至于是否接受,取决于潜在被许可人。关于颁发禁令,上诉法院认为英国法院有权力针对英国专利颁发禁令,除非实施方就跨国专利组合达成全球许可协议,而英国法院也有权确定这样的全球许可协议条款。英国法院认识到各国专利应由各国法院确定其有效性和判定侵权,但根据 ETSI 政策,一国法院也有权判定 FRAND 原则,而英国的下级法院并未就外国专利的有效性或是否侵权作出判定,而是按行业惯例判定全球许可。假如有一项他国专利特别重要,实施方当然有权在该国对其提出挑战并在挑战成功后寻求变更许可费等。

三、小结

本案较为系统完整地展现了通过“自上而下法”计算涉案标准必要专利组合许可费率的具体过程,同时也就选取“可比协议”的考量因素给出了明确具体的考查标准。由于无线星球公司的相关专利均来自爱立信公司的转让,这就决定了爱立信公司的许可协议与本案的相关性。因此,需要先根据爱立信公司的“可比协议”确定爱立信公司专利组合的费率(E),以及确定无线星球公司的专利组合对于爱立信公司专利组合的相对价值(R),最后再确定无线星球公司的费率(E×R)。该方法通过将无线星球公司受让的专利组合,从爱立信公司转让的专利组合中“拆包”出来,以明晰确定所拆分的专利组合在原专利组合中的占比和价值,从而合理有效地澄清了拆包专利组合应有的价值,避免了因忽略或模糊专利分拆转让的价值区分而可能带来的“专利私掠”的投机不当得利。所谓“专利私掠”[1]是指一些退出智能终端业务的专利巨头(如本案的爱立信公司)将自己的专利组合拆分转让或授权给若干非实体公司(如本案的无线星球公司就是一家非实体的 NPE),再由这些非实体公司分别就拆分后的专利组合进行许可。而后者在拆分许可的过程中往往通过“谈判+诉讼+禁令”三位一体的方式全面施压被许可方,待其收取高额许可费后再与原转让或授权方分成。本案通过将受让人

---

〔1〕 李梅、毕春丽、李文宇:《警惕专利私掠型 NPE 伤害我国 ICT 产业》,载 C114 通信网 2018 年 9 月 7 日,https://www.c114.com.cn/news/16/a1064490.html。

的专利组合许可与原权利人的专利组合许可相关联，计算拆包专利的占比估算其专利组合价值，从而体现了确定涉案专利组合许可费率的合理性，这是本案判决的一大亮点。此外，本案认为专利侵权的损害赔偿是补偿性的，在需要判定损害赔偿的情况下，损害赔偿将与适当的 FRAND 费率相等。这一观点与本章第三节苹果（日本）公司诉三星公司案中，日本知识产权高等裁判所认为标准必要专利的侵权损害赔偿额等于符合 FRAND 承诺的专利许可费的观点是一致的。

但是，本案英国法院在认定标准必要专利权利人无线星球公司违反公平、合理、无歧视谈判义务的情况下，以及在实施人华为公司仅要求在英国实施 FRAND 许可的情况下，主动为本案裁决全球许可费率，并以如果不接受所裁决的全球许可费率将对华为公司实施英国禁令相威胁，迫使其接受全球许可费率，此做法在国际社会产生了广泛影响。从主要国家法院的标准必要专利判例来看，在标准必要专利许可费率之诉中，在标准必要专利权利人和实施人都同意的情况下，美国法院可以为双方当事人裁决标准必要专利组合的全球费率。除此之外，尚无国家的法院像英国法院那样，在标准必要专利禁令救济之诉中主动为双方当事人裁决包括全球费率的许可合同条款，并通过给实施人颁发禁令的强制性方式，逼迫实施人达成全球许可协议。英国法院主动为案件双方当事人裁判全球费率的做法，与国际社会的主流做法相悖。英国法院在标准必要专利禁令案件中主动裁决全球费率，再配合其禁止当事人在外国法院进行诉讼或申请执行外国法院判决的禁诉令制度，可能会导致英国法院成为全球 NPE 发起标准必要专利纠纷诉讼的优选地法院。[1] 而如此做法是否会产生“多米诺骨牌效应”，即可能引起其他国家的专利持有者效仿，都争取本国法院的管辖权并请求裁决全球许可费率，进而演变成各国法院对本国专利全球许可费率裁决的争夺之战，亦难预料。

2021 年 8 月 19 日，我国最高人民法院对 OPPO 公司等诉夏普株式会社

---

〔1〕 参见祝建军：《标准必要专利全球许可费率司法裁判问题研究》，载《知识产权》2020 年第 10 期。

等标准必要专利许可纠纷管辖权异议纠纷案作出二审终审裁定，认定广东省深圳市中级人民法院拥有裁决双方发生争议的标准必要专利全球许可条件的管辖权。[1] 这是我国最高人民法院首次在诉讼程序判例中明确我国法院拥有裁判标准必要专利全球许可条件案件的管辖权，在我国法院审理标准必要专利纠纷案件的司法实践中具有里程碑式的意义。

第五节 “橙皮书要约”：苹果公司诉摩托罗拉公司案

一、基本案情[2]

摩托罗拉公司拥有三项欧洲专利，有两项被声明为标准必要专利，其中一项被声明为 UMTS 移动通信标准的必要专利，另一项 Cudak 专利被声明为 GPRS 标准的必要专利。2011 年 4 月起，摩托罗拉公司以苹果公司侵犯了自己的该三项专利为由，先后向德国杜塞尔多夫地区法院和曼海姆地区法院寻求禁令救济，要求苹果公司停止在德国销售任何实施被诉侵权专利的产品。2011 年 12 月，曼海姆地区法院就认定苹果公司侵犯摩托罗拉公司 Cudak GPRS 标准必要专利，同意摩托罗拉公司对苹果公司实施禁令的请求。苹果公司则申请暂缓执行该禁令并向卡尔斯鲁厄上诉法院提出上诉，其间连续六次提出橙皮书许可要约。2012 年 1 月上诉法院驳回了苹果公司暂缓执行禁令的请求，苹果公司再次提出暂缓执行禁令的申请，2012 年 2 月上诉法院决定在上诉期间暂缓执行曼海姆地区法院的禁令，并最终裁定苹果公司的第六次要约满足橙皮书案判决的要求。由此双方基于苹果公司的第六次橙皮书要约签订了一份和解协议，约定摩托罗拉公司可以“公平裁量”设定 FRAND 许可费，但许可费是否公平、合理、无歧视，由法院最终审查

---

〔1〕 参见最高人民法院民事裁定书，(2020)最高法知民辖终 517 号。

〔2〕 See *AT. 39985 – Motorola – Enforcement of GPRS Standard Essential Patents*, Policy Commons (Apr. 29, 2014), https://policycommons.net/artifacts/3348291/case-at39985/4147191/.

决定。

2012年2月,苹果公司依据《欧盟理事会条例》第1/2003号规章第7条,针对摩托罗拉公司在德国以其两个标准必要专利行使权利的行为,向欧盟委员会提出投诉,请求认定摩托罗拉公司在德国多个地方法院针对苹果公司寻求和实施禁令的行为构成滥用市场支配地位,违反了《欧盟运行条约》(TFEU)第102条的规定。2012年4月,欧盟委员会启动了对摩托罗拉公司的反垄断调查程序。

围绕摩托罗拉公司的行为是否构成对市场支配地位的滥用,从而产生排除、限制竞争的反竞争效果,欧盟委员会从相关市场、支配地位、滥用等方面进行分析、界定,最后对摩托罗拉公司的行为作出垄断认定并予以制止。

二、案例评析

(一)界定涉案标准必要专利的产品市场和地域市场

欧盟委员会从产品市场和地域市场两个方面分析相关市场。产品市场分为输入市场和输出市场:输入市场是相关技术的市场,本案中即为GPRS标准技术规范中规定的,摩托罗拉公司的Cudak GPRS标准必要专利涉及的技术许可市场;输出市场是包含该技术的产品市场,包括销售符合GPRS标准的产品(如芯片组和移动设备等)的下游产品。本案主要针对输入市场,即摩托罗拉公司的Cudak GPRS标准必要专利涉及的技术许可市场。相关市场范围的大小主要取决于产品或技术的可替代性程度,欧盟委员会认为在欧洲经济区(EEA)内不存在可适用的实施GPRS标准所需要的Cudak的替代品。一方面,从需求来看,对EEA中的移动设备制造商而言,实施GPRS标准技术规格所需的GPRS技术不存在可替代性,因为作为GSM移动通信技术(2G/2.5G)一部分的GPRS不能被其他技术[如UMTS(3G技术)或LTE(4G技术)]的移动标准所替代,GPRS也不能被任何其他2G技术所替代,如不能获取Cudak专利则不能合法地实施GPRS标准;另一方面,从供给来看,因为Cudak技术是GPRS标准的一部分,任何其他的标准必要专利(与GPRS或其他任何标准相关)持有人都不可能给顾客提供实施

GPRS 标准技术规格所需的 Cudak 技术的可替代的技术，由于实施 GPRS 标准技术规格所需的摩托罗拉公司的 Cudak GPRS 必要专利技术的性质，其他技术（无论是否受专利保护）的持有人都不能供给与 GPRS 相同功能的技术。据此欧盟委员会认为，摩托罗拉公司的 Cudak GPRS 标准必要专利技术许可市场构成一个独立的相关市场。

地域市场包括相关企业存在产品或服务的供应和需求的地区，即本案中 GPRS 标准技术规范中规定的，涉及摩托罗拉公司 Cudak GPRS 标准必要专利的技术许可市场的地域范围。欧盟委员会认为该地域范围仅涵盖 EEA，因为 Cudak 专利技术受欧洲专利保护，目前移动手机制造商都遵循 GPRS 标准，而实施 GPRS 标准技术所需的摩托罗拉公司的 Cudak 技术对任何移动通信运营商和移动设备制造商而言都是必不可少的，且在 EEA 内经营的若干运营商（包括 Vodafone、Orange、Telefonica、T - Mobile）都支持将 EEA 范围内移动设备市场作为相关地域市场的观点。欧盟委员会同时指出，即使相关市场的地域范围界定得更为狭窄且仅覆盖实施 Cudak GPRS 标准必要专利成员国或实际上仅有德国实施，关于摩托罗拉公司在上述市场中的地位也不会改变，因此相关地域市场应认定为 EEA 范围内的市场。

综上，欧盟委员会认为，本案中的相关市场即 EEA 范围内摩托罗拉公司 Cudak GPRS 标准必要专利所在的技术许可市场。

（二）拥有 100% 的市场份额可认定具有市场支配地位

欧盟委员会认为，市场支配地位是指某一企业所享有的经济实力地位，可使该企业具有在很大程度上能够独立于其竞争对手、客户和最终消费者作出行为的能力，由此可阻止相关市场上的有效竞争。支配地位的存在通常由几种因素导致，这些因素可单独存在且并不一定是决定性的。其中一个重要因素是较大的市场份额，除特殊情况外，非常大的市场份额本身往往证明存在支配地位。当然，仅有标准必要专利本身并不等同于支配地位，还需要考虑是否形成了对市场进入的阻碍效果，即是否存在阻止潜在竞争对手进入市场或阻止实际竞争对手扩大其市场活动的障碍。本案中，摩托罗拉公司所持有的标准必要专利对于实施GPRS标准而言是必不可少的，而且GPRS标准已经被广泛采纳，整个行业和相关消费者都已经被锁定在该标准之下。潜在竞争者若无法获取摩托罗拉公司的标准必要专利，就不能生产符合GPRS标准的产品，从而就无法进入相关市场之中。因此，欧盟委员会认定摩托罗拉公司在实施GPRS标准技术规格所需的摩托罗拉公司的Cudak GPRS标准必要专利技术许可的EEA市场上拥有100%的市场份额，具有市场支配地位。

对此，摩托罗拉公司抗辩认为，苹果公司是世界上最大的企业之一，其利润占据了全球智能手机所有利润总额的70%，而摩托罗拉公司在过去的几年中都处于大量亏损的状态，且苹果公司由其标准必要专利和非标准必要专利组成的最大专利组合已使其成为一个必不可少的贸易伙伴，而苹果公司已经向摩托罗拉公司主张了共计31项非标准必要专利权利，其在费率设定诉讼中也已承认其具有对抗摩托罗拉公司的能力。因此，苹果公司具有可抵销的议价势力，摩托罗拉公司在本案中不具有市场支配地位。欧盟委员会认为，《欧盟运行条约》第102条中所述的支配地位是指某一企业所享有的“经济实力地位”，该地位可使企业阻止在相关市场上的有效竞争，本案中的支配地位，是就摩托罗拉公司作为Cudak GPRS标准必要专利持有人相对于整个EEA市场享有的经济实力而言，并非就摩托罗拉公司相对于苹果公司的一个或多个客户的谈判地位而言。摩托罗拉公司混淆了一般的议价能力和判例法中的买方势力，买方势力具有可抵销议价能力的关键点，买方具有转向相互竞争的供应商的能力（或者具有可信的转换供应商的威胁），而这并不适用于Cudak GPRS标准必要专利，因为并不存在潜在被许可人可以转而选择的其他供应商。因此，苹果公司的买方议价势力的存在与否并不影响对摩托罗拉公司支配地位的认定，就算要考虑苹果公司的议价势力，也没有明显的理由证明苹果公司的议价势力影响到了摩托罗拉公司支配地位的认定，故而摩托罗拉公司提出的可抵销议价势力的抗辩理由不成立。

（三）六次拒绝“橙皮书要约”寻求禁令构成滥用市场支配地位

《欧盟运行条约》第102条和《欧洲经济区协议》第54条规定了禁止可

能直接损害消费者的滥用行为，以及禁止通过影响竞争而不利于消费者的滥用行为。具有支配地位的企业负有不得通过超出依照法律的竞争范围的行为来损害内部市场的真正公平竞争的特殊责任，该特殊责任的范围需要根据案件的具体情况以及滥用行为发生的时间来考量。专利权人通常有权寻求并执行禁令，并作为行使其知识产权的一部分，故寻求并执行禁令本身并不构成滥用市场支配地位，但在例外情况下（如无正当理由），专利权人行使其专有权则可能涉及滥用行为。本案中鉴于摩托罗拉公司在 Cudak GPRS 标准必要专利技术的 EEA 许可市场上具有支配地位，其应负有特殊责任确保其行使该专利权的行为不会损害内部市场的真正公平竞争。而 GPRS 标准化背景和摩托罗拉公司所作的以 FRAND 许可其 Cudak GPRS 标准必要专利的承诺，相对于非标准化专利技术和非 FRAND 承诺许可而言构成了例外情况。苹果公司先后六次提交了橙皮书要约，其中第二次橙皮书要约已明确表示其愿意以 FRAND 条款与摩托罗拉公司订立许可协议，在此情况下摩托罗拉公司仍基于 Cudak GPRS 标准必要专利在德国寻求并执行针对苹果公司的禁令。摩托罗拉公司的行为导致暂时禁止在德国在线销售苹果公司的 GPRS 兼容产品，以及使苹果公司在后续的和解协议中接受若干可具有反竞争效果的许可条款，同时摩托罗拉公司的行为也能够对标准的制定产生负面影响，其行为符合《欧盟运行条约》第 102 条的滥用支配地位。

（四）认定滥用行为的反竞争效果

欧盟委员会认为，鉴于苹果公司同意在不限制（除了 FRAND 约束和 TFEU 第 102 条的规定）专利费（率）和专利费最终数额的计算方法的前提下，由摩托罗拉公司根据本行业的 FRAND 标准和其公平的自由裁量来制定专利费（率），并同意对 FRAND 专利费数额进行全面的司法审查，同时也明确界定了被许可产品和旧产品的范围，承诺将之前苹果公司的相关终端产品的销售额放入托管账户，并撤回所有针对被许可标准必要专利的待定的无效异议，最后还提出摩托罗拉公司可以主张比托管账户中的数额更高的损害赔偿。在此情况下，摩托罗拉公司继续寻求和实施禁令的行为具有以下反竞争效果：

第一，暂时禁止在德国在线销售苹果公司的GPRS兼容产品，可以从市场上驱逐最具创新力的合标产品，从而限制消费者对市场上竞争性产品的选择，并部分削弱下游的竞争。而面对禁令，苹果公司要么将其产品从市场上撤下，要么接受摩托罗拉公司要求的不利许可条款，事实上苹果公司被迫选择了接受不利许可条件以换取不执行禁令。尽管已执行的禁令仅关涉苹果公司在德国的在线销售，但由此已足以导致苹果公司与摩托罗拉公司达成涵盖苹果公司在德国所有涉案实体的许可协议，且在该协议中纳入了对苹果公司不利的许可条款。

第二，受禁令威胁，在和解协议中纳入的对苹果公司不利的许可条款，产生了明显的反竞争效果。首先，如果苹果公司质疑和解协议中的专利有效性则摩托罗拉公司有权终止该协议的"终止条款"，这不仅限制了苹果公司对其使用协议中专利须支付的专利费数额的影响能力，也会导致其他潜在被许可人可能为其中无效的标准必要专利付费。其次，该协议同意将iPhone 4S纳入"旧产品"的范畴，并接受摩托罗拉公司侵权损害赔偿的主张，这极大地削弱了苹果公司在上诉程序和费率制定程序中对所须支付的许可费(率)和损害赔偿数额进行辩驳的能力。此外，在没有确定iPhone 4S侵权成立的情况下，苹果公司就被迫接受摩托罗拉公司可以对该产品主张超FRAND的赔偿数额，这足以证明禁令威胁使摩托罗拉公司获得了其原本在正常情况下所不能具有的竞争优势，且摩托罗拉公司利用这一竞争优势成功限制并临时排除了其与苹果公司(下游竞争对手)之间的有效竞争。

第三，摩托罗拉公司的行为还对标准的制定产生了负面影响。在移动通信行业及其他网络行业的高新技术产业中，技术复杂的产品间的互操作性非常关键，其中的标准已成为技术开发的先决条件，所有现代电信系统及设备均须依靠标准来使各种操作系统和设备互联互通，因此标准制定组织的核心任务是确保标准的顺利制定和推广实施。而本案中，摩托罗拉公司基于其标准必要专利寻求和实施禁令的行为，削弱了对标准制定流程的信赖且剥夺了消费者的利益，其行为对苹果公司产生了专利劫持的效果，也对其他潜在实施者产生了威慑效应，这显然不利于标准的推广实施。摩托罗拉公司对此辩解道，若不寻求和实施禁令，将可能被苹果公司“反向劫持”。欧盟委员会认为，在摩托罗拉公司获取其专利技术的适当回报的合理要求受到阻碍或威胁的情况下才会发生反向劫持，而苹果公司在其第二次橙皮书要约中已明确表示其愿意以 FRAND 条款达成许可协议，在此情况下摩托罗拉公司的合理回报要求已得到保障，因此并不存在所谓的反向劫持风险，恰恰相反，摩托罗拉公司在此情况下仍寻求和实施禁令已构成“专利劫持”。

基于上述原因，欧盟委员会认定摩托罗拉公司在 EEA 范围内的 Cudak GPRS 标准必要专利所在的技术许可市场中具备支配地位，而摩托罗拉公司在苹果公司提出的报价已经满足 FRAND 条件的情况下仍然选择继续针对苹果公司寻求和实施禁令的行为明显产生了一系列反竞争效果。

（五）认定不适用“安全港”规则

根据《欧盟运行条约》第 102 条的规定，具有支配地位的企业可以为自己的行为不属于“滥用支配地位”提出辩护理由，并需要证明：该行为是客观必要的，或者在消费者收益的效力方面，该行为带来的益处与其产生的排他性效果是平衡的，甚至是超过其产生的排他性效果。欧盟委员会在 2014 年的摩托罗拉公司及三星公司的反垄断调查中确立了标准必要专利领域的禁令“安全港规则”，即如果潜在被许可人愿意遵守 FRAND 原则进行谈判，并在谈判破裂后，接受法院或仲裁机构的裁决，那么标准必要专利权利人就不得向法院请求对潜在被许可人实施禁令。该规则使善意被许可人免受禁令威胁。禁令“安全港规则”的出发点是防止标准必要专利持有人通过标准必要专利领域的禁令来妨碍相关标准市场竞争。与此同时，欧盟委员会也支持标准必要专利持有人通过 FRAND 谈判方式获取合理专利许可报酬，以在标准必要专利持有人和实施者之间寻求一个平衡点（参见本书第四章第一节）。

本案中，欧盟委员会根据上述《欧盟运行条约》，分析了摩托罗拉公司就其行为不属于“滥用支配地位”提出的辩护理由，以考量摩托罗拉公司是否具备实施其相关行为的正当性，并对该行为所致的正面和负面的效果进行了权衡。最终欧盟委员会认为,摩托罗拉公司的辩护理由并不成立,其寻求和实施禁令的行为构成市场支配地位的滥用。欧盟委员会同时指出,其作出这一认定结果符合 TRIPS 协议下欧盟的国际义务,也在《欧盟基本权利宪章》所赋予的自由协商、诉诸法庭等基本权利和欧盟所追求的共同利益之间寻求了恰当的平衡,因而对摩托罗拉公司行为的认定结果是适当的。

(六)作出责令消除反竞争效果、未罚款的处罚

根据第 1/2003 号《欧盟理事会条例》,如果认定企业存在违反《欧盟运行条约》第 102 条和《欧洲经济区协议》第 54 条的违法行为,欧盟委员会可作出决定要求相关企业停止违法行为,若违法行为已经停止,则可认定此前已经实施的违法行为,前提是具有合理的利益考量。第 1/2003 号《欧盟理事会条例》第 7 条第 1 款规定的作出停止违法行为的决定包括:(1)作出某些行为或提供某些被不当抑制的优势,以及禁止某些与条约相悖的行为实施或情况延续的命令;(2)要求具有支配地位的企业不得采取任何与被确定为滥用的行为具有等效的措施;(3)救济措施必须适用于已确定的侵权行为,并且与所要求的目标相称,即重建已被违反的规则的秩序。

在认定摩托罗拉公司寻求和实施禁令救济的行为产生了反竞争效果,且摩托罗拉公司提出的辩护失败,从而导致摩托罗拉公司的行为构成市场支配地位滥用后,作为维持市场竞争秩序的执法机构则需在此时扮演"医生"的角色,行使其"治病救人"的职责,对偏离了市场竞争规则的行为进行"救治",从而恢复市场原有的正常竞争秩序。考虑到欧盟委员会以及欧洲法院没有针对标准必要专利禁令救济行为进行罚款的先例,而欧盟成员国法院对该问题也没有达成一致意见,本案中欧盟委员会最终仅要求摩托罗拉公司消除禁令所导致的负面竞争效果,即对摩托罗拉公司的滥用行为采取了停止侵权的一般类型"救治"措施,而并未对其处以罚款。[1]

---

〔1〕 参见韩伟、徐美玲:《知识产权滥用的反垄断规制逻辑——以欧盟 2014 年摩托罗拉禁令案为例》,载《欧洲法律评论》2016 年第 1 期。

三、小结

本案体现了欧盟委员会对 FRAND 原则下正确行使标准必要专利权的关注。基于不同的法律部门，包括标准必要专利在内的知识产权可能存在不同的被滥用情形，有些知识产权行使行为符合知识产权法的规定，但违反反垄断法，有些知识产权行为符合反垄断法，但可能构成知识产权法上的滥用或其他法律意义上的滥用。如果标准必要专利的实施许可产生或可能产生排除、限制竞争的效果，则需要依据反垄断法进行规制，而不论其是否违反知识产权法或其他法律、法规和政策。判断标准必要专利权的行使是否产生了排除、限制竞争的效果，需要根据 FRAND 原则考查标准必要专利权利人在许可其专利技术时，是否以公平合理的价格向所有愿意支付该价格的实施人提供许可，以及实施人是否同样遵守 FRAND 原则进行谈判和报价，双方之间在许可谈判过程中是否存在“专利劫持”和“反向劫持”的行为表现。如果具有市场支配地位的标准必要专利权利人在许可谈判中违反 FRAND 义务并以禁令相威胁，则其在构成“专利劫持”的同时，构成了滥用市场支配地位的垄断行为。从相关案例和法律分析来看，欧盟委员会及其成员国法院在处理此类案件时，通常会综合考虑专利的市场价值、许可费用的合理性以及双方的谈判行为等因素，来判断是否存在违反 FRAND 原则的行为。欧盟委员会在处理本案时，似乎也并没有直接给出一个明确的 FRAND 条款的一般性定义，而是更多地关注于实际的谈判过程和结果是否符合 FRAND 原则的要求，特别是关注了反映 FRAND 原则核心的许可费的合理性，以确保专利许可的过程按照 FRAND 原则的总体目标来进行。

本案不仅在依据 FRAND 原则正确行使标准必要专利权的法律规制层面上具有重要影响，也在商业和社会层面上产生了深远影响，具有里程碑式的意义。一方面，通过要求摩托罗拉公司消除其寻求禁令的反竞争效果，展示了欧盟委员会对于利用专利优势进行不公平竞争行为的“零容忍”态度，以及对于保护市场竞争和促进技术创新的决心；另一方面，通过明确 FRAND 原则的法律地位和应用范围，为市场参与者提供清晰行为准则，推动专利许可过程的透明度，降低市场运作的不确定性，同时提醒所有市场参与者必须在遵守规则的前提下行事,防止滥用市场支配地位的垄断行为发生,以保护消费者享受公平价格和优质产品服务的利益福祉,维护公平竞争的市场环境。此案裁决还为其他国家和地区处理类似的标准必要专利反垄断纠纷提供了重要参考和指导,有助于形成国际上处理此类问题的统一标准。此案对我国在立法、司法、行政层面全面加强一系列反垄断法律、法规、政策及配套制度措施的制定、修订和完善也产生了积极有益影响(参见本书第四章),促进了我国反垄断法治化和国际化的发展进步。

后　记

近年来，随着中美贸易摩擦的不断加剧，中国在高科技领域被“卡脖子”的现象日益突出，而围绕高科技成果价值体现的标准必要专利的法律之争也随之不断增多。最高人民法院于2016年3月发布，2020年12月修订的《侵犯专利权纠纷解释(二)》第24条重点针对标准必要专利相关问题进行法律规制，而我国法院对国际性标准必要专利纠纷案件的审理也出现了不少“破冰之旅”。其中，广东省高级人民法院审理的华为公司诉IDC公司案，系我国法院首次对FRAND原则进行法律解释，并以判决方式确定了FRAND专利许可费率，在我国乃至世界上广受关注；北京知识产权法院审理的西电捷通公司诉索尼(中国)公司案，则首次在FRAND原则下接受专利权人的“禁令救济”申请，判令被告立即停止实施涉案标准必要专利(停止侵权)，引起较大反响。2020年8月，我国最高人民法院应华为公司的保全申请，综合考虑康文森公司申请执行其在德国的判决对其在中国的诉讼的影响，采取行为保全措施是否确属必要以及采取行为保全措施对国际礼让因素的考量等，最终依法裁定康文森公司不得在其中国的诉讼作出终审判决前，申请执行其在德国的诉讼的一审判决，否则自违反之日起每日处罚款人民币100万元，按日累计。这是中国最高人民法院针对域外当事人首次发出的知识产权案件“禁诉令”，并首次探索日罚金制度，对我国从立法、司法层面上建立应对域外禁诉令及其长臂管辖的长效机制，具有较强借鉴意义和促进作用。

手机移动通信作为无线通信的现代化技术，是电子计算机与移动互联网发展的重要成果之一。移动通信技术从第一代（1G）到第六代（6G）的快速代际演进，成为目前改变世界的几种主要技术之一。其中第二代（2G）的移动通信技术就是广为人知的 GSM，即全球移动通信系统（Global System for Mobile Communications），它是 ETSI 制定的一套数字移动通信标准。GSM 标准较之它以前的标准最大的不同是：它的信令和语音信道都是数字式的，之前的第一代（1G）手机（俗称“大哥大”）是使用模拟信号，因此 GSM 被看作第二代（2G）移动电话系统。但当时作为二代的 GSM 通信标准主要用于语音通话，即基于电路交换、独占信道的实时语音电话通信，其常见的终端产品就是俗称的“手机”。GSM 电话通信系统虽然也能用于发送内容很短的“短消息或短信”，但也是基于电路交换的通信技术，即一旦信道建立，通信双方则需独占所建立的信道，其无线电频率资源利用率较低，不适合用户需要的随机或突发数据传输业务。

二代的 GSM 手机属于具有上述实时语音通话功能的普通手机，其后 ETSI 于 1997 年 7 月颁布了用于非实时双向数据传输的双向寻呼系统标准，1999 年之后用于分组无线数据双向通信的 GPRS/EDGE 系统（被称为 2.5G/2.75G）被开发出来，其中 GPRS 的全称为通用无线分组业务（General packet radio service），即提供端到端的、广域的无线 IP 连接的无线分组交换技术。相较于原来 GSM 的拨号方式的电路交换数据传送方式，GPRS 作为分组交换技术，具有“非独占信道、按量计费、高速传输、自如切换”等优点。GPRS 是 GSM 网络向第三代移动通信系统过渡的一项 2.5 代通信技术（2.5G），在非实时双向数据传输方面具有明显优势。通信技术发展演进到现今，上述 GSM 独占信道的实时语音通话功能早已明显退居次要地位，而其数据收发功能（包括文本、声音、图像、视频等数据的传输、收发）以及娱乐功能（包括摄影拍照、音乐播放、视频播放、语音连线、App 应用等）则后来居上成为手机功能的主流，该手机即属于当今的智能手机。如今，上述 GSM 的电路交换、独占信道的实时语音通话功能，也在很多情况下被非独占信道、双向数据传输的语音数据连线功能（如微信语音）所取代。

当前,手机已进入5G、6G时代。据报道,截至2023年6月底,我国5G基站已累计达到293.7万个,覆盖所有地级市城区和县城城区。6G则在5G基础上提出了更高的性能目标,全球在6G技术研发上处于领先地位的国家包括我国和美国、日本、韩国,目前我国在国家战略层面建立了完善的6G推进组织,并由工信部牵头成立了中国IMT-2030(6G)推进组,这显示出我国在全球6G战略布局与技术研发方面仍处于领先地位。深圳作为中国科技创新前沿城市,包括移动通信技术在内的高新技术产业发展迅速,成为全国的一面旗帜。据悉,深圳的高新技术企业产值保持了10%左右的增长,这些企业是技术创新的主体。在5G产业方面,以深圳华为公司、中兴公司等为代表的产业龙头充分发挥电子信息产业优势,加快推进5G产业化进程,到2020年8月初,深圳5G基站密度居全国第一,5G标准必要专利总量全球领先,5G产业规模、5G终端出货量全球第一。在标准必要专利(SEP)领域,深圳企业面临着一系列挑战。近年来,标准必要专利审判出现了新情况、新问题,如禁诉令与反禁诉令的颁发冲突及应对,以及全球标准必要专利诉讼更趋复杂等。这些挑战不仅影响了深圳企业的国际竞争力,也对全球标准必要专利许可模式提出了新的变革要求,同时也对包括法官、律师、代理师等在内的知识产权法律人才队伍为保护创新主体知识产权提供专业服务的能力和水平提出了新的更高要求。

2023年8月,深圳市司法局发布《深圳市律师业高质量发展三年行动计划(2023—2025年)》,旨在鼓励和支持深圳律师业建立健全律师专业水平评价体系和评定机制,开展以专业化为导向的律师业分类评级管理工作,全面推进律师专业化分工,提高广大律师的专业服务水平。围绕"三年行动计划",深圳市律师协会着力推进专业化建设和加强行业治理,通过回归专业、提升律师专业能力,使深圳律师能更好地服务于深圳经济社会高质量发展。深圳市律师协会强调专业是律师安身立命之本,要紧紧围绕律师业务规范、业务研究、业务创新工作扎实推进行业专业化建设,引导全市律师深耕专业技能、凝练业务成果、勇于担当作为,促进深圳律师业高质量发展,为深圳持续打造国际一流的法治化营商环境赋能。2012年以来,深圳市律师协会启动并持续推进"深圳律师实务丛书"出版工作,倡导和鼓励深圳律师"著书立说”,以专业引领和成果共享助推深圳律师行业蓬勃发展。作者作为一名深圳的知识产权律师,为深圳市司法局狠抓律师业“固本强基”的工作举措以及深圳市律师协会专业引领、落实担当的工作作风高度赞赏,并对深圳市律师协会业务创新与发展工作委员会鼓励和支持本书稿申报年度出版计划表示感谢!同时,本书的出版亦得益于作者在其执业机构万商天勤律师事务所多年来积累的知识产权案件代理实务经验和体会,在此一并感谢执业平台提供的良好执业资源以及与代理团队、同事同行的合作积累。此外,还要衷心感谢我的家人在本书写作过程中给予我的全力支持和爱心激励。谨以本书的出版感恩鼓励、回馈爱心,并就教于业界同仁的批评指正。

2025 年 3 月结稿于深圳